Marianne Schlosser

Erhebung des Herzens

Theologie des Gebetes

eos

Oratio est hominis Deo adhaerentis affectio
et familiaris quaedam et pia allocutio
et statio illuminatae mentis
ad fruendum Deo quamdiu licet.

Gebet ist ein Aufschwung inniger Liebe zu Gott,
ein vertrautes und vertrauensvolles Sprechen zu ihm,
und ein Verweilen des erleuchteten Geistes vor ihm
in seliger Freude, solange es einem gewährt wird.

Wilhelm von St.-Thierry, Goldener Brief n. 179

Und wenn Sie mich nun noch fragen sollten,
bevor ich jetzt gehe und endgültig gehe,
ob ich nicht einen Zauberschlüssel kenne,
der einem das letzte Tor
zur Weisheit des Lebens erschließen könne,
dann würde ich Ihnen antworten: „Jawohl". –
Und zwar ist dieser Zauberschlüssel nicht die Reflexion,
wie Sie es von einem Philosophen
vielleicht erwarten möchten, sondern das Gebet.
Das Gebet, als letzte Hingabe gefasst,
macht still, macht kindlich, macht objektiv. [...]
Die großen Dinge des Daseins werden nur
den betenden Geistern geschenkt.

Peter Wust, Brief an seine Studenten, 18. Dez. 1939

Umschlagmotiv:
Eberhard Münch, Licht der Welt, Mischtechnik

mail@eos-verlag.de
www.eos-verlag.de

ISBN 978-3-8306-7717-8

Bibliografische Information der Deutschen Bibliothek
Die Deutsche Bibliothek verzeichnet diese Publikation
in der Deutschen Nationalbibliografie;
detaillierte bibliografische Angaben sind im Internet
unter http://dnb.ddb.de abrufbar.

Druck und Bindung: EOS Print Sankt Ottilien

Vorwort

„Theologie der Spiritualität" ist die wissenschaftliche Reflexion über das „geistliche Leben", im christlichen Verständnis: das Leben aus dem Geist Jesus Christi, „dem Geist des Sohnes" (Röm 8). Diese vom dreifaltigen Gott selbst ausgehende und ermöglichte Beziehung soll das gesamte Leben des Christgläubigen durchdringen und formen, in allen Lebensbereichen und in allen Dimensionen der Person – in Denken und Einstellung, Wollen und Wünschen, Handeln und Ertragen, in der Entfaltung der Begabungen und der Erfahrung des Versagens, im Verhalten zur Welt, den Mitmenschen und sich selbst.

Das persönliche Gebet als Ausdruck der Beziehung zu Gott, als „Atem des Glaubens", bildet die Herzmitte des geistlichen Lebens. Dementsprechend kommt dieser Thematik auch in der theologischen Reflexion über das geistliche Leben besonderes Gewicht zu.

Der vorliegende Band erwuchs aus der universitären Lehre und will seinerseits eine Hilfe für den Unterricht dieses Faches oder auch das eigene Studium bieten. Die Grundlagen der christlichen Spiritualität – Glaube, Hoffnung und Liebe, sowie die verschiedenen Berufungen und Charismen in der Kirche – werden Inhalt eines weiteren ersten Bandes sein. Aspekte des christlichen Gebetes, die auch oder in erster Linie Gegenstand anderer theologischer Disziplinen sind, etwa der Liturgiewissenschaft, werden nur am Rande berührt. Als „Kompendium" will es einen Überblick ermöglichen, Grundlinien zeichnen und Anregungen geben, mit deren Hilfe die verschiedenen Felder vertieft werden können. Die Literaturhinweise zu den einzelnen Abschnitten, als Vorschläge zur begleitenden Lektüre gedacht, sind bewusst knapp gehalten. Das gleiche gilt auch für das Verzeichnis weiterführender Literatur, das nicht den Anspruch erhebt, schlechthin repräsentativ zu sein.

Dem Kompendium ist ein Anhang mit Texten beigegeben, die inhaltlich dem Aufbau des Lehrbuches folgen, so dass sie am besten parallel dazu gelesen werden. Die Auswahl wurde auch unter der Rücksicht getroffen, dass manche Texte nicht ganz einfach zugänglich sind. Einige wurden neu oder zum ersten Mal ins Deutsche übersetzt. Sie sollen nicht nur spiritualitätsgeschichtliche Kenntnisse vermitteln, sondern zu eigener Reflexion anregen, und vielleicht können sie sogar dem eigenen Gebet Inspiration und Ermutigung sein.

Herzlich danke ich Frau Dr. Regina Willi, sowie Herrn Mag. Stefan L. Jahns und Oliver Steinringer für die Unterstützung bei der Fertigstellung dieses Manuskripts.

Wien, den 25. März 2015
Marianne Schlosser

Inhaltsverzeichnis

2. HAUPTTEIL

Gebet – systematische Vertiefung

3. HAUPTTEIL

Zur Praxis des persönlichen Gebetes

Einleitung

Gebet als religiöser Grundakt

In der Geschichte hat man vielfach versucht, den Akt des „Betens“ zu definieren. Doch alle Umschreibungen lassen auch ihre Grenzen erkennen. Beten ist in verschiedenen Religionen ein Grundvollzug, gewissermaßen der Ausdruck des Glaubens an ein göttliches Wesen, das *hören kann*. In einer vorläufigen Bestimmung kann man sagen, Gebet sei „die dialogische Zuwendung eines Menschen zu seinem Gott, um ihm das eigene Dasein in seiner Bedürftigkeit oder Zufriedenheit als den Wirkungsbereich dieses Gottes darzustellen“ (C.H. Ratschow, TRE 12, 32); oder ein „sprachliches Ausdrücken dessen, was einen in der Verbindung mit Gott bewegt, wobei irgendeine Art von ‚Distanz' dabei überwunden wird“ (Fischer/Backhaus, NEchtBTh 14, 12).

Diese „sprachliche“ bzw. „dialogische“ Komponente unterscheidet das Beten i. e. S. von anderen religiösen Akten, wie etwa dem Opfer oder rein rituellen Vollzügen, aber auch von der Erzählung von Mythen oder der Meditation, wenngleich es hier vielfach Überschneidungen bzw. Übergänge gibt. Zugleich deutet die zweite Definition an, dass „Beten“ einen bewusst vollzogenen Schritt besagt, bei dem Verstand und Willen nicht unbeteiligt sind, auch wenn sich die „Zuwendung“ nicht in vernehmbaren Worten ausdrücken sollte, sondern – wie die klassisch gewordene Umschreibung sagt – im wesentlichen „Erhebung des Herzens“ (Augustinus) oder „des Geistes (lat.: *mentis*) zu Gott“ (Johannes von Damaskus) bedeutet. Mit beiden Ausdrücken wird der *innerste Kern* der menschlichen Person bezeichnet, wo zugleich die Fähigkeit beheimatet ist, sich für andere öffnen und *sich mitteilen* zu können. „Herz“ und „Geist“ stehen dabei nicht bloß für das Fühlen oder das Denken, sondern bezeichnen die Gesinntheit des Menschen.

Gebet und Glaube

Wenn es sich beim Gebet nicht nur um einen religiösen Akt des Menschen handelt, sondern um eine Art „Dialog", in dem jemand als „hörend" angerufen wird – Hören ist ein Akt! –, dann hängen Art und Inhalt des Gebetes vor allem davon ab, *wer Gott* für den Betenden ist. Paulus zieht ausdrücklich diese Verbindungslinie: „Wie sollen sie den anrufen, an den sie nicht glauben? Wie aber sollen sie an den glauben, von dem sie nichts gehört haben?" (Röm 10,14ab). Das Gebet ist gewissermaßen *„Glaube im Vollzug"* – nicht einfach ein Akt neben anderen Akten, sondern „in ihm ist das Ganze des Gottverhältnisses konzentriert" (GERHARD EBELING, Dogmatik I, 208). Der Glaube kommt vom Hören, von einer Kenntnisnahme, die freilich mehr ist als eine bloße Erweiterung des Wissens. Schwierigkeiten beim Beten können also auch darin wurzeln, dass man von Gott zu wenig weiß bzw. ihn zu wenig kennt; denn man spricht gewöhnlich nicht zu einem vagen Schatten (HENRI CAFFAREL). Darum gilt sozusagen auch umgekehrt: Sage mir, wie du betest, und ich sage dir, was du glaubst. Mit dem Akzent auf das Beten der Kirche als ganzer kommt dieser Zusammenhang in der berühmten Begriffsverbindung *„Lex orandi – lex credendi"* zum Ausdruck: Daran, wie die Kirche betet, erkennt man, was sie glaubt.

Wer über das Wesen und den Vollzug des Betens nachdenkt, stößt auf zentrale theologische Fragen, die das Menschen- und das Gottesbild betreffen: Zum Beispiel setzt das *Bitt-Gebet* so etwas wie „Vorsehung" Gottes voraus; der Begriff der Vorsehung bildet sozusagen den Schnittpunkt zwischen der Ewigkeit Gottes und der Zeitlichkeit des Menschen, das heißt zwischen der Freiheit Gottes und der Freiheit der geschaffenen Person. Würde das göttliche Wesen sich um die Welt in keiner Weise sorgen (etwa in der Art eines deistischen Gottes, der nach der Erschaffung der Welt diese ihrer Eigengesetzlichkeit einfach überlässt), dann wäre Bittgebet von vornherein sinnlos; es bliebe bestenfalls die Lobpreisung eines solchen Gottes oder der Ordnung des Kosmos übrig.

Einige philosophische Richtungen haben in der Tat aufgrund ihrer Auffassung von Gottes Unwandelbarkeit und Transzendenz das Bittgebet abgelehnt; so kritisierte PLATON die populäre Religiosität des „Do ut des" („Ich gebe dir etwas, damit du mir auch etwas gibst") als des Göttlichen unwürdig; auch die Stoiker ließen in der Regel nur Lobpreisungen als Gebete gelten. Ähnlich waren die Neuplatoniker der Auffassung, dass das Lobgebet dem transzendenten Gott gebühre; in seinem Kommentar zu PLATONS Timaios, der einen Traktat über das Gebet enthält, lobt PROKLOS das Gebet der Anbetung: „Das Gebet ist gut an sich; es vereint den Beter mit dem Angebeteten".

In der Neuzeit haben z.B. JEAN-JACQUES ROUSSEAU (Gebet als Versuch, Gottes Willen zu ändern) und IMMANUEL KANT (Alibi, um nicht handeln zu müssen) scharf gegen das Bittgebet argumentiert. In Misskredit kann das Bittgebet auch kommen, wenn man es als *des Menschen* unwürdig auffasst (Wie kann Gott, der freigebig ist, sein Geschöpf als Bettler sehen wollen?), wie etwa FRIEDRICH NIETZSCHE. Vollkommen abgelehnt wird das Gebet von LUDWIG FEUERBACH (und in dessen Nachfolge im Marxismus): Die Wurzel des Betens sei der „Unglaube" des Menschen an sich selbst, der betende Mensch sei gespalten, erfahre sich selbst als ohnmächtig und projiziere seine Mächtigkeit ins Jenseitige. Wenn diese abgespaltene Mächtigkeit wieder integriert werde, höre Gebet und Gottesglaube auf.

Lit.: VV.AA., Art.: Prière, DSp XII/2, 2198-2347, hier: 2211-2217; 2328-2339.

Auch der Inhalt dessen, worum man beten soll und kann, hängt davon ab, wer Gott ist; so wird man nur dann an Gottes Erbarmen oder in bitterer Klage an seine Gerechtigkeit appellieren können, wenn Gott barmherzig und gerecht *ist*. Ebenso hat eine einseitige Betonung entweder der Nähe Gottes oder umgekehrt seiner Transzendenz Auswirkungen auf das Gebet. Die Frage nach dem „rechten" Beten berührt sodann nicht nur den Inhalt, sondern auch die Art und Weise, wie der *Mensch* gegenüber Gott steht *(Anthropologie)*: Mit welcher Haltung tritt der Mensch vor Gott?

Wie verhalten sich *Wort und Schweigen* im Gebet, welche Bedeutung kommt dem *leiblichen Ausdruck* im Verhältnis zur inneren Gestimmtheit zu, welche Rolle spielt der *gemeinschaftliche* Vollzug des Gebetes, welche die Einsamkeit der *Einzel-Person* vor Gott? Grundlegend ist auch die Frage nach dem Verhältnis von *Gebet und ethischem Verhalten.*

Zugleich geht es auch um Fragen des *praktisch-geistlichen* Lebens: Kann man Beten lernen? Was ist „andächtiges Beten", wie kann man „sich sammeln", wie geht man mit innerem Widerstand oder Zeiten der „Trockenheit" um? Denn wie das Gebet im Glauben wurzelt, so erhält es umgekehrt als „Atem des Glaubens" diesen lebendig: Der Glaube als innere Haltung des Gläubigen steht oder fällt mit dem praktizierten oder unterlassenen Beten, wie MARTIN LUTHER treffend formulierte: Wer nicht bete, der werde bald den Glauben verlieren. Und ebenso wie das Glauben manchmal „einfach" und wie selbstverständlich erscheint, manchmal aber „schwierig", so auch das Beten: Manchmal entspricht es einem tief empfundenen Bedürfnis, dann wieder ist gegen innere Widerstände verschiedener Art anzugehen.

So konnte FRIEDRICH HEILER von einem „Gebetstrieb" des Menschen sprechen, und ROMANO GUARDINI dagegen feststellen: „Im allgemeinen betet der Mensch nicht gern" (*Vorschule des Betens,* 12).

Beide Erfahrungen sind alt: Konnte man in der Theologie des frühen Mönchtums einerseits das Gebet als den „natürlichen Zustand" der Seele sehen, die mit ihrem Schöpfer verbunden lebt und danach Sehnsucht hat, so wusste man ebenso, dass dieser Zustand eben nicht mehr der Normalzustand ist. Als sich einmal mehrere Altväter darüber austauschten, was wohl das Schwierigste im mönchischen Leben sei, sagten die einen, es sei die Einsamkeit, die anderen, das lange Nachtwachen, wieder andere, die karge Nahrung. ABBAS AGATHON aber sagte: „Verzeiht mir Brüder, aber das Schwierigste ist das Gebet. Wo immer ein Mensch beten will, wollen ihn die Feinde des Heils davon abhalten; denn sie wissen, dass ihnen von keiner Seite her mehr Gefahr droht als von dieser." (*Apophthegmata Patrum,* 91)

Verankerung in der Offenbarung

Wenn Gebet davon abhängt, an welchen Gott man glaubt, dann liegt auf der Hand, welche Bedeutung der *Heiligen Schrift* des Neuen und des Alten Testamentes für das christliche Gebet zukommt; denn sie enthält die Bezeugung der Offenbarung Gottes. Die Heilige Schrift ist Quelle des Gebetslebens, in der man verschiedene Situationen, Personen als Vorbilder, geformte Gebetstexte und ermutigende Weisung findet.

Das christliche Gebet, ob in der Gemeinschaft der Gläubigen oder persönlich „in der Kammer“ (vgl. Mt 6,6), ist nicht Ausdruck eines subjektiven Gefühls, es beruht auch nicht auf einer rein individuellen Erfahrung, sondern auf der Wahrheit des Glaubens: Es richtet sich nicht an einen „unbekannten Gott“ oder an ein nur erahntes transzendentes Wesen, sondern an den Gott, der sich als Vater, Sohn und Hl. Geist *geoffenbart* hat und den Menschen dazu beruft, mit ihm in *Beziehung* zu treten. Zu diesem Glauben gehört auch das Bewusstsein, dass die Initiative von Gott selbst ausgeht. Er hat bereits bei der Erschaffung des Menschen die Möglichkeit der „Kommunikation“ eröffnet. Dass der Mensch als geistige Person mit Erkenntnis und freiem Willen als Gottes Abbild *(imago Dei)* erschaffen ist, heißt, dass er *auf Gott hin erschaffen* ist und in der Gemeinschaft mit ihm „das Leben“ finden soll. Mit einem später oft zitierten Wort des hl. AUGUSTINUS gesagt: Der Mensch, jeder Mensch, ist als Gottes Abbild „Gottes fähig“ *(capax Dei)*. Seine Ähnlichkeit zu Gott ist die Grundlage für die Kommunikation.

Das Gebet als bewusster Vollzug dieser Beziehung ist von Gott dem Schöpfer her nicht nur ermöglicht, sondern erwünscht: als Antwort auf seinen Anruf an den Menschen. Die Geschichte der Offenbarung, beginnend mit den Patriarchen des Alten Bundes bis hin zum Vorbild Christi und den Weisungen des Neuen Testaments, im Gebet „nicht nachzulassen“ (Lk 18,1; 1 Thess 5,17 u.a.), zeigt diese Berufung mit zunehmender Deutlichkeit.

Was heißt „beten“?
Zum „Gebet“ in den Sprachen der Heiligen Schrift (Hebr., Griech., Lat.)

Der Akt des Betens ist offenbar selbst „ein Geheimnis“ (FRIEDRICH WULF, HThG I, 424), ähnlich dem Glaubensakt. Trotz vielfältiger Analogien – wir bitten, danken, loben ja auch Menschen – ist das Gebet eine eigene Wirklichkeit, die sich nur begrenzt mit anderen Akten vergleichen lässt; denn Gott ist kein Gegenstand dieser Welt. Ein Blick auf das verwendete Vokabular lässt bereits etwas von der Vielfalt und Geheimnishaftigkeit erahnen.

Im Deutschen, Griechischen und Lateinischen gibt es jeweils ein (oder zwei) allgemeine Wörter für „Beten“, wobei die verschiedenen Sprachen verschiedene Schwerpunkte erkennen lassen.

(1) Im Deutschen ist das Wort *„beten"* ursprünglich und sofort erkennbar verwandt mit *„bitten“*, obwohl die Bedeutung viel breiter ist, wie sich etwa an dem abgeleiteten Wort „anbeten“ erkennen lässt.

(2) Das lateinische Zeitwort *„orare“* dagegen ist von *„os“* – Mund – abgeleitet und bezeichnet zunächst einfach das „Reden“. Eine *oratio* ist eine „öffentliche Rede“, und hat als solche mitunter auch die Bedeutung „Gebet“; denn in der römischen Religiosität war der Kult eine öffentliche Angelegenheit. Gebet wird somit primär als *Sprach-Handlung* verstanden.

In der westlichen Liturgie heißen bestimmte Gebete „Orationen“: vor allem das „Tagesgebet“, das in der Messfeier den Eingangsteil, und in Laudes und Vesper die gesamte Hore beschließt. Die klassische Struktur der Oration reicht bis in die Patristik zurück: Nach der Aufforderung „Lasset uns beten“ („oremus“) folgt die *Anrede Gottes* (oder Jesu Christi – in sehr seltenen Fällen des Heiligen Geistes), ein *anamnetischer* Teil (erinnernd, bekennend), ein *epikletischer* Teil (Bitte) und die *trinitarische Doxologie*.

Beispiel 1

„Allmächtiger Gott,
von dir kommt alles Gute.
Wir bitten dich: Gewähre uns, dass wir unter dem Anhauch deines Geistes das Rechte denken und es mit deiner Hilfe auch tun.

Darum bitten wir durch Jesus Christus, deinen Sohn, unsern Herrn und Gott, der in der Einheit des Heiligen Geistes mit dir lebt und herrscht in Ewigkeit."

Beispiel 2 (nach der 3. Lesung der Osternacht)

„Gott, deine uralten Wunder leuchten noch in unseren Tagen. Was einst dein mächtiger Arm an einem Volk getan hat, das tust du jetzt an allen Völkern: Einst hast du Israel aus der Knechtschaft des Pharao befreit und durch die Fluten des Roten Meeres geführt; nun aber führst du alle Völker durch das Wasser der Taufe zur Freiheit.
Gib, dass alle Menschen Kinder Abrahams werden und zur Würde des auserwählten Volkes gelangen.
Darum bitten wir durch Christus, unsern Herrn ..."

Im Lateinischen – und daher unter dessen Einfluss auch in den romanischen Sprachen – gibt es noch ein zweites Wort, das speziell für das Bitt-Gebet steht: *„prex"* (Plural: *preces;* frz. *prière* – neben *oraison*, engl. *prayer*, ital. *preghiera*). Vom Wortstamm her ist es mit der deutschen Wurzel „frag-" verwandt, was wiederum vom Sinn her die *Bitte* einschließt.

(3) Im griechischen Wort für Gebet: *„euche"* oder *„proseuche"*, schwingt die Bedeutung „Gelübde" mit, wohl auch im Sinn der „Hingabe" oder „Übereignung".

Darüber hinaus gibt es natürlich Wörter, die für die Umschreibung verschiedener Arten oder Inhalte des Betens verwendet werden. Ein Beispiel dafür findet sich in 1 Tim 2,1:

inständiges Flehen	lat.: *obsecrationes*	gr.: *deeseis*
Gebete	lat.: *orationes*	gr.: *proseuchai*
Bitten	lat.: *postulationes*	gr.: *enteuxeis*
Danksagungen	lat.: *gratiarum actiones*	gr.: *eucharistiai*

Diese Aufzählung wurde schon früh als Ausgangspunkt verwendet, um über die verschiedenen Arten des Betens nachzudenken; so etwa bei JOHANNES CASSIAN (4. Jh.), *Coll.* IX, 9-17 (siehe Anhang, 177f.).

(4) Im hebräischen Bibeltext finden wir umgekehrt *kein alles übergreifendes Wort* für Beten, sondern stattdessen eine Vielzahl von Umschreibungen.

Im heutigen Judentum haben sich zwei allgemeinere Bezeichnungen für Gebete eingebürgert:

- *„Tefilla"* (von aram. *Tefillin*: Gebetsriemen), mit dem Akzent der Bitte (oder Klage); *die* Tefilla schlechthin ist das „Achtzehn-Bitten-Gebet" (s. u., 56);
- und *„Toda"*, mit der Bedeutung „Lobgebet".

Die Umschreibungen des Gebets im AT stammen zum einen aus dem *sprachlich-stimmlichen* Bedeutungsfeld: „dem Herrn singen", „zu ihm schreien", „klagen", „flehen", „danken", „bekennen", etc.

Zum anderen verkörpern bestimmte *Ausdrucksformen des Leibes* das Gebet, so dass sie zur Bezeichnung des Betens und seiner „Klangfarben" dienen: „sich niederwerfen" (hat die Bedeutung von „anbeten"), „die Hände erheben zu JHWH", „die Hände ausbreiten", „die Augen erheben", oder „vor JHWH stehen" (wie z.B. Elija und Abraham).

Darüber hinaus aber gibt es sehr spezifische Ausdrücke für den Vollzug des Betens, die konkret und geheimnisvoll zugleich sind:

„Den Namen JHWHs anrufen": Hier ist an die Bedeutung des Namens einer Person in der biblischen Theologie zu erinnern: Der Name ist mehr als ein Klang oder ein Unterscheidungsmittel; oftmals hat etwa die Namensgebung für ein Kind Bekenntnis-Charakter. Im Namen ist die Person selbst gegenwärtig. Für den Glauben des erwählten Volkes ist es ein entscheidendes Ereignis, dass Gott ihm seinen Namen offenbart, mit dem man ihn „anrufen" kann, darf und soll (Ex 3,15). Mit dem Namen gibt er sich zu erkennen. Bezeichnend scheint, dass der Name JHWH durch die Geschichte hindurch bis heute geheimnisvoll geblieben ist – wie die verschiedenen Übersetzungsvorschläge zeigen: Jemand, der immer „da ist", in anderer Weise als wir alle, machtvoll „gegenwärtig". Dieser Name ist anders als alle Namen; er übertrifft alle Namen. Dieser Name ist „heilig" und darf nicht gelästert werden (Dekalog, s. auch die Vaterunser-Bitte: „Geheiligt werde dein Name"); darum wird er passend als „der Herr" (*adonai*) oder „DER NAME" (*ha schem*) ausgesprochen. Dieser heilige Name „wohnt im Tempel", „ist ausgerufen über (den Gläubigen)", etc.

„Das Angesicht JHWHs suchen“: Von Gott gibt es kein Bild; er hat keine körperliche Gestalt, so dass es eine Vorderseite gäbe (urspr. Bedeutung von hebr. *panim*: Gesicht, Vorderseite). Dennoch hat er ein „Angesicht“, d.h. er ist als Person „zugewandt“. Er kann *sehen,* Gefühle und Reaktionen ausdrücken. Wer ein „Angesicht“ hat, der ist beziehungsfähig, wer sein Angesicht „sehen lässt“, ist beziehungswillig (vgl. Hld 2,14, der Bräutigam bittet die Braut: „lass mich dein Angesicht sehen“). JHWHs „Angesicht spendet Leben in Fülle“, „sein Angesicht leuchtet über“ den Gläubigen; wenn er „sein Angesicht verbirgt“, verfällt alles Leben: „Verbirg nicht dein Gesicht vor mir, damit ich nicht werde wie Menschen, die längst begraben sind“ (Ps 143,7).

Der „Name“ und das „Angesicht“ JHWHs spielen im aaronitischen Segen (Num 6,22-27) die entscheidende Rolle:

> „Der Herr sprach zu Mose: Sag zu Aaron und seinen Söhnen:
> So sollt ihr die Israeliten segnen; sprecht zu ihnen:
> Der Herr segne dich und behüte dich.
> Der Herr lasse sein Angesicht über dich leuchten
> und sei dir gnädig.
> Der Herr wende sein Angesicht dir zu und schenke dir Heil.
> So sollen sie meinen Namen auf die Israeliten legen
> und ich werde sie segnen.“

Weiterführende Literatur

Studia missionalia 24 (1975) Rom [verschiedene Beiträge zum Gebet in den Religionen].

Friedrich V. Reiterer, *Šem,* ThWAT VIII (1995), 122-174.

Horacio Simian-Yofre, *Panim,* ThWAT VI (1989), 629-659.

1. HAUPTTEIL

Das Gebet in der Heiligen Schrift Antwort des Menschen auf Gottes Wort (vgl. DV 2)

A) Gebet in den Schriften Israels

Die Geschichte Israels ist auch eine Geschichte von Betern. An Personen wie Abraham oder Jakob, Mose und Mirjam, Elija, Jeremia, Hanna und Ester, David und Salomo haben Generationen von Gläubigen Ermutigung gewonnen. Sie sind und bleiben *Vorbilder* für das Gebet, das in jeder Situation des menschlichen Lebens Ausdruck der glaubenden Hoffnung auf den Schöpfer und Herrn der Geschichte ist. Das *Beten der Kirche* ist verankert in den großen Gebeten der biblischen Überlieferung und von ihnen inspiriert. So bilden die Psalmen, zusammen mit weiteren liedartigen Gebeten („Cantica") den Grundbestand des liturgischen Stundengebetes; die Psalmen finden als Antwort auf die Lesung auch im Wortgottesdienst der Eucharistiefeier einen bevorzugten Platz.

Als biblische „Cantica" bezeichnet man „Lieder" außerhalb des Psalters, z.B. das Lied des Mose und Mirjams (Ex 15,1-21) oder Judiths (Jdt 16, 1-2a.13-15); Salomos Bitte um Weisheit: Weish 9,1-6.9-11; verschiedene Texte aus den prophetischen Büchern (Jer 14,17b-21; 31,10-14; Jes 45,15-25; Dan 3,52-57; Dan 3, 57-88; aus Hab 3) und weitere, wie Verse aus Sir 36, Tob 13 oder 1 Chr 29,10-13. Im NT gehören dazu die *Christus-Hymnen* des Corpus Paulinum, z.B. Phil 2,6-11; Kol 1,12-20; Eph 1,3-10 und die Lieder in Offb (z.B. 15,3-4; 19,1-7), sowie vor allem die drei Gesänge des Lk-Evangeliums: *Benedictus* Lk 1,68-79; *Magnificat* Lk 1,46-55; *Nunc dimittis* Lk 2,29-32.

Die Heilige Schrift führt Beispiele und Situationen des Gebetes vor Augen und sie legt Texte vor, an denen man das Beten „lernen“ kann. Wenn Beten ein Sprechen mit Gott ist, warum sollte dann nicht gelten, was für das Erlernen einer Sprache gilt: Man erlernt sie zuerst durch *Nachsprechen* (RICHARD SCHAEFFLER, *Kleine Sprachlehre des Gebets,* 12-15). Viele dieser Texte, etwa von den Psalmen, waren von Anfang an dazu gedacht, dass auch weitere Personen sie sich zu Eigen machen können, und wurden deshalb gesammelt. In den Gebeten leuchtet auf, wer Gott ist; ja man kann sagen, dass die jeweilige Praxis des Gebetes ein Schlüssel für die Theologie der biblischen Bücher sei (GEORG FISCHER).

I. Vorbilder des Betens

Es ist unmöglich, die zahlreichen Stellen, die vom Gebet berichten oder Gebete wiedergeben, hier vorzustellen; stattdessen werden *exemplarisch einige Personen und Texte* herausgegriffen.

Lit.: GEORG FISCHER / KNUT BACKHAUS, *Beten,* (= NEchtBTh 14), 2009. [Der erste Teil des Buches resümiert in der Reihenfolge der biblischen Bücher Situationen, Personen und Texte.]

1. Patriarchen: Abraham und Jakob

Die Patriarchen-Erzählungen sind reich an eindrücklichen Berichten über das Gebet. Gen 4,26 ist die erste Stelle, die erwähnt: „damals begann man den Namen JHWHs anzurufen“.

Von größtem Gewicht sind die *Bitte* und die *Fürbitte;* zur Gattung der Fürbitte kann man auch den *Segen* zählen.

Melchisedek segnet Abram (Gen 14); Abraham bittet für Abimelech (an dem er schuldig geworden ist: Gen 20,17). Es wird ausdrücklich gebetet in Situationen, die für die Zukunft entscheidend sind und das menschliche Wissen und Können übersteigen: So betet der Knecht Abrahams darum, die richtige Frau für Isaak zu finden (Gen 24), und Isaak betet für seine unfruchtbare Frau (Gen 25). Man *dankt* im Gebet für die Erhörung oder die Errettung – im Fall der Hagar (Gen 16,13: „Du bist ein Gott, der mich sieht“) wird eine vorausgehende Bitte gar nicht erwähnt.

Es ist vor allem die *Fürbitte für Sodom*, die Abraham zum Typos des Fürbitters werden ließ (Gen 18, 16-33).

Mit dem Namen des Patriarchen Jakob ist vor allem der „Ringkampf mit Gott" (Gen 32,23-31) verbunden. Die geheimnisvolle Erzählung wurde in der Geschichte der Spiritualität immer wieder überdacht. Man erkannte darin die tiefe Wahrheit, dass das *Gebet auch zuweilen ein Ringen mit Gott* ist. Erst nach diesem Kampf wird Jakob den doppeldeutigen Namen los, der auch an die wenig schmeichelhafte Art seines Umgangs mit Esau erinnert, und bekommt einen neuen Namen, seine wirkliche Berufung: „Israel". In der geistlichen Theologie verkörpert „Jakob-Israel" den gläubigen Menschen, der sich einerseits mit all seinen Kräften für das Reich Gottes müht *(actio – vita activa)*, und dem andererseits auch die Erfahrung der Nähe Gottes geschenkt wird *(contemplatio)*, wie sie dem Patriarchen in seiner Vision von der *„Jakobsleiter"* zuteil wurde (Gen 28,12). Im Johannes-Evangelium wird auf dieses innere Schauen angespielt, das den Gläubigen geschenkt wird: Die eigentliche Leiter, welche Himmel und Erde verbindet, ist das menschgewordene Wort Gottes; Jesus Christus ist der Ort, wo der Himmel „offen steht" (Joh 1,51).

Lit.: BENEDIKT XVI., Generalaudienz, 25.5.2011: Jakobs Kampf: http://www.vatican.va/holy_father/benedict_xvi/audiences/2011/documents/hf_ben-xvi_aud_20110525_ge.html.

THERESIA HEITHER – CHRISTINA REEMTS, *Schriftauslegung – Die Patriarchen bei den Kirchenvätern* (= NSK-AT 33/2) 1999.

2. Mose: Fürbitter, Sänger, vertrauter Freund Gottes

Auch Mose wird besonders als *Fürbitter* gezeichnet. Dies ist von großer Bedeutung, weil die Gestalt des Mose das Vorbild der späteren Propheten ist. Ein Prophet ist wesentlich jemand, der für das Volk eintritt, für dieses „in die Bresche tritt". Vor allem drei Szenen sind hier bedeutsam:

(1) Im Krieg gegen die Amalekiter betet Mose *„mit erhobenen Händen"*; als der Kampf sich länger hinzieht, wird er gestützt von Aaron und Hur. Die Aussage des Textes ist eindeutig: Der Sieg Israels wird auf das Gebet des Mose zurückgeführt.

Die christliche Deutung erkannte in Mose ein *Vorausbild (Typos) Jesu Christi* – nicht nur in seiner Lehrtätigkeit (vgl. die Bergpredigt bei Mt), sondern weil er der für die Endzeit verheißene „Prophet wie Mose" ist (vgl. Dtn 18,15.18f.). Daher sah man auch speziell in den bittend „erhobenen Armen" des Mose die am Kreuz ausgebreiteten Arme Christi, der „sterbend die Arme ausgebreitet hat, um dir [Gott Vater] ein heiliges Volk zu erwerben" (vgl. Präfation zum II. Hochgebet). Der Kreuzestod Jesu ist die Vollendung der Fürbitte durch die Hingabe des Lebens „für das Heil der Welt". Bereits Justin (*Dialog mit Tryphon* 90,4) deutet daher das Gebet des Mose als Voraus-Wirkung des Kreuzestodes Christi: „Das Volk Gottes war siegreich durch das Kreuz".

Auch für die Theologie des geistlichen Lebens ergeben sich daraus Folgerungen: Den Sieg über Widerstände, auch aus dem eigenen Inneren, gewinnt man nicht einfach durch Selbstdisziplin, sondern vor allem durch Intensivierung der Beziehung zu Gott. Mose und sein intensives Beten wurde darüber hinaus als Verdeutlichung des inneren Zusammenhangs von Gebet und Aktivität verstanden: Ohne Gebet bleibt auch das Apostolat leer.

(2) Mose tritt auch als *Fürbitter für Mirjam* ein (Num 12,13), nachdem diese wegen der Auflehnung gegen ihren Bruder aussätzig geworden war.

(3) In besonderer Weise ist Mose Fürbitter *für das Volk,* Num 11,2 und vor allem Ex 32,10ff., nach dem Skandal des goldenen Kalbes (vgl. Dtn 9,25: „Ich warf mich also vor dem Herrn nieder [wegen eurer Sünde] und lag vor ihm vierzig Tage und vierzig Nächte lang ...").

In beiden Fällen ist Mose entweder derjenige, dem Unrecht getan wurde, oder derjenige, der sich ohne persönlichen Verlust aus seiner bisherigen Aufgabe zurückziehen und das Volk seinem gerechten Schicksal überlassen könnte. Obwohl er über die „Last dieses störrischen Volkes" mehr als einmal klagt (z.B. Num 11,1-6.10), verbindet er sein Geschick mit dem des Volkes: „Doch jetzt nimm ihre Sünde von ihnen! Wenn nicht, dann streiche mich aus dem Buch, das du angelegt hast" (Ex 32,32). Eine ähnlich „extreme" Formulierung findet sich im NT bei Paulus (Röm 9,3).

Diese Bereitschaft des Mose, sich derart für die Schuldiggewordenen „in die Bresche zu werfen", wird ebenfalls als Vorausbild für Christus gesehen, der den Tod als Verfluchter und die gefühlte Gottverlassenheit auf sich genommen hat.

Mose gilt im AT aber auch als *Sänger*: in Ex 15 findet man das erste Lied, das in der Bibel wiedergegeben wird, es wird mit Tanz und Instrumenten begleitet. Das letzte Lied des Mose (Dtn 32, 1-43) will dem Volk die Untreue, derer es sich immer wieder schuldig gemacht hat, warnend in Erinnerung rufen.

Das erste Lied ist ein „Modell" für das gemeinschaftliche Gebet als Antwort auf Gottes Handeln (Georg Fischer). Es umfasst Dank und Jubel für Errettung, aber auch das Bekenntnis zur Einmaligkeit JHWHs und nimmt in gewisser Weise die Zukunft voraus: JHWHs Wirken wird als umfassend erkannt und bekannt, seine Hilfe ist nicht nur momentane „Reaktion" auf die extreme Not und das flehentliche Gebet des Mose, sondern Ausdruck seines Willens, das Volk dauerhaft zu führen.

> „Die beiden Lieder zeigen die Spannung, in der das Leben des Volkes und damit auch des Mose steht: Sieg im Glauben und Versagen durch Unglauben und Götzendienst. [...] Beide Lieder umfassen die Wahrnehmung der ganzen Wirklichkeit ...", wie es Ambrosius (*in ps.* I, 4) auslegt: „Gott will mit einem Lied nicht nur gepriesen, sondern auch versöhnt werden. Daher verwandte Mose damals gerne ein Lied, als er den Himmel und die Erde zu Zeugen anrief, damit die Welt begierig zuhörte, wenn er im Klang der Gnade des Himmels vom Heil der Welt sang und den Herzen der Menschen durch diese heilige Süßigkeit und Wonne die Beobachtung des Gesetzes für immer einpflanzte ... Diese zwei Lieder sind in den Büchern des Mose wie die zwei Augen der Welt und die zwei Leuchten des Himmels und erhellen sein ganzes Werk." (Theresia Heither, *Mose*, 152f.)

Das Gebet des Mose hat nach dem Zeugnis des AT besondere Qualität, das seiner Stellung als Vorbild aller Propheten entspricht: Er ist *„Freund Gottes"*, redet mit Gott und Gott mit ihm „wie Menschen miteinander reden", in besonderer Vertrautheit (Ex 33,11). Die spätere Tradition (etwa auch der für die mittelalterliche Scholastik bedeutsame jüdische Philosoph Moses Maimonides im 13. Jh.) legte großen Wert darauf, dass Mose die Kenntnis vom Plan Gottes nicht in Träumen oder Visionen zuteil wurde, wie anderen Propheten, sondern als klare Mitteilung. In der geistlichen Theologie sah man in der Gestalt des Mose den von Gott erwählten und geführten Menschen vorgebildet.

Auf die geheimnisvolle Szene, in der Mose darum bittet, das Angesicht JHWHs schauen zu dürfen, woraufhin ihm JHWH antwortet, er könne nur seinen „Rücken" sehen, „denn kein Mensch kann mich sehen und am Leben bleiben" (Ex 33,20), wurde in der mystischen Theologie oft Bezug genommen: Auch wenn einem Menschen eine sehr innige Gotteserfahrung geschenkt wird, so bleibt diese doch immer hinter der „seligen Schau" des Angesichtes Gottes zurück; die Erfahrung der Kontemplation im irdischen Leben ist zwar eine Art „Sehen", aber sie erreicht nicht den Zustand der himmlischen Schau, weil das „Überhelle" nicht ertragen wird, ohne dass der Mensch den irdischen Zustand verlässt. Darum bleibt auch der kontemplativ begnadete Mensch im Zustand der Bewährung, solange er die Schwelle des Todes nicht überschritten hat.

Lit.: Henri Cazelles (Hrsg.), *Moses in Schrift und Überlieferung*, 1963.
Theresia Heither, *Biblische Gestalten bei den Kirchenvätern: Mose*, 2010.
Gregor von Nyssa, *Der Aufstieg des Moses*, übers. und eingel. von Manfred Blum, 1963.

3. Propheten

Wie schon bei Mose ist die Fürbitte ein Merkmal des echten Propheten; das gilt auch für *Samuel* (1 Sam 7,5; 12,23). Samuel und Mose werden als herausragende Fürsprecher genannt (Jer 15,1). Es gibt allerdings Situationen, in denen JHWH die Fürbitte nicht erhört (1 Sam 15, 24-31): Saul wird verworfen wegen schweren Ungehorsams, bzw. wegen seines Unwillens umzukehren.

Außergewöhnliche Bedeutsamkeit kommt der Gestalt des *Elija* zu. Sie spiegelt sich mannigfach in späteren Schriften, v.a. Sir 48, und auch im NT, z.B. Jak 5,17.

(1) Elija ist der Prototyp des *machtvollen Betens,* das Wunder wirkt: Weil Elija ganz Gott zur Verfügung steht, darum „gehorcht ihm" seinerseits Gott.

(2) Er ist auch Prototyp des *kontemplativen Betens:* Er „steht vor Gott“ (1 Kön 17,1; EÜ: „im Dienst Gottes“); er zieht sich in die Wüste zurück, wandert 40 Tage durch die Wüste (Nachbild der Wüstenwanderung Israels) und darf Gott am Horeb begegnen.

(3) Elija gilt in der Frömmigkeit des Judentums ganz besonders als *Fürbitter.* Vor allem wird er in der Sterbestunde angerufen; denn Elija wurde „entrückt“, starb also nicht wie ein gewöhnlicher Mensch, sondern wartet auf die Aufgabe, die er in der Endzeit hat (Sir 48,11), und wird also wiederkehren. Diese Überzeugung begegnet nicht nur innerhalb des AT (Mal 3,23f.), sondern auch im NT (vgl. Lk 1,17, Mk 9,13, Mt 17,12f., Joh 1,21; auch wird in einem der „beiden Zeugen“, Offb 11,3, Elija gesehen). Darum wurde der Ruf Jesu am Kreuz „Eli, Eli“ von manchen Umstehenden als Ruf nach „Elija“ verstanden.

Im jüdischen Gottesdienst hat Elija bis heute eine besondere Bedeutung bei der Feier der Beschneidung – ein „Stuhl für Elija“ wird aufgestellt – und in der Schabbat-Liturgie. Auch im Islam genießt dieser Prophet Verehrung.

In der christlichen Spiritualität ist Elija der alttestamentliche Prototyp des monastischen Lebens, insbesondere für seine eremitische Form, wie Elischa für die zönobitische Lebensweise (da sich um ihn „Prophetenschüler“ scharten). Elija, ebenso wie sein neutestamentliches Pendant Johannes der Täufer, ist Vorbild aufgrund seiner Lebensweise: ohne eigene Familie, zölibatär, arm, Gott vollständig verfügbar; aber auch aufgrund seiner furchtlosen, „feurigen“ Verkündigung, und seines kontemplativen „Stehens vor Gott“. So konnte er Vorbild für verschiedene Ordensgemeinschaften werden: Franziskaner (Franziskus wird aufgrund seiner Liebe zur Armut und seines Eifers für die Bekehrung der Menschen als „zweiter Elija“ bezeichnet), der Dominikaner (wegen der Verbindung von Predigt und Gebet) und des Karmel, der ihn als „Vater“ verehrt: hier ist Elija vor allem derjenige, der Gott in der Wüste beharrlich sucht und im Gebet vor Gott ausharrt.

Lit.: Marianne Schlosser, *Der Prophet Elija. „Vater“ des monastischen Lebens,* GuL 76 (2003), 24-39 [mit weiteren Literaturangaben].

Jesaja-Buch

(1) Das Jes-Buch ist geprägt von der ernsten Mahnung, dass *Leben und Gebet* nicht auseinanderklaffen dürfen: Es gibt ein Beten, an dem JHWH kein Gefallen hat – Jes 1,15: „Wenn ihr noch so viel betet, ich bin nicht hörend“, mit der Begründung: „eure Hände sind voll Blut“. JHWH ersehnt ein *aufrichtiges* Gebet (Jes 43,22).

(2) Dabei bleibt Gott nicht untätig: *JHWH selbst ruft* nach seinem Volk, „das meinen Namen nicht anrief: Hier bin ich, hier bin ich!“ und „streckt die Hände aus den ganzen Tag“ nach diesem Volk (Jes 65,1f.)

(3) Jes 63,7-64,11 enthält das Bekenntnis, die reuevolle *Klage des Volkes* über die verletzte Beziehung zu JHWH: das Eingeständnis der Schuld, dass Gott im Recht ist. Und dennoch wird an seine Treue appelliert, und er wird in außergewöhnlichen Worten angeredet: „Du bist unser Vater“, „unser Erlöser“, „unser Bildner“.

(4) Schließlich tritt in Jes 56 und 66 die zu erwartende *Ausweitung der Verehrung JHWHs* deutlich ans Licht, die im NT aufgenommen wird: Der Tempel wird „Haus des Gebetes für alle Völker“ sein (Jes 56,7; vgl. die Szene der Tempelreinigung: Mk 11,17 par) und „alles Fleisch wird Ihn anbeten“ (Jes 66,23), „jedes Knie wird sich vor mir beugen und jede Zunge wird bei mir schwören“ (Jes 45,23). Diese Stelle wird gewissermaßen zitiert in Phil 2,10f.: „Vor ihm wird sich jedes Knie beugen im Himmel, auf der Erde und unter der Erde, und jede Zunge bekennt …“.

Jeremia

Der erste Teil des Jeremia-Buches ist ein dringlicher Aufruf zur Umkehr, eine schonungslose Anklage von Sünde und Heuchelei. Religiöse und politische Autoritäten versuchen Jeremia zum Schweigen zu bringen; er muss für das ihm aufgetragene Wort vieles erdulden. Die sogenannten „Confessiones“ des Propheten Jeremia spiegeln sein Ringen mit Gott:

- Jer 11,18-12,6: Er wird in seiner Heimat verfolgt, bedroht mit dem Tod. Seine Klage und Frage ist die des verfolgten Gerechten aller Zeiten: „Warum gelingt der Weg der Frevler?“

- Jer 15,10-21: Die Freude an Gott, die Jeremia ersehnt, ist ihm genommen; Gott scheint ihm ein „unzuverlässiges Wasser" geworden. – Gottes Antwort auf die Vorwürfe: Untreue darf man ihm nicht unterstellen.
- Jer 17,12-18 und 18,18-23: Seine Gegner verspotten Jeremia und seine Botschaft, suchen ihm mit Hinterlist beizukommen.
- Jer 20,7-18: Schläge, Gefängnis, öffentliche Beschämung, veranlassen ihn, bitter zu klagen: „Du hast mich betört und ich ließ mich betören".

Er ist derjenige Prophet, der am tiefsten die *Verlassenheit* erfahren muss (in Parallele zu Ijob) und den augenscheinlichen Misserfolg seiner Verkündigung. Doch das längste Gebet des Buches (Jer 32,17-25) lässt auch den vertrauensvollen Umgang mit JHWH erahnen: Jeremia erhält den Auftrag, in seiner Heimat, die bereits belagert ist und erobert werden wird, einen Acker zu kaufen. Er erfüllt den Auftrag getreu, legt aber Gott seine Fragen vor. Dieses Gebet ist zugleich ein Bekenntnis zum rettenden Wirken Gottes in der Geschichte Israels. Und JHWH antwortet auf dieses Gebet (vv. 26-44).

> „Was Jeremia erlaubt hat, durchzuhalten in seiner Mission – trotz aller Gefahren –, war sein Gebet und seine innige Beziehung zum Herrn. Kein anderer Prophet der Bibel hat sich explizit im Gebet so oft an Gott gewendet [...]. Jeremia kann als ‚Prophet des Gebetes' bezeichnet werden durch die Häufigkeit und Aufrichtigkeit, mit der er sich an Gott wendet und von ihm Antwort erwartet. [...] Nicht umsonst wird der Prophet Jeremia in der jüdischen Tradition ‚Vater des Gebetes' genannt." (Regina Willi, *Der Prophet Jeremia, ein Mann des Gebetes,* s.u. Lit.)

In 2 Makk 15,14 wird er als großer *Fürbitter* charakterisiert: „Das ist der Freund seiner Brüder, der viel für das Volk und die heilige Stadt betet, Jeremia, der Prophet Gottes."

In der Tradition galt Jeremia auch als der Verfasser der *Klagelieder,* die in der Liturgie der Passionszeit (Karwoche) als Ankündigung des Leidensweges Christi gedeutet werden, ebenso wie auch die Gottesknecht-Lieder des Jesaja-Buches.

Lit.: Regina Willi, *Der Prophet Jeremia, ein Mann des Gebetes,* in: Gottgeweiht 24 (2011), 57-63.

Daniel – „von Gott geliebt"

Im Buch Daniel wird vor allem das *regelmäßige Gebet* bezeugt (dreimal am Tag), selbst gegen das Verbot von staatlicher Seite.

Verschiedene *Gebetstexte* sind im Buch Daniel überliefert, drei davon haben im Stundengebet der Kirche einen festen Platz:

- Dan 3, 26-45: Das Eingeständnis von Schuld ist mit der Bitte um Errettung verknüpft, mit dem Appell an die früheren Taten Gottes; Er soll sich zeigen als derjenige, der ja auch die Väter errettet hat. Alle – auch die Feinde – „sollen erkennen, dass du allein der Herr bist" (v. 45). (Canticum der Laudes am Dienstag der 4. Woche).
- Dan 3,52-56: dieses Preisgebet wird jeden zweiten Sonntag im Morgenlob gesungen (Canticum in den Laudes des 2. und 4. Sonntags)
- Dan 3,57-90 enthält eine lange Preisung: Die ganze Schöpfung, von den Engeln über die Sterne, die Kräfte der unbelebten Schöpfung und die Elemente der Erde, Tiere, Menschen – in konzentrischen Kreisen absteigend, bis zu den Namen der Betenden: Hananja, Asarja und Mischael – sollen „den Herrn rühmen in Ewigkeit" (Canticum in den Laudes des 1. und 3. Sonntags sowie der Festtage).

Daniel darf nach seinem Gebet hören, er sei „von Gott geliebt" (Dan 9,23; mit der Bedeutung „ersehnt"): der betende Mensch ist also von Gott sehr „erwünscht", „für Gott kostbar".

4. David und Salomo

Von den Gebeten der *Könige* sind in erster Linie die Psalmen zu nennen (s.u. III. Abschnitt), die vor allem mit dem Namen Davids verbunden sind. Von *David* sind auch zwei Gebete außerhalb der Psalmen überliefert: 2 Sam 7,18-29 und 2 Sam 22 (dieses Gebet hat eine Parallele in Ps 18).

Von *Salomo* (dem ebenfalls einige Psalmen zugeschrieben sind) seien drei Gebete besonders genannt:

(1) Die Bitte um *„ein hörendes Herz"* (1 Kön 3,9): Salomo bittet um ein Verhältnis zu Gott, das Dtn 6,4f. entspricht: „Höre, Israel:

Der Herr, dein Gott ist einzig. Darum sollst du den Herrn, deinen Gott lieben mit ganzem Herzen, mit ganzer Seele und all deinen Kräften ..." Das Beten setzt das Hören des Menschen voraus.

(2) Das Tempelweihgebet (1 Kön 8,22-53): Der Tempel wird als der Ort gesegnet, wo *Gottes „Hören"* und Vergeben erfahrbar werden möge. Dieses Gebet Salomos wird von Gesten begleitet: Ausbreiten der Hände, Sich-Hinstellen (d.h. er war vorher auf den Knien gelegen); es umfasst mehrere Bitten: um die Tugend der Gerechtigkeit im Herzen, um Hilfe gegen Feinde, Bitte um Regen, gegen Krankheiten und sonstige Plagen, Bitte für Fremde usf.

(3) Das Salomo zugeschriebene Gebet um *Weisheit* (Weish 9,1-19): Es knüpft an die Bitte um ein hörendes Herz (1) an. Ein Teil dieses Gebetes wurde in das Stundengebet der Kirche aufgenommen (Laudes vom Samstag der 3.Woche).

5. Weisheitsbücher (Ijob und Tobit)

In der Gestalt des *Ijob* sah die christliche Theologie das Vorausbild für Jesu Erleiden der Gottverlassenheit am Kreuz, aber auch für die schmerzlichen Erfahrungen im Gebetsleben der Gläubigen, sich von Gott preisgegeben, ungehört, zu fühlen.

Bemerkenswert scheint, dass Ijob (im Text des Buches) derjenige ist, der Gott direkt anspricht. *Während* er mit seinen Freunden redet, wendet er sich an Gott und gibt damit zu erkennen, dass die horizontalen Beziehungen nicht sein einziger Bezugspunkt sind (Georg Fischer). Ijob ist derjenige, der nur zu verständlich schwere Vorwürfe gegen Gott vorbringt: „Du wandelst dich zum grausamen Feind gegen mich" (30,21). Tiefer als die irdischen Verluste schmerzt ihn der Jammer über den unbegreiflichen, unverschuldeten Verlust der vertrauten Beziehung zu Gott.

Wiederum ist auffällig, dass auch Ijob ein *Fürbitter* ist: Seine Fürbitte für seine Freunde ist notwendig (Ijob 42,8.10), damit diesen Verzeihung gewährt wird.

Lit.: Ludger Schwienhorst-Schönberger, *Ein Weg durch das Leid. Das Buch Ijob*, 2012.

Charles Kannengiesser, Art.: *Job chez les Pères*, DSp VIII, 1218-1225.

Einige sehr schöne Gebetstexte finden sich im Buch *Tobit.*

- Tob 3: Tobits Gebet in der Hilflosigkeit der Erblindung; sowie Saras Gebet.
- Tob 8,5-8: das Gebet des Tobias und der Sara zur Eheschließung. Es bringt ein Verständnis von Ehe zum Ausdruck, das geprägt ist von Achtung, Liebe, Treue – wie es dem Heilsplan Gottes entspricht.
- Tob 13: „Und Tobit schrieb zum Lobpreis Gottes ein Gebet nieder ..." (v. 1). Teile daraus sind in die Liturgie des Stundengebetes (Laudes vom Dienstag der 1. Woche, Freitag der 4. Woche) aufgenommen.

6. Große Beterinnen: Hanna und Ester

Von den Beterinnen des AT sollen nur zwei besonders genannt sein: Hanna, die Mutter Samuels, und die Königin Ester.

Von *Hanna* sind zwei Gebete überliefert: zunächst ein flehentliches Gebet um einen männlichen Nachkommen, verbunden mit dem Gelübde, das Kind „dem Herrn zu überlassen" (1 Sam 1,10-13). Dieses Gebet wird nicht wörtlich wiedergegeben, sondern es wird gesagt: „sie redete nur still vor sich hin" (v. 13), sie bewegte den Mund und weinte. Die Innigkeit dieses Gebetes war offensichtlich ungewohnt, so dass sie vom Hohenpriester Eli zunächst für betrunken gehalten wurde.

Das Preisgebet Hannas für das ihr geschenkte Kind (1 Sam 2,1-10) ist das längste Gebet einer Frau in der Hebräischen Bibel. Hanna dankt nicht nur für die Erhörung in konkreter Not, sondern gibt hier ein Bekenntnis zur Einmaligkeit JHWHs. Das Gebet sagt bleibend Gültiges von JHWH aus: Er erhöht die Niedrigen, Gedrückten. Von Form und Inhalt her hat dieses Preislied unübersehbare Ähnlichkeit mit dem Magnificat Mariens. Das Gebet Hannas wird im morgendlichen Stundengebet (am Mittwoch der 2. Woche) gesungen.

Das Gebet der Königin *Ester* findet sich im griechischen Text des Buches Ester, Kapitel 4. Ester steht für das gedemütigte Volk Israel, das „keinen Helfer hat als JHWH allein", in äußerster Bedrängnis: der Gefahr der Auslöschung. Es ist ein Bittgebet in schier auswegloser Lage, wo alles an einem seidenen Faden hängt.

Ester wird in der christlichen Spiritualität als Vorausbild (Typos) Mariens gedeutet, die nicht nur ihr Gebet, sondern ihr ganzes Leben für das Heil, das von Gott her kommen soll, in die Wagschale wirft.

Ein ergreifendes Beispiel für die Bedeutung dieser alttestamentlichen Gestalt ist deren Deutung durch EDITH STEIN – Sr. THERESIA BENEDICTA A CRUCE; sie bezeichnete sich selbst mehrmals als „Ester" („ich bin nur eine kleine, armselige Ester"). Sie verstand ihr Leben – den Eintritt in den Karmel und die in ihrem Testament niedergeschriebene Bereitschaft, ihr gesamtes Leben zur Rettung anderer hinzugeben – nach dem Paradigma der Königin Ester, wobei sie die alttestamentliche Ester ausdrücklich in Verbindung mit der Gottesmutter Maria sieht: In dem von Sr. Theresia Benedicta verfassten literarischen Dialog (Juni 1941) *„Nachtgespräch"*, in dem sich die biblische Königin Ester mit der Priorin eines Karmelklosters unterredet, werden die Bedeutung der *Fürbitte* und der Heilswille Gottes für das jüdische Volk thematisiert.

Lit.: EDITH STEIN, *Geistliche Texte* II (ESGA 20), 238-244.

II. Zusammenschau – Gebet im AT

1. Arten des Gebetes, Inhalt

a) Bitte, Fürbitte, Segen

- Gebetet wird um irdische Güter, Errettung aus Not,
- aber auch um Vergebung, um Gottesfurcht, Weisheit, Vertrauen.
- Sehr bedeutsam von Anfang an ist die Fürbitte. Eine besondere Form der Fürbitte ist der Segen; der Segen Aarons (Num 6,24-26) geschieht im Auftrag JHWHs.
- In 2 Makk 12,43f. findet sich das erste Zeugnis für das Gebet für Verstorbene (Darbringung eines Sühnopfers).

b) Dank und Lob Gottes („Jubel"), Bekenntnis

- Es wird Dank gesagt für Erhörung einer Bitte, für konkrete Errettung aus einer Not (z.B. Ps 30,1: „Ich will dich rühmen, Herr, denn du hast mich aus der Tiefe gezogen…").
- „Lob", „Preisung" ist Ausdruck des Dankes für einzelne Gaben, aber auch für die Schöpfung, und für die Erwählung Israels. Gott wird „verherrlicht"/ „gerühmt" als Schöpfer, Retter, als „einzigartig".
- Das „Bekenntnis" (der Lobpreis) ist eine „Verkündigung" der Taten des Herrn vor anderen (Ps 119,12f.), die Bezeugung seiner Macht und Größe. Nicht immer wird dabei Gott in der Du-Form angesprochen; dennoch sind solche Hymnen Gebete (vgl. auch die Christus-Hymnen im Corpus Paulinum).
- Primär ist es der *Mensch,* der lobt und dankt. Aber „alles, was atmet (= was Stimme und Atem hat), lobe den Herrn" (Ps 150,6): Der Lobpreis des Geschaffenen steigt zu Gott auf. Der Mensch muss, soll, darf mit seinem ganzen Wesen, d.h. *freiwillig* loben. Er ist nicht nur zur Verherrlichung Gottes da –wie alles andere –, sondern vollzieht den Dank *bewusst.* Indem er die Schöpfung würdigen kann, nimmt er sie in das Lob des Schöpfers hinein – er „gibt sie Gott zurück" (Dan 3,62ff.; vgl. „Cantico delle creature" – der Sonnengesang des hl. FRANZISKUS: „Laudato si, mi Signore, *per* tutte le creature").
- Das Gebet strukturiert die Zeit; es wird regelmäßig vollzogen: „siebenmal am Tag singe ich dein Lob" (Ps 119,164), oder dreimal (Daniel).
- Im gemeinschaftlichen Gebet Israels (im Jahreskreis) werden übernommene Feste mit heilsgeschichtlichen Ereignissen verbunden; der Lobpreis und Dank geschieht im *Gedenken* an die Taten JHWHs.

c) Buße

- Dem Bekenntnis des Vertrauens und der Erhörung (manchmal auch der Beteuerung der Unschuld) korrespondiert das

Bekenntnis der Schuld. Man lobt und dankt auch dann, wenn man Schuld „bekennt" (man *bekennt sich zu JHWH,* der einen auch mit den Schwächen kennt, dem man sie also *bekennt*). Das Bekenntnis ist nicht unfruchtbares Kreisen um das eigene Versagen, sondern Einschätzung im Lichte Gottes: vgl. Ps 51, in dem das tiefe Vertrauen auf Vergebung, Heilung und Heiligung ausgedrückt wird.

- Ausdrückliche Buß-Gebete finden sich nicht nur im Buch der Psalmen, von denen sieben den Namen „Bußpsalmen" tragen (Pss 6; 32; 38; 51; 102; 130 und 143), sondern auch in den Büchern Nehemia (Neh 9), Esra (Esr 9) und Daniel (Dan 9).

d) Klage

- Wie die Bitte, so äußert sich die Klage in konkreten Situationen: Krankheit, Niederlage, Verfolgtsein; sie stellt aber auch tiefer gehende Fragen an den gerechten Gott: „Warum haben die Frevler Erfolg?"
- Alles, was das Dasein leidvoll macht, die Welt und das Leben, wie es ist, ist nicht so einfach mit dem Glauben an Gott, den Guten und Gerechten, in Einklang zu bringen: „Deine Augen sind zu rein, um Böses mit anzusehen!" (Hab 1,13).
- Die Klage ist letztlich eine Aufforderung an Gott, Antwort zu geben. Leid und vor allem das „Schweigen" JHWHs wird als Prüfung des Glaubens und des Betens erfahren (Ps 143,7: „Herr erhöre mich bald; denn mein Geist wird müde ..."; Ps 88,10: das Ausbleiben der Antwort wird als größte Pein empfunden: „Wie lange Herr, vergisst du mich ganz?")! Ps 10; 12; 69; 73; 83,2; Jer 12,1.
- Die leidvolle Situation ist eine Herausforderung und Aufforderung, auf die Hilfe Gottes zu *warten:* „Harre auf Gott, denn ich werde ihm noch danken, meinem Gott und Retter, auf den ich schaue" (Ps 42,6).

e) im Angesicht Gottes „sein", „auf ihn schauen"

Die innere Beziehung des Gläubigen zu JHWH äußert sich nicht nur in Worten, sie ist eine dauerhafte, die ganze Existenz umgreifende Haltung voll Hoffnung, Dienstbereitschaft und Vertrauen, wie sie etwa im „Schauen auf Gott" („wie die Knechte auf die Hand ihres Herrn, wie die Magd auf die Hand ihrer Herrin" Ps 123,2), im „Harren" und „Warten auf ihn" zum Ausdruck kommt.

2. Grundbewusstsein

(1) JHWH ist *machtvoll* und *gnadenvoll* gegenwärtig – nahe-zugeneigt und zugleich heilig-erhaben, dem Begreifen entzogen.

(2) Er ist Gott der *Schöpfung* und Herr der *Geschichte*. Seine Verheißungen sind teilweise erfüllt, teilweise stehen sie noch aus.

(3) Das Gebet hat seinen Ursprung in JHWH, der sein Volk *ruft*. Der vielleicht wichtigste Gebetstext Israels, das Sch^e^ma (Beginn des täglichen Gottesdienstes), ist ein Bekenntnis zu dem, der sich geoffenbart hat als „einzig": „Höre, Israel, ..." (Dtn 6,4)

(4) Das Gebot zu „hören" richtet sich an das Volk und an den *Einzelnen*, der „umkehren" soll: Der Ruf Gottes soll bis in das „Herz" dringen („... darum sollst du den Herrn, deinen Gott, lieben von ganzem Herzen ...": Dtn 6,4). Gebet wird vom Leben in der Treue zum Bund getragen, ist Antwort auf das Wort Gottes: „Rede, Herr, dein Diener hört" (1 Sam 3,9). Im Gegensatz dazu klagt JHWH über die Kälte und Gleichgültigkeit des Volkes: „ICH rief, warum gab mir niemand Antwort?" (Jes 50,2)

(5) Wenn man zu Gott in der rechten Gesinnung ruft, ist Antwort zugesagt (Jes 65,24): „Schon ehe sie rufen, gebe ich Antwort, während sie noch reden, erhöre ich sie".

Das gegenseitige Hören und Antworten nimmt AUGUSTINUS auf:
En. in ps. 148: „Gott hat sein Ohr an deinem Herzen."
Conf. I, 5: „Die Ohren meines Herzens sind vor Dir, mein Gott. Öffne sie und sprich zu meiner Seele: Ich bin dein Heil."

(6) Äußere Umstände des Gebetes und innere Haltung: Das Gebet ist nicht an einen Ort oder an eine Zeit gebunden – Gott

hört immer und überall: „Überall ist unser Gott uns nahe, wo immer wir ihn anrufen“ (Dtn 4,7). Dennoch werden Orte und Zeiten ausgesondert, für das Gebet bestimmt; man reinigt sich durch Riten, um sich zum Gebet vorzubereiten. Ziel ist die innere Gebetshaltung (Ps 24,3f.), die Bekehrung des Herzens muss erstrebt werden. Vergebung wird durch Umkehr erlangt (Ps. 51; Jes 55,7 u.v.a.). Die Körperhaltung und Gestik sind nicht nur Äußerlichkeiten, sondern Ausdruck der Ehrfurcht und Zuneigung, und zugleich Hilfe zur inneren „Sammlung“.

s.u. 3. Teil: Heiligung der Zeit, Gebetsgesten, dem Gebet gewidmete Orte.

(7) Im Laufe der Geschichte ist eine zunehmende Verinnerlichung von Gebet und Opfer zu beobachten, je weniger die politischen Verhältnisse die ursprünglich mit dem Segen JHWHs identifizierten Güter (Land, Nachkommenschaft, Sicherheit und Wohlstand) gewährleisteten (vor allem ab der Exilszeit). *Gott selbst* und seine Huld werden ersehnt (Ps 63,4: „Deine Huld ist besser als das Leben“; Ps 16,2: „Mein ganzes Glück bist du allein“; Ps 73 und 49: Hoffnung selbst in Todessituation).

(8) Mit Hilfe *vorgeformter* (von anderen Betern / aus der Tradition der Glaubensgemeinschaft geformten) Gebeten *lernt* man die „Sprache des Gebetes“; zugleich tritt man, indem man ein altes Gebet mit-spricht, in die Raum und Zeit überschreitende Glaubensgemeinschaft von Betern ein.

(9) Das Gebet ist Frucht der *Gnade:* „HERR, öffne mir die Lippen, und mein Mund wird deinen Ruhm verkünden“ (Ps 51,17). „Er legte mir ein neues Lied in den Mund, einen Lobgesang auf IHN unseren Gott“ (Ps 40,4).

III. Die Psalmen im christlichen Gebet

1. Christologische Auslegung

Seit der apostolischen Verkündigung und den entstehenden ntl. Schriften werden die heiligen Schriften Israels vom Christus-Ereignis her gedeutet (vgl. 1 Kor 10,4; 2 Kor 3,4-18; Gal 4, 21-31, die sogenannten „Reflexionszitate“ im Mt-Evangelium; Joh 5,46; 12,37ff. u.ö.). Wenn Christus der präexistente Logos ist, „in dem, durch den und auf den hin alles geschaffen ist“ (Kol 1,16), dann ist auch das, was im Alten Bund von Gott gesprochen und getan wurde, auf Christus zu beziehen und enthüllt von ihm her seine volle Bedeutung.

Eine besondere Stellung nimmt im Corpus der Heiligen Schriften der Psalter ein. Einige Psalmen werden direkt oder in Anklängen im NT zitiert: Ps 22, Ps 110, Ps 82,6. Den Kirchenvätern gelten die Psalmen als „Zusammenfassung“ der ganzen atl. Heiligen Schrift: In ihnen ist von der Schöpfung und von der Geschichte Israels die Rede, von dem vollkommenen Königtum des Messias, und von der Vollendung der Heilsgeschichte. In den Psalmen finden sich verschiedene „Klangfarben“: erzählende, mahnende, prophetische, weisheitliche Texte, jedoch alle in der Form von „Gebet“. Sie enthalten gewissermaßen die deutlichsten Prophezeiungen über die Menschwerdung (Ps 19, Ps 45: Verkündigung), das Leiden (Ps 22, Ps 31 u.a.) und die Verherrlichung Christi, aber auch über die Kirche (Ps 23: s.u., 50-54). Aufgrund des deutlichen Bezuges zum Leben Jesu wurde das Buch der Psalmen nicht nur als „prophetisches Buch“, sondern sogar als Quasi-Evangelium im AT bezeichnet: Der Psalter stehe „eher den Evangelien nahe als der Gattung prophetischer Rede“ (Athanasius, Thomas von Aquin u.a.): Er spreche nahezu unverhüllt vom Geheimnis Christi und der Kirche.

> Eine glückliche Zusammenfassung der verschiedenen Facetten in der Bezogenheit auf Christus hat Augustinus formuliert (*en. in ps.* 85, n.1):
> „[In manchen Psalmen] betet der Sohn Gottes für uns, als unser Priester,
> in manchem in uns, als unser Haupt,
> in manchen richtet sich unser Gebet an ihn, als unsern Gott.
> Lasst uns also in ihm unsere Stimme erkennen, und seine Stimme in uns.“
> Augustinus zu Ps. 22 (*en. in ps. 21,* 2): „Als das Wort, das Gott war, fleischgeworden am Kreuz hing, sprach er: Gott, mein Gott,

warum hast du mich verlassen! Warum dieser Ausruf? Doch deswegen, weil wir dort waren (am Kreuz), weil der Leib Christi die Kirche ist. Er tut diesen Ausruf, damit wir aufmerken und sagen: Dieser Psalm handelt von mir."

Von daher ist verständlich, dass der Psalter (insgesamt oder in Auswahl) zu den am häufigsten ausgelegten Büchern der Heiligen Schrift gehört. Dies hängt natürlich auch mit dem liturgischen Gebrauch zusammen, bildet doch der Psalter den Grundbestand des Stundengebetes.

Von besonderer Bedeutung sind die Kommentare von CASSIODOR und AUGUSTINUS, dessen *Enarrationes in psalmos* als sein tiefstes exegetisches Werk gelten. Auch HIERONYMUS und AMBROSIUS, ALCUIN und REMIGIUS hinterließen Psalmenauslegungen, welche die spätere Kommentierung inspirierten. Besonders einflussreich wurde ein Kommentarwerk aus dem 12. Jahrhundert: die von mehreren Autoren erarbeitete *Glossa* zum Psalter. Aus verschiedenen Kirchenvätern wurden für diesen Kommentar Worterklärungen (z.B. zur Bedeutung von „psalterium") und inhaltliche Auslegungen zu den einzelnen Psalmen, Vers für Vers fortlaufend, gesammelt. Maßgeblich beteiligt an der Vervollständigung war PETRUS LOMBARDUS, der vor allem wegen seiner Zusammenstellung des wichtigsten systematischen Handbuchs der Theologie bekannt wurde: der *Vier Bücher Sentenzen*. Ein beeindruckender Kommentar zu den Psalmen 1-54 stammt von THOMAS VON AQUIN (ein Ausschnitt aus dem Prooemium dieses Kommentars wird im Anhang wiedergegeben, 179-182).

Lit.: CHRISTIANA REEMTS, *Schriftauslegung. Die Psalmen bei den Kirchenvätern* (= NSK-AT 33/6), 2006.

HERMANN J. SIEBEN (Hrsg.), *Schlüssel zum Psalter. Sechzehn Kirchenvätereinführungen von Hippolyt bis Cassiodor,* 2011.

AIMÉ SOLIGNAC, Art. *Psaumes,* DSp XII/2, 2504-2568.

2. Die Praxis des Psalmengebetes in der Kirche

Psalmen-„Beten“ kann unter verschiedenen Aspekten geschehen.

Lesung

Die Psalmen gehören zur Heiligen Schrift, daher werden sie nicht nur als „Gebet“ aufgefasst, sondern als „zu lesen“. Das kann durchaus den einzelnen Beter entlasten: Zum einen muss er sich nicht in jedem Psalm-Text persönlich wiederfinden (s.u. zu „Fluchpsalmen“). Zum andern ist es nicht so einfach, die Psalmen zu „beten“, wenn Gebet definiert ist als „Erhebung des Geistes zu Gott“: Die Vielzahl der Bilder und Worte in den Psalmen können den Geist des Menschen bei den unmittelbar ausgesprochenen Inhalten festhalten. Daher fasste man die Psalmenrezitation oftmals eher als Schriftbetrachtung auf, die jedoch ins „Gebet“ übergehen sollte. Aus der geistlichen Praxis der frühen Mönche wissen wir, dass die Psalmen im Sitzen rezitiert werden konnten, während man sich zum anschließenden „Gebet“ erhob bzw. niederkniete oder sich zu Boden warf. Nach den einzelnen Psalmen folgte eine Gebetsstille, die mit einem vom Vorsteher gesprochenen Gebet abgeschlossen wurde. Mehrere Sammlungen solcher *Psalmorationen* sind erhalten und werden auch heute mancherorts im Stundengebet praktiziert. Das „Ehre sei dem Vater“ jeweils zum Ende der einzelnen Psalmen ist heute sozusagen der *Gebets*-Abschluss: Der alttestamentliche Text wird ausdrücklich mit einem Lobpreis des dreifaltigen Gott beschlossen. Die alte Praxis einer kurzen Stille vor der Doxologie wieder aufzunehmen wäre empfehlenswert.

Gebet, das dem einzelnen Beter zu eigen werden soll

Für dieses Verständnis und die Praxis des Psalmen-Betens in der frühen Kirche besonders wichtig ist ATHANASIUS’ *Brief an Marcellinus*. Diese Schrift wurde häufig zusammen mit dem Psalter, sozusagen als gültige Einleitung, abgeschrieben. Zum einen wird der *Inhalt* der einzelnen Psalmen und ihr *Bezug zu Christus* erläutert, zum andern werden die verschiedenen Psalmen in Beziehung gesetzt zu der seelischen Gestimmtheit des *betenden Gläubigen*:

Athanasius listet sozusagen auf, in welcher Situation welcher Psalm besonders hilfreich bzw. zu beten empfohlen ist. Er gibt auch Hinweise zum Singen der Psalmen.

Die Psalmen werden hier aufgefasst als Gebete, die Gott selbst den Menschen geschenkt hat. Wer sie sich zu eigen macht, der stimmt ein in die Haltungen, die Gott am Menschen sehen möchte. Das heißt, die Psalmen sind nicht nur Ausdruck einer bestimmten inneren Haltung, sondern sie ermöglichen, diese Haltung zu erwerben: Gottvertrauen, Freude, Demut, Erbarmen.

Der Text des *Briefes an Marcellinus* wurde übersetzt von HERMANN-JOSEF SIEBEN, *Ausgestreckt nach dem, was vor mir ist. Geistliche Texte von Origenes bis Johannes Climacus,* 1998, 143-179; ein Kommentar dazu findet sich in: HERMANN-JOSEF SIEBEN, *Manna in deserto. Studien zum Schriftgebrauch der Kirchenväter,* 2002, 9-34: *Athanasius über den Psalter.*

Auch bei JOHANNES CASSIAN (*Coll.* X, 11, 4: Abbas Isaak über das Gebet) wird ausgeführt, dass derjenige, der sich mit Hingabe dem Psalmengebet widmet, sein eigenes Inneres in ihnen entdecke und sie so verstehe, als seien sie auf ihn hin geschrieben worden.

Gebet in der Gemeinschaft der Glaubenden

Die Psalmen werden vom Einzelnen im Bewusstsein gebetet, dass sie nicht nur sein persönliches Gebet sind, sondern „in Christus", „in seinem Leib" gebetet werden. Sie werden daher auch in *Stellvertretung* gebetet für diejenigen Glieder, die jetzt z.B. in der Situation der Trauer oder der Freude sind.

„Erbarme dich meiner, o Herr, den ganzen Tag schreie ich zu dir!" Nicht nur einen Tag lang. Den ganzen Tag, das sollst du verstehen als: jeden Tag. Der Leib Christi seufzt jeden Tag unter schwerem Druck, bis zum Ende dieser Weltzeit, wenn die Bedrängnis ein Ende hat, bis zum Ende der Welt seufzt dieser Mensch und schreit zu Gott. Und jeder von uns hat seinen Anteil am Rufen und Schreien dieses Leibes. Du hast gerufen in den Tagen deines Lebens, sie sind vergangen; ein anderer wird dir folgen und wird ebenfalls rufen in den Tagen seiner Lebenszeit. Du hier, jener dort, wieder ein anderer anderswo. Der Leib Christi ruft alle

Tage, während seine Glieder kommen und gehen. Ein einziger Mensch ist es, der sich ausdehnt bis zum Ende der Welt. Es sind immer die Glieder Christi, die rufen; manche haben schon Ruhe gefunden in ihm, manche schreien noch, und andere werden rufen, wenn wir selbst schon Ruhe gefunden haben, und nach ihnen kommen wieder andere. Hier erklingt die Stimme des gesamten Leibes Christi. Zu dir habe ich geschrien den ganzen Tag. Unser Haupt aber tritt für uns ein zur Rechten des Vaters [...]. (AUGUSTINUS, *En. in ps.* 85 n.5; dt. M. Schlosser)

3. Christliche Deutung der Fluch-Psalmen

Eine besondere Schwierigkeit bildeten seit jeher die sogenannten *„Fluch"-Psalmen* (auch: „Feind"-Psalmen genannt), in denen der Beter Gottes Vergeltung gegen die übermächtigen Gegner herabruft. Dazu gehören Teile von Ps 54 (v.7), Ps 58, 69, 83, 109 und Ps 137 u.a.

Wie kann ein Christ, der „nicht fluchen, sondern segnen" soll, und der verpflichtet ist, nach dem Vorbild Christi seine Feinde zu lieben, diese Texte beten oder als Heilige Schrift verstehen?

Als erstes sollte man sich klar vor Augen stellen, dass diese Texte aus größter Not „geschrien" werden. Es geht nicht um Kleinigkeiten, sondern um die Situation, selbst oder als ganzes Volk hilflos der Gewalttätigkeit ausgesetzt zu sein, Feinden, die erbarmungslos gegen Kinder und Greise sind; zusehen zu müssen, wie Menschen geschändet, erniedrigt und dazu noch verhöhnt werden (Ps 137). In dieser Situation wird Gottes Gerechtigkeit angerufen, seine Heiligkeit, die sich dem Frevler gegenüber als Zorn zeigt. Es wäre unwahrhaftig, nicht nur vom Menschen, sondern auch von Gott her, wenn im wahrsten Sinn „himmelschreiendes" Unrecht im Gebet keinen Platz hätte, hat doch Gott selbst zugesagt (Ex 22,20-26), auf den Notschrei der Armen zu hören – und dies schließt eine Drohung ein gegen denjenigen, der sie unterdrückt: „Wenn du sie [Witwen und Waisen] ausnützt und sie zu mir schreit, werde ich auf ihren Klageschrei hören. Mein Zorn wird entbrennen ... Wenn der Arme zu mir schreit, höre ich es, denn ich habe Mitleid".

Es könnte also eine falsch verstandene „Sanftmut" geben, die in Wirklichkeit Gefühllosigkeit ist. Die feine Grenze liegt offenbar zwischen dem Ruf nach Gerechtigkeit und dem Wunsch nach Rache. Eine geistlich realistische Sicht wird auch nicht ausblenden, dass es keineswegs einfach ist, in die Haltung Christi (der wirklichen Feindes-Liebe und der Vergebungsbereitschaft, sogar dann, wenn der andere gar nicht darum bittet) hineinzuwachsen. Dafür muss ein Mensch vom *Kreuz Christi* innerlich berührt sein und an die *Auferstehung* glauben.

Näherhin kann man für die Auslegung etwa die folgenden Möglichkeiten erwägen.

(1) Wie oben dargelegt, wurden die Psalmen nicht nur als Gebetsvorlagen aufgefasst, sondern auch als geistliche *Lesung* betrachtet. Daran knüpft ROMANO GUARDINI (*Weisheit der Psalmen,* 243-250) in seiner Auslegung von Ps 137 an: Nicht alles, was in der Heiligen Schrift steht, ist nachzuahmen; manches gibt einfach Aufschluss über die guten wie auch schlimmen Regungen des menschlichen Herzens. Man bekommt, so GUARDINI, gerade an Ps 137 auch die möglichen Abgründe des eigenen Herzens vor Augen geführt. Die Haltung Christi zu haben, ist alles andere als eine Selbstverständlichkeit, stammt nicht aus einem friedliebenden Charakter oder der guten Veranlagung eines Menschen. Diese Umgestaltung im Glauben kann ein langer Weg sein.

> „Die Schrift sagt nicht: Was der Mann da redet, ist gut, sondern: der Mensch ist so, dass er dergleichen sagt. Wenn dann der Hörer sich verwahrt, dann antwortet die Schrift; Jawohl, auch du bist so! Auch in dir ist, was im Dichter des Psalms sich mit dem Eifer für Gott vermischt; wenngleich nach geschichtlicher Epoche und Erlebnisform verschieden. Und auch bei dir kommt es nur auf die Gelegenheit an, dass es ausbreche. [...] Wie geht denn das aber zu, wenn ein Mensch von der Gnade erfasst wird und glaubt? Dann wird er nicht umgezaubert [...]. Christi Wort zu vernehmen und sich zur Nachfolge zu entschließen, heißt nicht, mit einem Mal geändert zu werden, sondern das Neue kommt als Keim in den Menschen [...] und fängt an zu treiben ..." (ROMANO GUARDINI, *Weisheit der Psalmen. Meditationen,* 1963, 243-250: *Ps 137 – Das Dunkle im Menschenherzen.*)

(2) Unterscheidung zwischen dem *Frevler* (als Person) und seinem *Verhalten*.

Diese Deutung findet sich bereits bei den Kirchenvätern AUGUSTINUS und HIERONYMUS. Wenn der Text darum betet, dass „die Frevler vernichtet werden sollen“, so solle man dabei denken, dass in der Tat der Frevler aufhören soll, ein Frevler zu sein. Man betet als Christ nicht um den Tod als das Ende des Frevlers, sondern um seine Änderung, seine Bekehrung durch Gott (HIERONYMUS' Auslegung zu Ps 83).

Man könnte auch mit dem berühmten AUGUSTINUS-Wort sagen, der Sünder sei zu lieben, seine Sünde aber zu hassen; das heißt: man muss einen Unterschied zwischen der Person und ihrem Verhalten machen.

(3) Die Fluchpsalmen als Widerspiegelung des *geistlichen Kampfes*.

Schon ORIGENES hatte im Zusammenhang der Martyriumstheologie betont, dass die eigentliche Gefahr für den gläubigen Menschen nicht in den Verfolgern oder äußeren Widerfahrnissen bestehe, sondern darin, dass das Böse, das ihm angedroht oder zugefügt wird, einen Widerhall im Inneren des Verfolgten und Bedrängten findet: Verlust an Gott-Vertrauen oder aufkommender Hass und Verzweiflung. Die eigentliche Auseinandersetzung spielt sich im Herzen ab.

In diesem Sinn kann man auch die Feind-Psalmen als Ausdruck des geistlichen Kampfes sehen, wie AUGUSTINUS und HIERONYMUS in der Auslegung des Ps 137. Dieser Psalm ruft nach Vergeltung gegen die stammesverwandten Edomiter (v.7), die die Zerstörung Jerusalems begrüßt hatten, und gegen die Bedrücker-Macht Babylon:

> „An den Strömen von Babel, da saßen wir und weinten, wenn wir an Zion dachten […]
>
> Dort verlangten von uns die Zwingherren Lieder, unsere Peiniger forderten Jubel:
>
> Singt uns Lieder vom Zion!
>
> Wie könnten wir singen die Lieder des Herrn, fern, auf fremder Erde?

Wenn ich dich je vergesse, Jerusalem, dann soll mir die rechte Hand verdorren.

Die Zunge soll mir am Gaumen kleben, wenn ich an dich nicht mehr denke, wenn ich Jerusalem nicht zu meiner höchsten Freude erhebe.

Herr, vergiss den Söhnen Edoms nicht den Tag von Jerusalem; sie sagten: Reißt nieder, bis auf den Grund reißt es nieder!

Tochter Babel, du Zerstörerin! Wohl dem, der dir heimzahlt, was du uns getan hast!

Wohl dem, der deine Kinder packt und sie am Felsen zerschmettert!"

Zwei Städte stehen einander gegenüber: Jerusalem, als Symbol für die Gottesstadt, und Babylon, als Symbol der Auflehnung gegen Gott.

AUGUSTINUS deutet die beiden Städte als geistliche Wirklichkeiten: Der gläubig gewordene Mensch ist ein Bürger Jerusalems, d.h. Bürger der Gottesstadt. Aber in dieser Welt fühlt er sich bedrückt und wird bedrängt von vielerlei, denn diese Welt ist nicht identisch mit dem Reich Gottes. In dieser Welt ist der Mensch „in der Verbannung", wie Israels Kinder in Babylon. Entscheidend ist für den Menschen, „Jerusalem nicht zu vergessen", die eigentliche Heimat nicht aus den Augen zu lassen, das heißt: in den Sorgen dieser Welt nicht völlig aufzugehen und dadurch die Freiheit der Gotteskindschaft zu verlieren. Der Mensch ist gefährdet durch die unbekehrten Zonen des eigenen Herzens: Gedanken und Pläne, die dem Glauben und der Liebe entgegengesetzt sind, also ihren Ursprung nicht in der „Stadt des Friedens" (so wird Jerusalem etymologisch gedeutet) haben, sondern „Kinder Babylons" sind. Diese Gedanken sollen „zerschmettert" werden, solange sie noch nicht zu festen Plänen und Vorstellungen herangewachsen sind: die Entschiedenheit für Christus und das Vertrauen auf seine Treue soll alle verkehrten Gedanken vernichten:

„Was sind die Kinder Babylons? Die im Entstehen begriffenen bösen Begierden ... [Es gibt nämlich nicht nur ‚altgewordene' Begierden, sondern] wenn die Leidenschaft noch im Entstehen ist, wenn die böse Gewohnheit dich noch nicht überwältigt hat, wenn die Begierde noch schwach ist, dann lass nicht die böse Gewohnheit über dich Herr werden; solange sie noch klein ist, zerschmettere sie am Felsen, und zwar an jenem Felsen, von dem Paulus sagt: Der Fels aber war Christus (1 Kor 10,4)." (AUGUSTINUS, *en. in ps. 136,* übers. von CHRISTIANA REEMTS).

Diese augustinische Deutung findet sich auch in der *Benedikt-Regel* (RB 4,50), die lehrt, die bösen Gedanken als „Kinder Babylons" am „Felsen Christus" zu zerschmettern.

Lit.: CHRISTIANA REEMTS, *Schriftauslegung. Die Psalmen bei den Kirchenvätern* (= NSK-AT 33/6), 131-140; 201-211.

4. Psalmen in Liturgie und Spiritualität am Beispiel von Ps 23

Psalm 23 zählt zu den bekanntesten Psalmen. Er spricht von der liebenden Sorge Gottes für den Beter und von dessen Vertrauen auf Gott in jeder Lage. Das Bekenntnis: „Der Herr ist mein Hirte" besagt mehr als die Überzeugung, dass Gottes Vorsehung sich auf die ganze Welt erstreckt (vgl. Ps 24,1: „Dem Herrn gehört die Erde und was sie erfüllt, der Erdkreis und seine Bewohner"). Es besagt sogar noch mehr als die Hoffnung, dass JHWH der Hirt seines Volkes Israel ist – wie es in Ez 34 oder in Ps 80,2 zum Ausdruck kommt: „Du Hirte Israels, höre, der du Josef weidest wie eine Herde". In Ps 23 bringt der Beter seine Gewissheit ins Wort, dass JHWH, „der Herr" über Himmel und Erde, ein Auge auf ihn persönlich hat, dass man sich auf Gott in allen Lebenslagen verlassen kann: Weder „in der finsteren Schlucht", „im Tal des Todesschattens" (LXX, Vg), erlischt Gottes Gegenwart, noch vermögen Feinde letztlich etwas gegen den von Gott Beschützten auszurichten. „Nichts wird mir fehlen": das Leben mit Gott ist Fülle, Rast, Freude und Ehre. Dieser Psalm, in dem sich nicht nur Vertrauen auf Gott, sondern innige Vertrautheit zeigt, bekam schon früh eine besondere Bedeutung für die christliche Theologie und Mystik.

Der Herr ist mein Hirt, nichts kann mir fehlen;
Er lässt mich rasten auf grüner Au.
Er führt mich zur Ruh an lebendige Wasser,
gewährt meiner Seele Erquickung.
Auf rechten Wegen leitet Er mich,

um Seines Namens willen.
Und müsste ich gehen in dunkler Schlucht,
ich fürchte kein Unheil: Du bist bei mir.
Dein Stock und Dein Stab,
sie geben mir Zuversicht.
Den Tisch bereitest Du mir
ins Angesicht denen, die mich bedrängen.
Du salbst mit Öl mein Haupt,
und übervoll ist mein Becher.
Die Huld und die Gnade gehen mir nach
durch all meines Lebens Tage,
und wohnen darf ich im Hause des Herrn
durch lange und lange Zeit.
(Übers. von ROMANO GUARDINI]

Es war Glaubensüberzeugung Israels, dass Gott einst einen vollkommenen Hirten für sein Volk senden werde, ja dass er selbst kommen werde, um sein Volk zu weiden. Diese Verheißung wird im Neuen Testament als in Christus erfüllt bezeugt, vor allem in der Rede vom *„Guten Hirten“* (Joh 10,11-18). Man las Psalm 23, wie auch die anderen Texte über Gott als Hirten, *im Licht der Gleichnisse* und der *Selbstbezeichnung Jesu.* Wenn Jesus von sich selbst als „dem guten Hirten“ spricht, kennzeichnet er sein Hirtenamt zweifach: Er „kennt“ die Seinen auf eine unüberbietbar tiefe Weise „mit Namen“, und umgekehrt „kennen sie seine Stimme und folgen ihm“. Er versteht sie, weil er sie liebt. Das zweite Merkmal des „guten Hirten“ besteht darin, dass „er sein Leben gibt für seine Schafe“.

Wie sich die *Lebenshingabe des Hirten* und die *Ernährung der Schafe* („Weide“) ineinanderfügen, zeigt ein dritter Text, *Offb 7*: „Das Lamm weidet sie und führt sie zu den lebendigen Wasserquellen, und Gott wird alle Tränen von ihren Augen trocknen“ (v.17) und „Gott wird sein Zelt über ihnen [den Gerechten] aufschlagen“ (v.15), d.h. sie werden bei ihm wohnen für immer.

Die wohl älteste erhaltene *Darstellung des Guten Hirten* – zugleich die früheste Darstellung Christi – ist ein Fresko, das sicher vor der Mitte des 3. Jh.s entstanden ist. Es schmückt eine Taufkirche in Dura Europos (am Euphrat), die im letzten Jahrhundert entdeckt und ausgegraben wurde. Ähnliche Darstellungen aus den frühen Jahrhunderten der Christenheit sind auch anderswo bezeugt; in einer frühchristlichen Taufkirche in Neapel (San Giovanni della Fonte) wird nicht weniger als vier Mal der Gute Hirte zwischen seinen Schafen und den aus dem Felsen strömenden Wasserquellen dargestellt. Aus den literarischen Zeugnissen dieser Zeit wissen wir, dass die enge Verbindung zwischen dem Motiv des *Guten Hirten,* dem Ort der *Taufe,* und dem *Psalm 23* nicht zufällig ist. Besonders deutlich lässt dies eine Inschrift aus dem 5. Jh. im Baptisterium von Ravenna erkennen, welche die Hirtenszene erläutert mit einem Zitat aus Psalm 23: „Er gab mir einen Platz auf der Weide, er zog mich auf und unterwies mich am Wasser der Erquickung".

Auch das Zeugnis der Predigten und Schrift-Kommentare des 4. und 5. Jh.s sind überraschend einhellig: Psalm 23 wird als eine *prophetische Verheißung der zentralen christlichen Sakramente* (Initiationssakramente) aufgefasst: der Taufe, der Firm-Salbung und der Eucharistie. Diese Interpretation findet man bei Theologen der gesamten Oikumene: in Kappadokien (GREGOR VON NYSSA), Mailand (AMBROSIUS), Jerusalem (CYRILL VON JERUSALEM), Nordafrika (AUGUSTINUS).

Aus einer dem hl. AUGUSTINUS zugeschriebenen Predigt kann man ersehen, dass der Psalm den Katechumenen an einem der Sonntage der Fastenzeit, die dem Tauftermin vorausging, „übergeben" wurde. Das heißt, er wurde den Katechumenen vorgelesen – wie an den folgenden Sonntagen das Glaubensbekenntnis und das Vaterunser – mit dem Auftrag, den Wortlaut *auswendig zu lernen.* In der Osternacht, vielleicht als Kommuniongesang, wurde der Psalm von den Neugetauften gesungen. In der Osteroktav wurde der Psalm durch die *„mystagogischen Katechesen",* die Aufgabe des Bischofs waren, den Getauften erklärt – wie z.B. AMBROSIUS bezeugt:

> „Höre noch einmal, welche Sakramente (oder: Geheimnisse) du empfangen hast. Höre ein Wort des heiligen David. Er sah im Geiste diese Mysterien voraus, freute sich und sprach, ihm fehle nichts. Warum? Weil derjenige, der den Leib Christi empfangen

hat, nicht mehr hungern wird in Ewigkeit (vgl. Joh 6,35). Wie oft hast du schon den Psalm gehört, ohne ihn zu verstehen! Schau her, wie er den himmlischen Geheimnissen (oder: Sakramenten) entspricht: ‚Der Herr führt mich auf die Weide' ..." (AMBROSIUS, *De sacr.* 5,12.13)

Vers für Vers wird der Psalm ausgelegt, der als eine Kurzfassung dessen gilt, was in Bekehrung und Taufe geschehen ist. Durch die Taufe ist der Christgläubige seinem Herrn und Hirten „zueigen" geworden, ist für immer in seiner Hut. Viele Kirchenväter sehen im „Ruheplatz am Wasser" die *Unterweisung*, die den Katechumenen zuteil wurde („Wasser der Weisheit": Sir 24,25), im „Tal des Todesschattens" aber den *Taufvorgang* selbst. Nach frühchristlicher Überzeugung, gestützt vor allem auf Röm 6,4 und Kol 2,12, ist die Taufe ein „Abbild", ein „Schatten" des Todes: Das dreimalige Untertauchen beim Taufvorgang wird als „Hineingetaucht-Werden" in den Tod Christi verstanden, nicht als eine rein symbolische Handlung, die nur die Bekehrung des Täuflings zum Ausdruck brächte, sondern als eine wirksame Handlung. So lehrt CYRILL VON JERUSALEM (*Mystag. Catech.* II, 5) die Neugetauften: „Ihr seid nicht unter Schmerzen (leibhaftig) gestorben, doch ihr habt wirklich die Frucht des Sterbens Christi, das bleibende Leben, empfangen."

Was in der Taufe „im Sakrament", d.h. im wirksamen Zeichen, geschieht, das wird beim leiblichen Sterben offenbar werden. Darum ist der Gute Hirt auch oft auf *Sarkophagen* oder in Coemeterien (Grabkammern, Katakomben-Malerei) dargestellt.

Dass man heil durch den Schatten des Todes gelangt, ist dem „Beistand" des Guten Hirten zuzuschreiben: „Dein Stock und dein Stab sind mir *Stütze*". Das hier im griechischen und lateinischen Text verwendete Wort für „stützen, beistehen", und in diesem Sinn auch für „trösten, stärken", hat die gleiche Wurzel wie der Name für den *Heiligen Geist* im Johannes-Evangelium: der Beistand, Anwalt, Tröster *(parakletos,* lat.: *consolator)*. Daher erblickten die Kirchenväter in der Zusage der „Stütze" die Verheißung des Heiligen Geistes, der dem Täufling als Beistand, Anwalt und Tröster gegeben wird. In der *Salbung des Hauptes mit Öl* erkannten sie die *der Taufe folgende Salbung*, in dem „übervoll eingeschenkten Becher", wörtlich: dem *„berauschenden, herrlichen Becher"*, die *Eucharistie*.

Die Beziehung zwischen Psalm 23 und den christlichen Sakramenten wurde so deutlich empfunden, dass die Formulierung vom „herrlichen Kelch" in das Römische Hochgebet Eingang fand: „Ebenso nahm er diesen erhabenen Kelch in seine heiligen und ehrwürdigen Hände – *accepit hunc praeclarum calicem"*.

Man kann also *Psalm 23 das große Dankgebet für Taufe, Firmung und Eucharistie* nennen; er beschreibt das Handeln des Guten Hirten an den Seinen. Darum gehörte dieser Psalm zu den Grundgebeten, welche die Katechumenen auswendig zu lernen hatten:

> „Behaltet diese Psalmverse im Gedächtnis, gebt sie im mündlichen Bekenntnis wieder. Behaltet den Psalm, der euch übergeben wurde, und wenn ihr ihn behalten habt, gebt ihn wieder durch euer Leben, eure Stimme, euer Verhalten" (ein Bischof des 6. Jh.s)

Lit.: Jean Daniélou, *Liturgie und Bibel. Die Symbolik der Sakramente bei den Kirchenvätern*, 1963, 180-192.

B) Gebet im Neuen Testament

I. Jesus als Beter

Jesus ist das gültige Wort des Vaters in die Welt hinein, das Wort des Heils und Angebot der Versöhnung für die unerlöste Welt. Zugleich ist er als Mensch die vollkommene Antwort auf den Vater (vgl. Hebr 10,5-7), die vollkommene Verwirklichung des Menschseins, wie es in einem Hymnus des Stundengebetes ausgedrückt wird: „Logos, Wort und Antwort zugleich, erschließe uns das Gottesreich".

Dem Geheimnis der Inkarnation entsprechend ist das Gebet Jesu doppelt verwurzelt:

- im Gebet des *Volkes Israel,* aus dem er als der verheißene Messias hervorgeht („Reis aus dem Baumstumpf Isais": Jes 11,1),
- und in der *einzigartigen* Beziehung zu seinem Vater, von dem er gesandt ist („Ich selber, spricht der Herr, werde nun meine Schafe suchen...", Ez 34,11ff.).

Als Mensch ist Jesus „hörend" auf den Willen des Vaters, den er im Gebet sucht. Er weiß aber auch, dass der Vater ihn „immer erhört" (Joh 11,42). In der Zwiesprache mit dem Vater, im Gebet, vollzieht sich Jesu Gesandtsein sozusagen in der Zeit (Lk 2,49: im Tempel; Mk 1,12: in der Wüste; Joh 2,4; 12,23; 17,1: die „Stunde", die „noch nicht gekommen ist", bzw. „da ist").

1. In der Tradition des Gottesvolkes

Jesus wird geboren als „dem Gesetz unterstellt" (Gal 4,4), im Glauben und der religiösen Praxis des Bundesvolkes wächst er auf. „Er ging, wie er es gewohnt war, am Sabbat in die Synagoge" (Lk 4,16).

Besonders das Lk-Evangelium hebt die Bedeutung des *Tempels* im Leben Jesu heraus: Die Darstellung im Tempel (Lk 2,21-39) und besonders die Erzählung vom 12-jährigen Jesus im Tempel (Lk 2,41-50): Jesus ist in etwa in dem Alter, in dem ein junger Jude zum ersten Mal eigenverantwortlich am Gottesdienst teilnimmt. Dabei übernimmt er auch die Verantwortung, die Tora zu befolgen. Bei diesem Anlass erklärt Jesus seine Berufung, seine Unabhängigkeit von den leiblichen Eltern. Seine Berufung ist mit dem Tempel als dem *„Hause meines Vaters“* verbunden. Diese Beziehung zum Vater ist der Kern seiner Berufung als Mensch.

Wallfahrten zum Tempel erwähnt auch das Joh-Evangelium. Besonders bedeutsam ist das in allen vier Evangelien bezeugte Ereignis der Tempelreinigung (Mk 11,15-19 parr; Joh 2,13-22). Der Grund für den Eklat, den Jesus mit der Vertreibung der Händler provozierte, war zum einen die Geschäftemacherei: Der Tempel darf keine „Markthalle“ (Joh 2,16) oder „Räuberhöhle“ (Lk 19,46, Zitat aus Jer 7,11) sein; der Prophet Jeremia hatte scharf gemahnt, dass Gebet und Lebensvollzug nicht auseinanderklaffen dürften. Zum andern ist der Tempel „das Haus meines Vaters“ (Joh 2,16), das ein *„Haus des Gebetes (für alle Völker)“* (Lk 19,46 mit Zitat aus Jes 56,7) sein soll; damit weist Jesus auf das Kommen des umfassenden Heiles hin: Alle Völker sollen zu dem einzig wahren Gott Zugang bekommen.

Lit.: JOSEPH RATZINGER, *Jesus von Nazareth*. Zweiter Teil, 2010, 26-38; jetzt in: JRGS 6, 2013, 428-437.

In den Evangelien finden sich immer wieder Reminiszenzen an die jüdische Gebetspraxis, wie etwa den *Tischsegen*. Im Mund Jesu werden verschiedene *Psalmen* zitiert (z.B. in Mk 15,34; Mt 27,46), auch das *„Schᵉma Yisrael“* (Dtn 6,4f.; Mk 12, 29f.).

Ein Widerhall des *„Qaddish“*-Gebetes (eines alten aramäischen Gebetes, das ursprünglich zum Abschluss des Tora-Studiums gebetet wurde, heute als Totengebet verwendet wird) scheint im Vaterunser gegeben: „Verherrlicht und geheiligt werde sein großer Name in der Welt, die er nach seinem Willen geschaffen hat.“ Von der Struktur her kann man Parallelen auch zum *„Achtzehn-Bitten-Gebet“ („Schᵉmone ᶜEsre“)* erkennen (auch *„ᶜAmida“*, d.h. „im Stehen gebetet“ genannt). Es ist allerdings viel länger als das Vaterunser, umfasst am Werktag 18 Bitten, am Sabbat sieben. Ein Teil der Benediktionen war schon zur Zeit Jesu bekannt, andere kamen erst nach dem Jahr 70 n.Chr. hinzu.

2. Jesu einzigartiges Verhältnis zum Vater

Jesu Leben ist Gebet, fortwährende Zwiesprache mit dem, den er Vater nennt. Er betet nicht nur in bestimmten Situationen – bei der Taufe im Jordan (Lk 3,21f.; Mt 17,5), vor der Berufung der Jünger (Lk 6,12), während der Verklärung (Lk 9,28) – und nicht nur der religiösen Praxis entsprechend. Den Jüngern fällt vielmehr auf, dass er nächtelang an einsamen Orten betet (Mk 1,35; Lk 5,16; wobei nicht berichtet wird, worum er betete). Das Gebet Jesu wird von den Evangelisten gezeichnet als eine tief innerliche, *andauernde Zwiesprache,* die in bestimmten Situationen „sichtbar" oder hörbar wird:

- als *Dank und Preis* des Vaters, z.B. im „messianischen Jubelruf" (Lk 10,21f.; Mt 11,25-27): „Ich preise dich, Vater, Herr des Himmels und der Erde, weil du dies den Weisen und Klugen verborgen, den Unmündigen aber offenbart hast" (griech. *exhomologein,* lat. *confiteri*); vgl. Joh 11,41: *eucharistein*), voll Freude und „Jubel" (griech. *agalliasthai*);
- als *Segen* (für die Kinder: Mk 10,16 parr), als *Fürbitte* für die Jünger, für Petrus (Lk 22,32), für die Henker (Lk 23,34);
- als *Hilferuf* in größter Not (in Gethsemani: Mk 14,34 – zitiert wird Ps 42,6.12; am Kreuz – Zitat aus Ps 22, in aramäischer Form: „Eloi, Eloi – mein Gott, mein Gott, warum hast du mich verlassen"). Auffällig ist, dass alle Evangelisten im Zusammenhang der Passion Psalm-Verse zitieren: Lk 23,46 zitiert Ps 31,6: „Vater, in deine Hände befehle ich meinen Geist"; Joh 19,28: „Mich dürstet", erinnert an Ps 22,16; auch klingt Ps 69,22 an („sie gaben mir Gift zu essen und Essig zu trinken").
- Ein besonders eindringliches Gebet ist das sog. *Hohepriesterliche Gebet* (Joh 17), das die Abschiedsreden des Johannesevangeliums (Joh 13-16) beschließt. Es ist sozusagen das „Testament" Jesu in Form eines Gebetes, in dem er seine Sendung vom Vater für die Menschen zusammenfasst: *Vom Vater her* tritt er als der „Gesandte" zu den Menschen (17,6-8), und *von ihnen her* tritt er vor den Vater: „Für sie bitte ich" (v. 9); „ich gehe euch eine Wohnung bereiten." (vgl. 14,2f.).

In seinem Joh-Kommentar hebt THOMAS VON AQUIN ausdrücklich den Zusammenhang zwischen Belehrung (Abschiedsreden) und Gebet (Joh 17) hervor: Der Herr habe damit den Predigern und Lehrern ein Beispiel gegeben; wenn man den Leuten predige, müsse man auch für sie beten. Es solle daher jede Predigt mit einem Gebet abgeschlossen werden.

II. Jesus als Lehrer des Gebetes

In den Evangelien sind eine Reihe von Gleichnissen und weiteren Weisungen Jesu überliefert, die sich auf die rechte Weise, die innere Einstellung und den Inhalt des Gebetes beziehen.

1. Worum man bitten soll

Der *Inhalt des Gebetes,* worum man beten soll und darf, ist im Vaterunser zusammengefasst (s.u., 69ff.), dessen Bitten aber auch Parallelen in den Weisungen Jesu haben:

- „Euch soll es zuerst um *das Reich Gottes* gehen" – alles andere werde dazugegeben; denn „euer Vater weiß, dass ihr das alles braucht", gemeint ist Nahrung und Kleidung, die unmittelbaren Erfordernisse des irdischen Lebens: Mt 6,32f.
- Der Vater wird „denen, die ihn bitten, den *Heiligen Geist* [das ist *die* gute Gabe schlechthin] geben": Lk 11,13.
- Jesus fordert ausdrücklich die Jünger auf, „zu wachen und zu beten, um *nicht in Versuchung zu fallen*": Mk 14,38.
- Mk 11,25: „Wenn ihr beten wollt, und ihr habt einem anderen etwas vorzuwerfen, dann vergebt ihm, damit auch euer Vater im Himmel euch eure Verfehlungen vergibt." Auch in einigen Gleichnissen geht es um die *Bitte um Vergebung,* deren Gewährung mit der Bereitschaft verbunden wird, selbst zu vergeben (so das Gleichnis von den 100 Denaren und den 10.000 Talenten Schuld: Mt 18,23-35).
- Die Fürbitte als reinster Ausdruck der Nächstenliebe soll auch denen gelten, „die euch verfolgen" (Mt 5,44).

2. Die rechte Haltung vor Gott

(1) *Ehrfurcht und Aufrichtigkeit:* Im Zusammenhang der Bergpredigt (Mt 6,5.7) wird vor zwei Fehlformen gewarnt, die der Würde Gottes oder der des betenden Menschen zuwiderlaufen:

„nicht plappern wie die Heiden" und sich *„nicht zur Schau stellen wie die Heuchler"*.

Das „Plappern" bzw. „viele Worte machen" kann zum einen darauf hinweisen, dass Worte weder nach ihrer Anzahl noch nach ihrer Art magische Kraft haben; nur wer Gott nicht kennt („Heiden"), kann das meinen. Zum zweiten wird damit erklärt, dass Gott bereits weiß, was der Mensch erbitten will; es ist nicht nötig, ihn zu informieren, sondern „das Herz auszuschütten". Dass mit dieser Weisung nicht das länger anhaltende Gebet untersagt wird, ist bereits aus dem Verhalten Jesu selbst ersichtlich, der stunden- und nächtelang gebetet hat.

„Nicht wie die Heuchler": Der „Heuchler" ist hier derjenige, der „gesehen werden will", um gelobt zu werden; die eigentliche Zielsetzung des Gebetes: Rede zu Gott zu sein, wird damit entleert. Im Bild der verschlossenen „Kammer" als Ort des Gebetes wird ausgedrückt, dass der Beter nur Gott im Blick haben soll. Es geht nicht um eine Absage an das gemeinschaftliche Gebet, sondern um eine Läuterung der Zielsetzung.

JOH. CHRYSOSTOMUS *(Homilie 19 zum Mt-Evangelium, s. Anhang 183ff.)* bemerkt dazu: Man könne beim Gebet mit vielen Leuten zusammen sein; wenn man aber dabei nicht auf den Eindruck schielt, den man macht, betet man „in der Kammer". Man kann umgekehrt körperlich allein sein – und doch wünschen, man würde von anderen Leuten gesehen, oder sich *selbstgefällig* betrachten: Ein solcher Mensch ist zwar leiblich allein, aber er betet „nicht in der Kammer".

AUGUSTINUS interpretiert: „Die Kammer ist dein Herz".

(2) *Demut:* Gebet setzt das Bewusstsein davon voraus, wer Gott ist, und wer man selbst ist. Man kann Gott nicht „beeindrucken" mit religiöser Leistung (Lk 18,9ff.: der Pharisäer und der Zöllner im Tempel). Mit dieser Demut ist verbunden ein unbefangenes *Vertrauen* (vgl. Lk 18,15ff.: Kinder werden als Vorbild vor Augen gestellt).

(3) Auffallend oft (auch in der neutestamentlichen Briefliteratur: Röm 1,10; 1 Kor 7,5; Eph 1,16; Kol 1,3; 4,12; 1 Thess 1,2; 3,10; 5,17; 2 Thess 1,11) wird zu *vertrauensvoller Beharrlichkeit* aufgerufen; offenbar war die Gefahr der Resignation, des Lauwerdens schon in der Zeit des Anfangs gegeben. Auch zwei Gleichnisse Jesu ermuntern dazu, „nicht nachzulassen“:

Dem Gleichnis vom *bittenden Freund* (Lk 11,5-8), der sich nicht abweisen lässt, folgt unmittelbar die Aufforderung Jesu (v.9): „Bittet, dann wird euch gegeben ...“. Diese Ermutigung wird noch einmal verstärkt durch den daran anschließenden Hinweis auf irdische Väter, die nur begrenzt gut sind, während der „Vater im Himmel“ in Wahrheit vollkommen „gut“ ist.

Das zweite Gleichnis, von der *zudringlichen Witwe* (Lk 18,1-8), wird ausdrücklich mit den Worten eingeleitet: „Jesus sagte ihnen durch ein Gleichnis, dass sie allezeit beten und darin nicht nachlassen sollten“. Auch hier wird das Schlussverfahren „a minori ad maius“ angewendet: Wenn schon Menschen aus weniger edlen Motiven das Rechte und Gute tun, wieviel mehr dann „Gott, der allein gut ist“ (Lk 18,19).

(4) *Erhörung – Erhörungsgewissheit:* Jesus fordert auf, zu bitten ohne Misstrauen:

- „Bittet, sucht, klopft an ... dann wird euch geöffnet ... „ (Mt 7,7; Lk 11,9-13).
- „Alles, was zwei von euch auf Erden gemeinsam erbitten, werden sie von meinem himmlischen Vater erhalten. Denn wo zwei oder drei [es müssen nicht zehn sein, was für eine liturgische Gebetsversammlung im Judentum erforderlich war = minjan] in meinem Namen versammelt sind, da bin ich mitten unter ihnen“ (Mt 18,19f.).
- „Alles, worum ihr betet und bittet, glaubt nur, dass ihr es schon empfangen habt, dann wird es euch zuteil.“ (Mk 11,24).
- „Alles, worum ihr in meinem Namen bittet, werde ich tun, damit der Vater im Sohn verherrlicht wird. Wenn ihr mich um etwas in meinem Namen bittet, werde ich es tun.“ (Joh 14,13f.; desgleichen: 15,7.16; 16,23.26).

Die Erhörung des Gebetes, die hier verheißen wird, ist und bleibt zu allen Zeiten herausfordernd. Wem würden nicht sogleich Situationen einfallen, in denen einem das Erbetene nicht zuteil wurde? So hat man eingewendet: Jesus selbst sei in seinem Gebet am Ölberg nicht erhört worden.

Allerdings war in dieser Bitte, dass der Kelch vorübergehen möge, die Zustimmung zum Willen des Vaters eingeschlossen („nicht wie ich will, sondern wie du willst"). Mehr noch, im Hebräerbrief wird das Gebet Jesu als „erhört" bezeichnet (Hebr 5,7):

> „Als er auf Erden lebte, hat er mit lautem Schreien und unter Tränen Gebete und Bitten vor den gebracht, der ihn aus dem Tod retten konnte, und *er ist erhört* und aus seiner Angst befreit worden. Obwohl er der Sohn war, hat er durch Leiden den Gehorsam gelernt; zur Vollendung gelangt, ist er für alle, die ihm gehorchen, der Urheber des ewigen Heils geworden, und wurde von Gott angeredet als Hoherpriester nach der Ordnung Melchisedeks". (v. 7-10)

Die Auferstehung wird somit verstanden als die Erhörung des Gebetes um Befreiung vom Tod.

Ein weiteres Beispiel für Nicht-Erhörung könnte die Bitte des Paulus um Befreiung von einem leiblichen oder geistlichen Leiden sein: „Dreimal habe ich den Herrn gebeten, dass dieser Bote Satans von mir ablasse. Er aber antwortete: Meine Gnade genügt dir" (2 Kor 12,8f.). Hier scheint deutlich zu werden, dass es nicht nur um den konkreten Inhalt geht, wie ihn der Beter sich vorstellt – das Aufhören des Leidens –, sondern um das größere, umfassende Ziel seines Betens: Frei zu sein für den Dienst vor Gott, die Fülle des Lebens zu erlangen. Das letzte Ziel des Gebetes besteht nicht in einer „Sache", sondern in der Freundschaft des Herrn, in der alles Glück liegt. Und eben dies wird Paulus zugesagt: „Meine Gnade genügt dir; denn sie kommt in der Schwachheit ganz zur Vollendung".

Grundsätzlich wird man sagen müssen, dass die Erhörungsgewissheit verbunden ist mit der Kenntnis von Gott, wie er ist, und was seinem Willen entsprechen kann: Es ist klar, dass man nicht um Dinge beten kann, die man als dem Willen Gottes entgegengesetzt erkennt. Im Jak-Brief, der einen längeren, sehr zuversichtlichen Abschnitt über das Gebet enthält (5,13-18), wird zuerst darauf hingewiesen, dass das Gebet die rechte Absicht haben muss (4,3): „Ihr bittet, und empfangt doch nichts, weil ihr *in böser Absicht* bittet, (um es zu verschwenden)". Wer sicher ist, um etwas Gutes, im Willen Gottes Liegendes zu beten, z.B. um Glauben oder Glaubensverständnis („Weisheit": Jak 1,6), „soll voll *Glauben* bitten und nicht zweifeln".

Wie kommt man in eine solche Vertrautheit, dass man das erbittet, was man sozusagen „schon erhalten hat" – d.h., was Gott von sich aus geben will, und nicht etwa erst dazu veranlasst werden müsste? Die zitierten Texte sprechen vom *„Beten im Namen Jesu"*, d.h. unter Berufung auf ihn: Wer zum Vater Jesu in der Gemeinschaft mit dem Sohn betet, der kann sicher sein, erhört zu sein und das Beste zu bekommen. „Im Namen Jesu" heißt aber auch: *„in seiner Gesinnung"*, also innerlich bereit, den Willen des Vaters zu tun. Das Gebet formt den Willen des Betenden, wenn er sich wirklich Gott stellt.

S.u.: 2. Teil, A) II. Bitte und Fürbitte, sowie Anhang: 112-114, 118-120, 211f., 213-216, 217, 222-225.

III. Aspekte des Gebetes in der Urkirche

[ohne die Entwicklung der Liturgie bzw. der Eucharistiefeier]

Auch wenn nicht sehr viele Gebetstexte im NT überliefert sind, so kommt doch dem vollzogenen Beten ein überragendes Gewicht zu. Knut Backhaus sieht in der zunehmenden Bedeutung des Betens einen Ausdruck der Personalisierung des Gottesverhältnisses und verweist zu Recht darauf, dass die Gebete „wie keine andere Textsorte [...] eine Binnensicht auf die uns unbekannte [...] Welt der Urchristen" erlauben.

An Gebetsgattungen finden sich alle Arten, wie sie aus den Heiligen Schriften Israels bekannt sind: *Bitte und Fürbitte, Flehrufe, Danksagung, Segen, Anbetung, Lob*. Nur die *Klage* fehlt. Stattdessen wird vom *„Seufzen"* nach der endgültigen Vollendung gesprochen

(Röm 8,23ff.), und vom „Rufen zu Gott“, dass seine Gerechtigkeit Recht schaffen möge (Offb 6,9-11; Lk 18,1-8). Dass die Klage im atl. Sinn zurücktritt, hängt offenkundig damit zusammen, dass in der Auferstehung Jesu die neue Welt unwiderruflich begonnen hat; hinter allen Klagen steht ja die Bitte um die Überwindung des Todes und all dessen, was zum Tod führt. In der Auferstehung Jesu ist gewissermaßen die Antwort Gottes, nach der sich der Klagende sehnt, gegeben.

1. „in Christus“ (Eph 3,12) In ihm haben wir Zugang zum Vater

Als Spezifikum christlichen Gebetes kann man formulieren: „Alles Gebet geht von ihm (d.h. Jesus Christus) aus, bezieht sich auf ihn, wird mit ihm, durch ihn und in ihm gebetet. Er trägt es als Hohepriester vor Gott; er verkörpert erlösend, bergend, schenkend und fordernd die Nähe des heiligen Gottes. Er wird das Heiligtum schlechthin, in dem der Himmel schon jetzt zugänglich ist.“ (Backhaus, *Beten*, 85). Jesus Christus ist „in allem Beten sublim gegenwärtig“ (101f.).

Urchristliches Verständnis von Gebet setzt voraus, dass mit Christus, dem erhöhten Herrn und Erlöser, ein *neues Gottesverhältnis* möglich geworden ist. Der Vater, der angebetet wird, ist der Vater Jesu; und er wird angebetet „im Geist und in der Wahrheit“ (Joh 4,21-24). Diese Stelle wurde schon früh gedeutet als: „im Heiligen Geist und im Sohn“. Christen beten in Verbindung mit Jesus Christus, indem sie in dessen einmalige Sohnschaft eintreten dürfen. Sie beten *„im Geist des Sohnes“* (Röm 8,9.15.26). Daher ist das Gebet der Gläubigen dem Vater so willkommen wie das Gebet seines Eingeborenen Sohnes: „denn der Vater selbst liebt euch“ (Joh 16,27).

Der Beistand Jesu, seine Fürbitte, bleibt den Gläubigen: „Er tritt immer für uns ein“ (Hebr 7,25; vgl. 1 Joh 2,1).

Zur Vertiefung: Henri Caffarel, *Saal der tausend Türen*, ³2002, 72f. (siehe Anhang, 203f.)

2. „der andere Beistand" – „der Geist des Sohnes"

Der „Geist des Sohnes", den „Gott in unsere Herzen gesandt hat" bewirkt, dass die Christen *„Abba – Vater"* rufen (Gal 4,6 und Röm 8,15f.). Es ist der Geist der Adoptivkindschaft. In diesem „Geist" wird auch Jesus Christus als „der Herr" bekannt. Dieser Geist überwindet die Schwäche, das Nicht-Wissen, wie man wirklich beten soll – denn Gott ist heilig und unverfügbar: „Der Geist nimmt sich unserer Schwachheit an. Denn wir wissen nicht, worum wir in rechter Weise beten sollen; der *Geist selber tritt jedoch für uns ein* mit Seufzen, das wir nicht in Worte fassen können. Und Gott, der die Herzen erforscht, weiß, was die Absicht des Geistes ist: Er tritt so, wie Gott es will, für die Heiligen ein." (Röm 8,26f.). Er ist Für-Sprecher oder auch „Vor-Beter" (Christian Schütz); er spricht, wo wir keine Worte haben (griech.: *a-laletois*).

Das bekannte Lied: „Nun bitten wir den Heiligen Geist" nimmt darauf Bezug: „[...] rede du in uns, wo wir stumm bleiben" (Gotteslob 348).

Im Joh-Evangelium kündigt Jesus den „anderen Beistand" (griech.: *parakletos*) an, d.h. einen zweiten Beistand nach ihm selbst, der kommen wird, wenn Jesus „erhöht", „zum Vater gegangen" ist. Die Aufgabe dieses Parakleten ist es, „an alles zu erinnern", was Jesus sagte, das Verständnis dafür zu vertiefen und „in alle Wahrheit einzuführen" (Joh 16,13).

Da der Heilige Geist das Gebet unterstützt, bittet man zunächst den Vater bzw. den Sohn *um* den Heiligen Geist. Dennoch kann auch *der Heilige Geist* selbst im Gebet angesprochen werden; im nizäno-konstantinopolitanischen Glaubensbekenntnis wird ausdrücklich gesagt: „der mit dem Vater und dem Sohn angebetet und verherrlicht wird". Bekannt sind vor allem der frühmittelalterliche Hymnus: *„Veni creator Spiritus" – „Komm, Schöpfer Geist, kehr bei uns ein"* (Rhabanus Maurus, 9. Jh.) und die Sequenz *„Veni sancte Spiritus" – „Komm, o Geist der Heiligkeit, der die finstre Nacht zerreißt"* (Stephan Langton, um 1200).

3. Eine Besonderheit in Korinth: Beten „in Zungen“

Wie der 1. Korintherbrief belegt, konnte das geistgewirkte Gebet auch die außergewöhnliche Form des „Betens in Zungen“ (*Glossolalie*) annehmen (1 Kor 12,3; 14,2). Aus der Beschreibung ergibt sich, dass dies ein „stimmliches“ Gebet war („Zunge“ = „Sprache“), dessen Inhalt aber, außer vom Beter selbst (und Gott), von den Anwesenden nicht verstanden wurde. Ob es sich dabei um eine „fremde Sprache“ handelte oder um Laute, die weniger sprachlich als etwa „singend“ klangen, oder um verstehbare Worte, deren Sinn aber unklar blieb? Für Paulus ist das „Reden in Zungen“ eine Gnadengabe, aber keineswegs die wichtigste. Da Gnadengaben in erster Linie zum Aufbau der Gemeinschaft der Gläubigen (des „Leibes“ Christi) gegeben sind, ist die Zungenrede der „prophetischen Rede“ untergeordnet, die als Ermahnung, Warnung, Wegweisung klar spricht. Der in Zungen Redende dagegen redet zu Gott und baut nur dann die Gemeinde auf, wenn jemand da ist, der diese Rede auslegen kann (1 Kor 14 passim).

Bei den Kirchenvätern finden sich drei Deutungen für das Phänomen:

(1) Johannes Chrysostomus stellt „Zungenreden“ in Zusammenhang mit Pfingsten: Zungenreden heißt, fremde Sprachen sprechen. Diese Erklärung scheint aber weniger plausibel, insofern das Reden in fremden Sprachen eine missionarisch-apostolische Zielsetzung hat, Zungenreden aber innerhalb der Gemeinde bzw. dem Gottesdienst vorkommt. Wer in Zungen redet, spricht nicht eigentlich zu anderen, sondern zu Gott (1 Kor 14,2).

(2) Der *Ambrosiaster*, ein Kommentar zu den Paulusbriefen aus dem 4. Jh., deutet das Zungenreden als das Beten in einer unbekannten Sprache und stellt die Verbindung zum christlichen Gottesdienst her: Jeder Gläubige mit lateinischer Muttersprache spricht im Gottesdienst „in Sprachen“, die er eigentlich nicht kennt, wenn er griechische (Kyrie eleison) und hebräische Worte gebraucht (Halleluja, Maranatha, Amen).

(3) Augustinus nahm an, dass es sich bei den „Zungen“ durchaus um eine bekannte Sprache handelt, aber der Sinn des Gesagten unverständlich blieb. Daher habe Paulus die Auslegung gefor-

dert. Die Zungenrede verhalte sich zur prophetischen Rede so wie eine unverständliche Traum-Vision zur Gabe der Auslegung (vgl. die von Joseph und Daniel gedeuteten rätselhaften Visionen). Die Deutung ist wichtiger als das geschaute Bild.

4. Gebet zu Jesus

a) Evangelien

Es wird nicht nur „in Christus" und „mit ihm" gebetet, sondern auch zu ihm. In den *Evangelien* finden sich bereits in vorösterlichen Szenen ansatzweise Bitten, die an Jesus gerichtet werden und erkennen lassen, dass von ihm mehr erwartet wird als von einem bloßen Menschen. Aussichtslos Kranke wie Blinde und Aussätzige, wenden sich an ihn und bitten um Heilung: Mt 8,6; Lk 17,13; Mk 1,40 (der Aussätzige „fiel auf die Knie", „wenn du willst, kannst du mich rein machen"); 2,4; 5,23; 10,48 usf.; auch die wortlose Bitte der Sünderin, angenommen zu werden (Lk 7,38.48), ist ein solches Gebet, oder das Glaubensbekenntnis des „rechten Schächers" (Lk 23,42). Anlässlich des Sturmes auf dem See (Mt 8,25) rufen die Jünger: „Herr, rette uns!"; nach dem Wandel Jesu auf dem See, „fielen sie vor ihm nieder und sagten: Wahrhaftig, du bist Gottes Sohn" (Mt 14,33). Auch die Magier aus dem Osten erweisen mit ihrer Huldigung Jesus göttliche Ehre (Mt 2,2.11). Die Gebärde der Anbetung, nämlich „sich niederzuwerfen", vollziehen schließlich die Jünger vor der Himmelfahrt Christi (Mt 28,17).

Die Bitten und der Dank, die Verehrung und Liebe, die Jesus nach dem Zeugnis der Evangelien erwiesen werden, sind nicht einfach nur Erzählungen, die auf ihren Kontext beschränkt sind, sondern *„exemplarische" Szenen,* in denen sich der einzelne Gläubige wiedererkennen kann; er darf und soll die Gebete auch in eigener Person nachsprechen und sich zu eigen machen.

Z.B. ist die Bitte des Blinden um das Erbarmen Jesu: „Jesus, Sohn Davids, hab Erbarmen mit mir" (Mk 10,47; vgl. Mt 15,22: die Bitte der kanaanäischen Frau für ihre Tochter) in die Formulierung des sogenannten immerwährenden „Jesus-Gebetes" eingegangen: „Herr Jesus Christus, Sohn Gottes, erbarme dich meiner".

b) Gebetsanrufungen

Die Briefe des Apostels *Paulus* bezeugen, dass sich seine *persönlichen* Gebeten häufig an den Herrn Jesus Christus richten (2 Kor 12,8f.); er erwähnt wie selbstverständlich, dass der Herr „alle beschenkt, die ihn [seinen Namen] anrufen" (Röm 10,12; vgl. 1 Kor 1,2; vgl. auch 2 Petr 3,18).

Verschiedentlich werden *im Gottesdienst beheimatete Anrufungen Jesu* zitiert, etwa der Ruf „Maranatha" – „Unser Herr, komm" (1 Kor 16,22, Offb 22,20; auch Did 10,6).

c) Christus-Hymnen

Diese Hymnen sind (ähnlich wie manche Psalmen) nicht im „Du"-Stil, sondern in der 3. Person formuliert. Sie werden bis heute, über die Woche verteilt, in der *Liturgie der Vesper* gesungen. Sie finden sich vor allem im Corpus der Paulinischen Briefe und in der Offenbarung des Johannes; einige Beispiele seien herausgegriffen:

- Zur Zeit des Kaisers Trajan erwähnt der römische Geschichtsschreiber Plinius (Brief 10), dass die Anhänger der neuen Sekte „Christus wie einem Gott Lieder singen"; solch ein Lied könnte der in *Phil 2,6-11* überlieferte (frühest erhaltene) Christushymnus sein. In zwei Strophen wird von der Präexistenz und dem Sendungsgehorsam Jesu gesprochen, von seinem Gehorsam bis zum Tod und seiner Erhöhung über alles (das Zitat aus Jes 25,43 LXX zeigt, dass das, was über JHWH gesagt wird, nun auch über den Kyrios Christus gesagt wird). „Hoheitschristologie ist kein Kennzeichen einer späten christologischen Reflexionsstufe, sondern Grundzug einer (auch frühen) poetischen Gebetssprache" (KNUT BACKHAUS, *Beten*, 104).
- *Kol 1,15-20: Schöpfung und Erlösung in Christus:* Im ersten Teil hebt der Hymnus hervor: „in ihm ist ALLES erschaffen"; d.h., es gibt keine Macht oder Elementarmächte, kein geheimes Wissen etc. mehr, das sich der Macht Christi entziehen könnte. Im zweiten Teil wird enthüllt, dass Christus nicht

nur eine kosmische Macht ist, sondern „Haupt des Leibes" – der Kirche (v. 18). Die Versöhnung, der Friede mit Gott, wurde durch das „Blut am Kreuz" gestiftet (v. 20). Die Getauften, so mahnt der Hymnus, sind Eigentum Christi, sie sollen nicht zurückfallen in alte Abhängigkeiten.

- *Eph 1,3-10* thematisiert die Kirche als „Gemeinschaft mit Christus", Erlösung und Berufung zur Heiligkeit.
- *1 Tim 3,16* besingt den Heilsplan Gottes, der in Christus offenbart wurde.
- *Offb 5,6-14:* Die 24 Ältesten fallen vor Gott und dem Lamm nieder und rufen: „Würdig ist das Lamm" (vgl. den Ruf „Axios (estin)" in der griechischen Liturgie); vgl. Offb 4,8-11; 7,9-12; 11,15-18; 12,10-12; 15,2-4; 16, 5-7; 19, 1-8; 21, 2-4. „Anbetung" und „Verherrlichung" sind die Antwort auf die „Heiligkeit" und „Herrlichkeit" Gottes.

s.u. 2. Teil, A) III. Anbetung.

5. Die Cantica des Lukas-Evangeliums

Zu den Preis-Liedern gehören auch die drei Cantica des Lk-Evangeliums. Wie oben gezeigt, lässt sich bei Lukas ein besonderes Interesse an Jesus als geisterfülltem Beter erkennen, zugleich aber auch an weiteren vorbildlichen Betern wie *Cornelius* (Apg 10,1f.), vor allem aber der Gottesmutter *Maria.*

Der Gruß des Engels in der Verkündigungsszene greift die alttestamentliche Tempel- bzw. Bundestheologie auf: Wenn zu Maria gesagt wird: „der Herr ist mit dir", so ist darin eine Anspielung auf die „Tochter Zion" zu sehen, zu der gesagt wird „der Herr ist in deiner Mitte" (vgl. Sach 9,9).

Maria „bewahrte (oder: bewegte) alle Worte im Herzen" (Lk 2,51), sie dachte darüber nach; sie ist in der Gemeinschaft der Glaubenden anwesend, die um das Kommen des Heiligen Geistes beten (Apg 1,14). Diese Beschreibung Marias bildet den Ausgangspunkt, sie als Vorbild des betrachtenden Betens und als Urbild der Kirche zu erkennen, die sich im Gebet der Heilsereignisse erinnert und sie preisend vergegenwärtigt.

Vor allem wird dies am *Magnificat* (Lk 1,46-55) deutlich. Der Aufbau und die „Klangfarbe" dieses Liedes erinnern an alttestamentliche Lieder, besonders an das Gebet der Hanna (1 Sam 2,1-11: „Mein Herz ist voll Freude über den Herrn ..."). Wenn Maria jubelt „in Gott, meinem Retter", ist darin eine Anspielung auf den Namen Jesu („Gott rettet") zu erkennen. Die sprachliche Form (griech. Aorist): „Er hat das Erbarmen mit den Vätern vollendet" usf., bedeutet: die Erfüllung der Verheißungen ist nun da.

Auch die beiden anderen Cantica, das *Benedictus* als Lobgesang des Zacharias (Lk 1, 68-79; es gehörte vielleicht ursprünglich schon als „Antwort" zum Magnificat), und das Lied des Simeon, *Nunc dimittis – Nun lässt du Herr, deinen Knecht in Frieden scheiden* (Lk 2,29-32), haben bis heute ihren festen Platz im täglichen Gebet der Kirche: Das *Benedictus* ist der letzte Gesang der Laudes, wie das *Magnificat* die Vesper-Gesänge beschließt, das *Nunc dimittis* aber die Komplet.

IV. Das Vaterunser – Modell christlichen Betens

Das Vaterunser ist das „Herrengebet" (lat.: *oratio dominica*), „das vom Herrn gelehrte Gebet", das von Anfang an eine besondere Stellung im Gebetsleben der frühen Kirche einnahm. Zahllos sind die Auslegungen, Kommentare und Predigten von der Patristik bis in die Gegenwart. Schon früh wurde das Vaterunser nicht nur als ein besonderer *Gebetstext* aufgefasst, sondern als ein *Modell* („regula") für das Beten der Christen schlechthin, an dem auch andere Gebete Maß nehmen sollten, ja sogar als eine *Kurzfassung des Evangeliums.*

Wenn das *Gebet*, der *Glaube* und die *Lebensführung* zusammengehören (wie etwa TERTULLIAN und JOHANNES CHRYSOSTOMUS betonten: *lex orandi – lex credendi – lex vivendi*, oder: „Neuer Bund – neues Gebot – neues Gebet"), dann gibt das Vaterunser einerseits Aufschluss über den Glauben des Christen (z.B. Gottes Eigenschaften: sein Wille, seine Fürsorge und Barmherzigkeit), und andererseits ist jeder, der es betet, zu einem bestimmten Verhalten aufgefordert (z.B. Vergebungsbereitschaft), das dem neuen Verhältnis zu Gott entspricht.

1. Der Text in Mt 6, Lk 11 und Did 8

Das Vaterunser ist im Lk- und Mt-Evangelium in zwei etwas unterschiedlichen Formen überliefert; dazu kommt als früher Textzeuge die *Didache* („Die Lehre der Zwölf Apostel“, eine Gemeindeordnung, die um das Jahr 100 vermutlich im syrischen Raum entstanden ist); der dort überlieferte Text steht dem des Mt-Evangelium nahe.

Bei Lk ist das Vaterunser (11,2-4) die Antwort Jesu auf die *Bitte seiner Jünger um Unterweisung* im Beten: Die Jünger gestehen damit ihr Nicht-Wissen, ihr Unvermögen zu solchem Gebet ein, wie es das Beten Jesu ist. Dem Vaterunser folgt unmittelbar das Gleichnis vom beharrlich bittenden Freund (vv. 11,5-8) sowie die Ermutigung zum vertrauensvollen Beten (vv. 9-13).

Bei Mt bildet das Vaterunser die *Mitte der Bergpredigt* (Mt 6,9-13). In Kap. 6 geht es um die drei traditionellen „Werke der Frömmigkeit bzw. Gerechtigkeit“ im Judentum: Almosengeben, Beten und Fasten, die Jesus in neuer Weise seinen Jüngern darlegt. Dem Vaterunser geht unmittelbar die Warnung vor dem Beten in der Art der „Heuchler“ oder der „Heiden“ voraus (Mt 6,5-8).

Die *hauptsächlichen Unterschiede* zwischen dem Lk-Text und dem Mt-Text bestehen

(1) in der Anzahl der Bitten: Bei Mt kann man sieben (oder sechs, wenn man die letzten beiden zusammenliest) zählen, bei Lk fünf; bei ihm fehlen die dritte und letzte Bitte;

(2) in der Anrede: Bei Lk scheint möglicherweise noch die aramäische Abba-Anrede durch: „Vater“; die Anrede bei Mt „Vater unser im Himmel“ (wörtlich: „in den Himmeln“: der Plural ist noch ein Echo des hebräischen *schamayim)* hat mehrere Parallelen innerhalb dieses Evangeliums: Jesus spricht den Jüngern gegenüber von Gott als „eurem Vater im Himmel“ (Mt 5,45; 7,11; 23,9).

(3) in der Formulierung der Vergebungsbitte: bei Mt lautet sie: „wie auch wir [die Schuld] unseren Schuldnern erlassen haben“, bei Lk: „denn auch wir erlassen jedem, was er uns schuldig ist.“

Hinsichtlich von Entstehung und Herkunft der beiden Text-Formen werden in der Exegese verschiedene Theorien diskutiert:

Stammen beide Text-Gestalten aus einer gemeinsamen schriftlichen Quelle (Q), wobei der Text dann den jeweiligen Traditionen angepasst wurde (HEINZ SCHÜRMANN, KNUT BACKHAUS)? Gab es eine gemeinsame aramäische Urform (EDUARD LOHSE)? Oder nahm Lk die Jerusalemer Gebetstradition auf, Mt die galiläische (OSCAR CULLMANN)?

In der Überlieferungsgeschichte lässt sich feststellen, dass die Lk-Fassung zuweilen ergänzt und an den Mt-Text angepasst wurde, nie jedoch umgekehrt; in der Liturgie wird stets die matthäische Fassung verwendet. Daher beziehen sich auch die Kommentare seit der Patristik auf diese Textgestalt.

Lit.: KNUT BACKHAUS, GEORG FISCHER, *Beten* (= NEchtBTh 14), 2009, 95-100.

Die *Didache* (8,2) gibt mit geringen Abweichungen („im Himmel“ statt „in den Himmeln“) die *mt Fassung* wieder und fügt am Schluss eine *Doxologie* an: „Denn dein ist die Macht und die Ehre in Ewigkeit“.

Diese wird heute ganz ähnlich („denn dein ist das Reich und die Kraft und die Herrlichkeit in Ewigkeit“) nach dem sogenannten Embolismus (Einschub) in der Messfeier gebetet.

Bemerkenswert ist, dass JOHANNES CHRYSOSTOMUS die Doxologie in seinem Mt-Kommentar auslegt als gehöre sie zum Evangelientext und gehe auf Christus selbst zurück (siehe Anhang, 190-192).

2. Kurzer Überblick über die Kommentierung des Vaterunsers in der Theologiegeschichte

Did 8,3 gibt die Anweisung, das Herrengebet *dreimal am Tag* zu beten. Die Regel für das liturgische Gebet der ganzen Kirche bewahrt diesen Brauch auch heute: Das Vaterunser ist fester Bestandteil von Messfeier, Laudes und Vesper.

In der späteren religiösen Praxis wurde das Vaterunser (wie das Ave Maria, später innerhalb des „Rosenkranzes“; s.u. 2. Teil, B) II., c: Betrachtendes Gebet) auch als *Wiederholungsgebet* gesprochen: In Laien-Vereinigungen (Bruderschaften) oder auch für Ordenschristen, die nicht die Psalmen des Stundengebetes beten konnten, war es üblich, eine bestimmte Anzahl von Vaterunsern als Ersatz für die Psalmen der einzelnen Horen zu beten (daher auch der Name Paternoster-Schnur für die Vorform des Rosenkranzes).

Dabei ist freilich eine Gefahr nicht zu übersehen, auf die u.a. ROMANO GUARDINI hingewiesen hat: Die Kostbarkeit dieses Gebetes kann in der *Routine* untergehen. Daher sollte ein Christ noch andere Gebete kennen und können. KNUT BACKHAUS (*Beten,* 95) formuliert treffend: Man solle das Vaterunser ab und zu so lesen, als lese man es das erste Mal, und so beten, als bete man es das letzte Mal in diesem Leben.

In der frühen Kirche wurde das Vaterunser als kostbares Vermächtnis Jesu betrachtet; es gilt als *das* Gebet der Getauften. In der letzten Phase des Katechumenats, an einem der Fastensonntage, die dem Tauftermin vorausgingen, wurde der Text den Taufbewerbern „übergeben", um auswendig gelernt zu werden. In den Katechesen der Osterwoche, die der Bischof den Neugetauften über die empfangenen Sakramente hielt, wurde ihnen unter anderem auch das Vaterunser ausgelegt.

Zahlreiche Kommentierungen sind daher im Zusammenhang dieser „Mystagogischen Katechesen" überliefert: z.B. bei CYRILL VON JERUSALEM, AMBROSIUS oder THEODOR VON MOPSUESTIA. Außerdem wird es in Homilien (z.B. über das Mt-Evangelium) und in eigens der Gebetsunterweisung gewidmeten Werken ausgelegt: Schriften mit dem Titel „Über das Gebet" sind in aller Regel Vaterunser-Kommentare oder enthalten einen solchen Kommentar, z. B. von TERTULLIAN, ORIGENES (von denen die frühesten schriftlichen Kommentare erhalten sind: ORIGENES' *De oratione* entstand um 220 n. Chr., TERTULLIANS Kommentar zwischen 198 und 204), CYPRIAN oder GREGOR VON NYSSA.

Lit.: Die Kommentare der Kirchenväter sind in deutscher Übersetzung zum großen Teil in der Bibliothek der Kirchenväter (BKV) auch online zugänglich: www.unifr.ch/bkv, oder in der Reihe *Fontes christiani* (FC) ediert:

AMBROSIUS, *De sacramentis – de mysteriis* (Über die Sakramente – Über die Mysterien), FC 3, 1990: *Sacr.* 5,18-30.

CYRILL VON JERUSALEM, *Mystagogicae catecheses* (Mystagogische Katechesen), FC 7, 1992: 5. *Kat. nn.11-18.*

Theodor von Mopsuestia, *Katechetische Homilien,* FC 17/2, 1995: *hom. 11.*

Johannes Chrysostomus, *Homilien zum Mt-Ev.*, BKV^2 23, 1915; BKV^2 25-27, 1916.

Die mittelalterlichen Kommentare zum Vaterunser finden sich innerhalb von Schriftkommentaren zu Lk oder Mt, in Homilien oder Kommentaren zur Liturgie (z.B. im Mess-Kommentar des Albertus Magnus) oder Schriften zum geistlichen Leben (David von Augsburg). Es gibt auch eigens dem Vaterunser gewidmete, längere oder kürzere Werke, z. B. von Thomas v. Aquin eine Predigtreihe über das Vaterunser; oder „Das Vaterunser des hl. Franz von Assisi" – eine kurze Auslegung, oder besser: „Aneignung" der einzelnen Bitten.

Lit.: Albertus Magnus (zugeschrieben), *Tractatus de forma orandi,* hrsg. von Albert Wimmer, Regensburg 1902, I. Teil

Franz von Assisi: *Schriften* [in vielen Ausgaben und Auflagen; zuletzt: *Franziskusquellen,* hrsg. von Leonhard Lehmann / Dieter Berg, 2009] (s. Anhang, 192f.).

Thomas von Aquin als Seelsorger. Drei kleine Werke, hrsg. und übersetzt von Fritz Hofmann und Alfred Kulok, 1988 [enthält auch den Kommentar zum *Ave Maria* und zum *Glaubensbekenntnis*] (Auszüge im Anhang, 194-199f.).

Wie der *Glaube* durch die Artikel des *Credo,* die christliche *Lebenspraxis* durch die Zehn Gebote und ihre Konzentrierung im Doppelgebot der *Liebe* zusammengefasst werden können, so das *Gebet* im Vaterunser. Das Gebet entspricht somit der theologischen Tugend der *Hoffnung:* Es verleiht der tiefsten Sehnsucht des Menschen nach Gott Ausdruck (Thomas von Aquin: *oratio desiderii interpres*), bringt das Vertrauen auf Ihn, der das endgültige Heil schenken wird, in Worte.

Daher hat das Vaterunser, als Regel des Betens, auch seinen Platz im *Katechismus:* in Martin Luthers Katechismus-Texten ebenso wie im Katechismus des Konzils von Trient und auch dem Katechismus der Katholischen Kirche aus dem Jahr 1992.

Ein Beispiel für die Bedeutung, die das Vaterunser als Grundgestalt alles christlichen Betens besitzt, ist die Auslegung TERESAS VON AVILA in ihrem Werk *Weg der Vollkommenheit.*

s.u., 132-136.

Auch in der Neuzeit ist das Vaterunser vielfach kommentiert und betrachtet worden. Aus den zahllosen Auslegungen seien nur drei exemplarisch genannt: die erschütternden Betrachtungen über das Vaterunser, die ALFRED DELP in den Wochen vor seiner Hinrichtung (1944/45) im Gefängnis Berlin-Plötzensee niederschrieb; die Auslegungen ROMANO GUARDINIS und JOSEPH RATZINGER-PAPST BENEDIKT XVI., *Jesus von Nazareth, Teil 1.*

Lit.: ALFRED DELP, *Im Angesicht des Todes,* 1947.
MONICA DORNEICH (Hrsg.), *Vater-unser-Bibliographie,* 1982.
ROMANO GUARDINI, *Gebet und Wahrheit. Meditationen über das Vaterunser,* 1960.
GOTTFRIED MÜHLHOF (Hrsg.), *Christliche Weisheit. Texte zum Vaterunser,* 2006 [Textsammlung zu den einzelnen Vaterunser-Bitten].
JOSEPH RATZINGER – PAPST BENEDIKT XVI, *Jesus von Nazareth. I. Teil,* 2006.
BERNHARD SILL – REINHARD KÜRZINGER, *Vaterunser. Beterinnen und Beter in der Gebetsschule Jesu,* 2011 [vielfältige Widerspiegelungen des Vaterunsers].

3. Die Anrede

Will man den Text des Vaterunsers gliedern, so kann man die *Anrede,* die sogenannten *„Du"-Bitten* und die *„Wir"-Bitten* unterscheiden. Dies ist nicht die einzige Möglichkeit. THOMAS VON AQUIN etwa (*Summa theologiae* II II q. 83 a.) setzte den Einschnitt zwischen der vierten und fünften Bitte, mit der Begründung, dass die ersten vier Bitten *Güter* zum Inhalt haben, die letzten drei dagegen um *Befreiung* von Schuld und Gefährdung flehen.

Die Anrede einer Person ist auch bei einem *zwischenmenschlichen* Zusammentreffen von besonderer Bedeutung. In der Anrede kommt die *Beziehung* zum Ausdruck, die nicht nur den Angesprochenen, sondern auch den Sprecher selbst betrifft. Indem man die andere Person, deren Namen man kennt, mit ihrem Namen anspricht, erinnert man sie und sich selbst an das, was einen mit ihr verbindet, an gemeinsame Erlebnisse, die gemeinsame Geschichte. So auch bei der Anrede Gottes: Gott wird nicht als ein nur erahntes, numinos gefühltes Wesen angesprochen, sondern als jemand, von dem der Beter weiß, dass er selbst von ihm gekannt ist. In den Gebeten der Bibel wie auch in den liturgischen Gebeten der Kirche wird die Anrede Gottes meist mit einer Erinnerung an sein geschichtliches Handeln verknüpft; er wird angeredet als derjenige, der sich in der Geschichte als mächtig, barmherzig, schützend erwiesen hat und immer noch erweist. Er wird sozusagen an sein Tun und an sein Wesen „erinnert". Denn die Handlungen Gottes sind nicht einfach Vergangenheit, sondern *sind Gegenwart*. Sie werden Gegenwart in der Begegnung mit ihm. Gott hat nicht nur alles erschaffen, er *ist* Schöpfer; der „an den Vätern" barmherzig gehandelt hat, ist immer noch der gleiche und handelt auch jetzt.

Dass die Taten Gottes gewissermaßen zu seiner dauernden Eigenschaft geworden sind, kommt im Hebräischen sprachlich zum Ausdruck, wenn die Heilstaten Gottes als Partizipial-Konstruktion zum Namen hinzugesetzt werden: „der uns aus Ägypten Herausführende", „der Himmel und Erde Erschaffende" – was im Lateinischen wie zuweilen auch im Deutschen durch einen Relativsatz wiedergegeben wird („Deus, qui ..."). (RICHARD SCHAEFFLER, *Kleine Sprachlehre des Gebets*, 1988, 20-32)

Wenn Gott als „Vater unser" angesprochen wird, dann wird daran erinnert, dass er der Vater Jesu Christi ist, der dieses Gebet gelehrt und zugleich den Jüngern „euren Vater im Himmel" offenbar gemacht hat (z.B. Mt 5,45.48; 6,1.26; 7,11; 23,9 u.ö.). Sowohl in der lateinischen Liturgie des Westens wie im Osten kommt in der liturgischen Einladung zum Vaterunser zum Ausdruck, dass es ein *Privileg* ist, in dieser Weise Gott anzusprechen:

„... getreu seiner Weisung *wagen wir* zu sprechen: Vater unser ..."

a) „Vater"

Im griechischen Text steht *„pater"* (Lk) bzw. *„pater hemon en tois ouranois"*, also nicht *„abba"*. Dennoch kann man im griechischen Wort noch die aramäische Form durchscheinen sehen, wenn man in Betracht zieht, dass Paulus an zwei Stellen (Gal 4,6 und Röm 8,15) betont, dass das Gebet der Christen „im Geist des Sohnes" geschieht; ihnen ist „der Geist [gegeben], in dem wir rufen: Abba, Vater!" Mit der „Vater"-Anrede war das Bewusstsein verbunden, Gott so anreden zu dürfen, wie Jesus selbst es tat (vgl. Mk 14,36) – auch wenn nicht übersehen werden darf, dass nirgends gesagt wird, Jesus habe das Vaterunser selbst mit den Jüngern gesprochen. Es heißt vielmehr: „So sollt *ihr* beten". Es bleibt ein Unterschied zwischen „mein Vater" und „euer Vater". Das Vaterunser beten nicht einfach Vereinzelte, sondern eine Gemeinschaft, eine Familie, ein „Corpus". Was sie zusammenhält, ist die *Teilnahme* an der Kenntnis Jesu vom Vater und seiner einzigartig innigen Beziehung zu ihm.

Die Nicht-Selbstverständlichkeit der Anrede hebt Guardini hervor: Man müsse zur Kenntnis nehmen, dass viele begabte, edle und religiöse Menschen nicht zur Anrede eines persönlichen Gottes gekommen sind, geschweige denn zu einer Anrede als „Vater". Hier wird nicht einfach eine Metapher gebraucht, sondern ein Glaubensakt gesetzt, in dem auch die Wechselseitigkeit der Beziehung verstanden und bejaht wird: Die Anrede Gottes als „Vater" setzt voraus, dass diejenigen, die so sprechen, sich umgekehrt als Söhne und Töchter Gottes wissen.

Ähnlich Joseph Ratzinger: Nach einem Zitat aus Reinhold Schneider, der von dem „großen Trost" schreibt, der in der Vater-Anrede liege, fügt Ratzinger an: „Für den Menschen von heute ist freilich der große Trost des Wortes Vater nicht ohne Weiteres spürbar, denn die Erfahrung des Vaters ist vielfach entweder ganz abwesend oder durch das Ungenügen der Väter verdunkelt. So müssen wir von Jesus her erst lernen, was ‚Vater' eigentlich bedeutet [...]" (*Jesus von Nazareth I*, 170).

Die „Abba"-Anrede im Mund Jesu ist keineswegs als eine Verniedlichung des Vater-Titels zu verstehen, sondern ein Ausdruck von *Ehrfurcht und Vertrautheit* (BACKHAUS, *Beten,* 97, u.a.); sie wird im semitischen Bereich auch von den erwachsenen Kindern gegenüber ihrem Vater gebraucht, ebenso wie auch für andere verehrte Personen. Daher besteht zwischen der Anrede und der ersten Bitte um die Heiligung des Namens kein Widerspruch. Der Name dieses Vaters ist der „heilige Name" Gottes. Umgekehrt dürfen die Brüder und Schwestern Jesu „Vater" als Name gebrauchen, wenn sie „den Namen des Herrn anrufen", das heißt: im Gebet an ihn appellieren, weil sie auf ihn vertrauen, wie auf niemanden sonst.

Die Anrede Gottes als „unser Vater" wird schon in den frühesten Kommentaren (des 2. und 3. Jh.s, z.B. bei ORIGENES oder TERTULLIAN) als ein *Spezificum des Gebets der Christen* bezeichnet. ORIGENES unterstreicht die Neuheit der Vater-Anrede (unter Berufung auf Röm 8,15, Gal 4, 6; Joh 1,12, 1 Kor 12,3; 1 Joh 3,9); AMBROSIUS nennt es ausdrücklich *„Gnade"*, zu Gott Vater zu sagen. So zu sprechen setzt die *Wiedergeburt* der Taufe voraus, wodurch man in ein neues Verhältnis zu Gott aufgenommen wird.

LUTHER und CALVIN sehen in der Gnade des Heiligen Geistes die Grundlage für diese Anrede. Das Konzil von Trient betont, dass die Anrede lehre, wie man beten soll: nicht furchtsam und gezwungen, sondern freiwillig und wie ein Kind vertrauensvoll.

Inwiefern handelt es sich tatsächlich um eine Besonderheit?

Vatersein Gottes im AT

Zunächst ist zu unterscheiden zwischen der *Bezeichnung* Gottes als „Vater" und der *Gebets-Anrede* Gottes als „Vater".

- „Vater" ist die Verwandtschaftsbezeichnung, die auf JHWH angewendet wird (er wird niemals „Vater und/oder Mutter" genannt, die Mütterlichkeit kommt nur im Vergleich von Eigenschaften vor, nie als Bezeichnung). Auch die Bezeichnung „Vater" ist im AT nicht sehr häufig und tritt erst relativ spät in Erscheinung (Dtn 32,6; 2 Sam 7,14; Ps 68,6; 89, 27; Jer 3,4.19; 31,9; Jes 63, 16; 64, 7; Mal 1,6; 2,10; Tob 13,4; Sir 23,1.4; 51,10; Weish 14,3). Vorsicht gegenüber dieser Bezeichnung war vor allem wegen des polytheistischen

Umfeldes Israels geboten; JHWH sollte nicht mit einer der Vater-Gottheiten verwechselt werden.

- Dtn 32,6 bringt zum Ausdruck, dass „JHWH Vater Israels" ist aufgrund des *Bundes, bzw. seiner Erwählung* des Volkes. Dieses Vater-Sein ist *nicht von einer naturhaften Verwandtschaft* abhängig (wie andere Götter als „Ahnherren" von Völkern gelten), sondern an geschichtliche Ereignisse gebunden; darauf bezieht sich auch Paulus (Röm 9,4: „Sie sind Israeliten; damit haben sie die Sohnschaft, die Herrlichkeit, die Bundesordnungen, ihnen ist das Gesetz gegeben, der Gottesdienst und die Verheißungen").
- Wenn umgekehrt *Israel als „Sohn", „Erstgeborener"* bezeichnet wird (Ex 4,22), dann kommt damit ein exklusives Verhältnis zu JHWH zum Ausdruck, das ein *entsprechendes Verhalten* fordert (Bundestreue): Dem Vater gebührt „Ehre" (Mal 1,6).
- In Jes und Jer (auch in Hos, ohne dass das Wort „Vater" genannt wird) wird betont, dass JHWH *„mehr" Vater* ist als die leiblichen Vorfahren, mehr zarte Liebe hat als eine Mutter (Jes 49,15; vgl. Sir 4,10; Ps 103,13). Die Besonderheit kommt in seiner Treue und Liebe zum Ausdruck, die er trotz der Untreue des Volkes aufrecht erhält (Jer 3,4; Jes 63,7-64,11).
- Im Besonderen ist Gott „Vater der Waisen (und Witwen)", *der „Armen"*, Leidgeprüften (Ps 68,6) und derer, die keinen Helfer haben; jener die sich nicht selbst ihr Recht verschaffen, sondern auf Gott vertrauen. Die Aufgabe des Vaters ist es, sie zu beschützen, zu verteidigen, ihr Recht zu wahren.
- In der Weisheitsliteratur tritt noch ein weiterer Gedanke hinzu: Gott ist ganz besonders Vater des *einzelnen Gerechten* – wenn dieser sich ebenso wie Gott der Armen annimmt. Wer so handelt, ist gewissermaßen mit Gott „geistesverwandt" (so können Weish 2,16 und Sir 4,11 gedeutet werden).

Im Vergleich zur *Bezeichnung* Gottes als Vater ist die *Gebetsanrede* noch seltener: Im Hebräischen (der Sprache der Gebete) gibt es zuweilen die Anrede: *„abinu"* (aram.: *„abunan"*): „unser Vater" (d.h. Vater des Volkes Israel), „unser Vater und Herrscher". Das älteste Zeugnis für eine individuelle Anrede Gottes als „mein Vater“ dürfte aus dem 2. Jh. v. Chr. stammen: „Herr, Vater und Meister meines Lebens“ (Sir 23,1.4). Doch wird vom idealen Spross Davids gesagt (Ps 89,27): „Er wird zu mir rufen: mein Vater bist du; mein Gott, der Fels meines Heiles“.

Auch in den Qumran-Schriften gibt es Hinweise auf die persönliche Anrede Gottes als Vater: „Mein Vater und mein Gott. Mein Vater und mein Herr.“

Ob jedoch eine Gebetsanrede wie *„Abba“* („mein/unser lieber Vater“) außerhalb des Sprechens Jesu vorkam, ist mehr als fraglich. Zwar ist es (nach EDUARD LOHSE) theoretisch nicht absolut auszuschließen, aber es gibt keinen Beleg dafür. Demgegenüber ist sicher, dass für Jesus diese Anrede zentral war, und für die frühe Kirche ein kostbares Erbe.

Die Vater-Anrede wurzelt nicht in erster Linie in der Überzeugung von Gott als Schöpfer, auch nicht nur als Herr der Geschichte, sondern in dem Glauben *an Gott als den Vater Jesu Christi.* Darin sind freilich die anderen Aspekte eingeschlossen. Gott Vater ist derjenige, zu dem Jesus spricht, wenn er betet.

Diese Vaterschaft ist etwas völlig anderes als die des Zeus, Juppiter oder Wotan (bei HOMER wird Zeus als durchaus launisch, ja grausam gezeichnet). Sie ist auch anders als SIGMUND FREUD (1856-1939) sie interpretierte.

Lit.: LUDGER SCHWIENHORST-SCHÖNBERGER, *Gott als Mutter?*, IKaZ 44 (2015) 3-21.

ROMANO GUARDINI, *Gebet und Wahrheit,* ³1988, 11-27.

W. MARCHEL, J. ANSALDI, Art.: *Paternité de Dieu,* DSp XII/1, 413-437.

[zu Sigmund Freud:] KARL-HEINZ WEGER, Art.: *Freud,* in: *Religionskritik von der Aufklärung bis zur Gegenwart,* hrsg. von KARL-HEINZ WEGER, 1979 (weitere Auflagen), 102-117.

b) „in den Himmeln“ – Transzendenz und Innigkeit

1. Der Zusatz „im Himmel“ bringt gerade diese Unvergleichbarkeit des Vater-Seins Gottes zum Ausdruck; „unser Vater im Himmel“ oder „euer himmlischer Vater“ („weiß, was ihr braucht“: Mt 6,32f.) ist nicht „fern“, aber „anders“ als der irdische Vater, den

jeder von uns hat. Seine Vaterschaft ist *transzendent*. In diesem Sinn, wie Gott „Vater" ist, soll nach der Weisung Jesu ein Christ niemanden auf Erden seinen Vater nennen (Mt 23,9). Wer Gott „Vater im Himmel" nennt, bekennt, dass dieser Gott nicht ein Gebilde der menschlichen Gedanken oder eine Projektion ist, sondern dass er als Jemand angesprochen wird, der unabhängig vom Beter und unverfügbar existiert. Damit wird auch der subtilen Gefahr im religiösen Leben begegnet, sich von Gott „ein Bild zu machen", das heißt: ihn sich so zu denken, dass er „ungefährlich" wird (GUARDINI).

2. Umgekehrt bekennt der betende Mensch mit dieser Anrede, dass auch er selbst auf Erden nicht „zu Hause" ist (JOHANNES CASSIAN), sondern dort, wo sein „Vater" ist; es tritt bereits in der Anrede die *eschatologische Ausrichtung* des christlichen Betens hervor. Aus diesem Grund „erhebt man die Augen (oder/und die Hände) zum Himmel": die Körperhaltung und Gestik (s.u. 3. Teil) soll diese innere Ausrichtung, die Sehnsucht nach der Heimat, abbilden.

3. THOMAS VON AQUIN nennt noch einen anderen Aspekt: In der Anrede „Vater im Himmel" werden zwei Eigenschaften sichtbar: die *Güte* des Vaters, der gern geben will, und seine *Mächtigkeit* (in den Himmeln): Er ist auch in der Lage, die Bitten zu erfüllen, die man an ihn richtet. Die Gebetsanrede soll also das *Vertrauen des Beters* wachrufen.

4. Ein vierter Aspekt der Deutung geht auf AUGUSTINUS zurück, findet sich aber zum Beispiel auch bei CYRILL VON JERUSALEM (*myst. cat.* 5,11). Diese Deutung der „Himmel" haben viele große Beter übernommen, z.B. FRANZ VON ASSISI und TERESA VON AVILA: „Im Himmel" heißt: *„in den Heiligen"*. Die semitische Redeweise „in den Himmeln" ist bereits „mehr" als eine Ortsangabe. Wenn nämlich auch der sichtbare Himmel nicht das Höchste ist, sondern einen Himmel über sich hat, wenn es „Himmel der Himmel" (vgl. Ps 148,4) gibt, dann wird damit angedeutet, dass der „Schöpfer des Himmels und der Erde" (vgl. Gen 1,1) überall waltet, aber an keinem materiellen Ort seiner Schöpfung festgehalten wird. Der „Ort" Gottes ist vielmehr dort, wo man ihn einlässt, wo man ihn liebt. In diesem Sinn ist der Wohnsitz Gottes, der Himmel, im Beter selbst, bzw. in der Gemeinschaft derer, die beten:

„Gott wird nicht von einem Raum umschlossen. Die ‚Himmel' sind der erhabene Bereich der körperlichen Welt. Wenn Gott dort wohnen würde, wären die Vögel zu beneiden, weil ihr Lebensraum Gott näher wäre. Es steht aber nicht geschrieben: Nahe ist Gott den großgewachsenen Menschen, oder denen, die in den Bergen wohnen, sondern: Nahe ist der Herr denen, die ein zerknirschtes Herz haben.

Aber ebenso wie der sündige Mensch ‚Erde' genannt werden kann – ‚Erde bist du, und zur Erde wirst du zurückkehren' (Gen 3,19) –, so kann umgekehrt der Gerechte ‚Himmel' genannt werden. Geistlich ist offenbar zwischen einem Menschen in Sünde und einem Gerechten ein Unterschied wie zwischen Himmel und Erde. Zum Zeichen dafür wenden wir uns beim Gebet nach Osten (Oriens), wo der Himmel beginnt. Nicht weil Gott dort wäre und den Rest der Welt verließe, sondern um unseren Geist aufzumuntern, sich zum Erhabeneren zu wenden, zu Gott – während der Leib, der von der Erde genommen ist, sich zum erhabeneren Bereich der körperlichen Welt wendet, zum Himmel."

(AUGUSTINUS, *De Sermone Domini in monte* 2,5)

c) „unser"

Nicht weniger bedeutsam ist die Tatsache, dass das Vaterunser stets im Plural gebetet wird: Wer so betet, *betet nie allein,* sondern immer in einer Gemeinschaft, hat Brüder und Schwestern. Das Gebet der Einzelnen wird *getragen von* dieser Gemeinschaft, und umgekehrt betet keiner nur „für sich", sondern *stets für alle anderen:* um „unser Brot", um Vergebung und Bewahrung nicht nur für „mich", sondern für „uns".

Das Vaterunser ist sozusagen ein „korporatives" Gebet: es wird gebetet „in Christus", das heißt: in seinem „Leib", der die Kirche ist. Aus diesem Grund wird es in der Alten Kirche erst von den Getauften als den Voll-Inkorporierten gebetet; als Text wird es, wie das Glaubensbekenntnis, an einem der Sonntage der Fastenzeit vor dem Tauftermin „übergeben", damit es gelernt werde.

Das Gebet sollte unter diesem Gesichtspunkt *Konsequenzen im christlichen Leben* haben: Feindschaft und Neid sollten unmöglich sein, wenn man so betet (CHRYSOSTOMUS); man sollte aber auch bei der Brotbitte daran denken: Wer mehr hat, als er braucht und nicht teilt, isst nicht „sein Brot" sondern das der anderen (Ps.-Albertus-Magnus).

Vor allem sollte durch diese Anrede große *Zuversicht* in den Betern wachsen, denn dem einmütigen Gebet von mehreren ist Erhörung verheißen (Mt 18,19).

Wie tief dieses Bewusstsein von der Verbundenheit im „Vater unser" sogar die letzte *Vereinzelung und Vereinsamung zu überwinden* vermag, bezeugen die Betrachtungen von Alfred Delp, die er in der Zelle Berlin-Plötzensee 1944/45 niederschrieb, während er auf sein Todesurteil bzw. die Vollstreckung wartete. Wenn alle menschlich-sichtbare Gemeinschaft wegbricht, wenn man alles „lassen" muss, dann enthüllt sich die Gemeinschaft, die in Gott ihren Ursprung hat:

> „Eines der schrecklichsten Mittel der Gewalt ist die gewaltsame Vereinsamung [...] Keiner sieht mehr den anderen, keiner hört mehr die flüsternde Stimme des Gefährten und Kameraden auf dieser letzten und anstrengenden Bergfahrt. Der Mensch ist vor sich selbst und den letzten Dingen angekommen. [...] Vater *unser:* Plötzlich sind die Entfernungen überwunden. Klar und hell wird die Wahrheit, dass der Weg zu Gott – über Gott immer schon der nächste Weg zum Menschen war. Der Mensch weiß sich im Bund und Bündnis mit allen, die anbeten, glauben und lieben. Die gemeinsame Mitte, der personale Gott, der uns anspricht und den wir anrufen, macht den Menschen zum Menschen und die Gemeinschaft zur Gemeinschaft." (Alfred Delp, *Im Angesicht des Todes,* 1947, 116)

4. „Du"-Bitten

Die drei Du-Bitten sind strikt parallel aufgebaut. Es sind *Bitten an Gott,* dass er seine Herrschaft in der Welt aufrichten möge – was sich aber zugleich *nicht ohne die Mitwirkung des Menschen* erfüllt. Beides ist miteinander verschränkt in der Form der Bitte: Gott *ist* an sich, unabhängig vom Gebet des Menschen, „heilig", er ist der „Herr", dessen „Reich" ewig ist, und sein „Wille" ist der Grund für alles Seiende – und dennoch setzt sich diese Heiligkeit *in der Welt,* die von Gott verschieden ist, nicht vollkommen durch ohne das freie Mitwirken des Menschen. Die Form der Bitte drückt aus, dass Gott in der Geschichte des Heils die Hauptursache ist: Er soll handeln. Aber darum zu bitten, ist umgekehrt ein Tun des Menschen, der mit seinem Wollen und Wünschen, und daher auch mit seinen Fähigkeiten, dem Willen Gottes zustimmt, damit dieser geschehe „im Himmel wie auf Erden". Man könnte sagen: Diese drei Bitten sind ein Kommentar zum Axiom der katholischen Gnadenlehre: *Gott wirkt alles, aber nicht alles allein.*

Sie lassen den Zusammenhang zwischen dem Willen Gottes und der Freiheit des Menschen erkennen, aber auch das Verhältnis zwischen Gebet und verantwortlichem Handeln: Man kann weder das Gebet durch eigene Aktivität überflüssig machen, noch das eigene Tun durch das Gebet einfach ersetzen. Das Gebet ist vielmehr auch die Quelle des rechten Handelns.

a) „Geheiligt werde dein Name"

Bei dieser ersten Bitte ist an das Gebot des Dekalogs zu denken: „den Namen Gottes nicht verunehren". Der Name Gottes (s.o.: die Bedeutung des Gottesnamens) ist heilig, in ihm ist Gott selbst gegenwärtig, er darf nicht missbraucht werden. Den Namen Gottes zu „heiligen" heißt, ihn heilig zu halten und *als heilig zu bezeugen*. Wer zu Gottes Volk, sozusagen zu seiner Familie gehört und seinen Namen trägt, der „entweiht" Gottes Namen durch ein Verhalten, das Gottes Wesen verleugnet. Umgekehrt „verherrlicht" jemand Gottes Namen, der in seinem ganzen Verhalten auch anderen die Heiligkeit Gottes bezeugt. Die Bitte um die „Heiligung des Namens Gottes" schließt also in sich die Bitte, dass die Heiligkeit Gottes von *allen Menschen* erkannt und empfunden werde, dann aber auch, dass die *Betenden selbst* durch ihr Leben zur Verherrlichung Gottes beitragen.

> „Bewirke in uns, dass wir so leben, dass durch uns die ganze Erde dich verherrlicht" (CHRYSOSTOMUS, *hom. 19 zum Mt-Evangelium: „Ita fac nos vivere, ut per nos universa te glorificent."*).

In Ez 36,22ff. sagt Gott selbst zu, er werde seinen Namen heiligen, und zwar durch die Sammlung Israels. Die in das Exil deportierten Israeliten hätten seinen Namen „entweiht", d.h. ihn nicht als den Heiligen, Mächtigen bezeugt. Indem Gott sein Volk wieder sammelt, zu seinem Volk macht, werde er seinen Namen heiligen. Das bedeutet: Die „Verherrlichung" oder „Heiligung" des Namens Gottes ist selbst von Gott ermöglicht und gewirkt. Von daher kann man die Bitte auch deuten als Bitte um die *Sammlung des neuen Gottesvolkes,* der Kirche.

b) „Dein Reich komme"

Mit Jesus Christus ist das Reich Gottes bereits gekommen, es ist verborgen, im „Keim" (wie die Gleichnisse es ausdrücken) schon da: „es ist mitten unter euch" oder: „in eurer Mitte" (Lk 17,21). Die Herrschaft Gottes ist nicht etwas Statisches, sondern etwas Lebendiges, das wächst bzw. ständig „im Kommen", aber noch nicht voll verwirklicht ist.

Dies gilt für die Situation der Welt im Ganzen, die vor der Wiederkunft Christi nicht vollendet sein wird, und für das Leben des einzelnen Gläubigen. Auch für ihn gibt es ein Wachstum: Die Herrschaft Christi im eigenen Inneren soll kräftiger, die unbekehrten Zonen erobert werden.

Manche Kirchenväter (Hieronymus, Gregor von Nyssa) deuteten das Reich Gottes als die Gabe des *Heiligen Geistes:* Erbeten wird ein immer kräftigeres Wirken des Heiligen Geistes. Wer um das Kommen des Reiches Gottes bittet, bittet um die *Vollendung der Welt* in der Wiederkunft Christi und um die *vollständige Bekehrung seiner selbst und aller Gläubigen.* Dass das Reich *Gottes* ersehnt wird, besagt somit auch eine Absage an das Verlangen nach den „Reichen dieser Welt", eine Absage an Geltungssucht und Besitzstreben (Cyprian), und die Bereitschaft zur Nachfolge Jesu (Theodor von Mopsuestia).

c) „dein Wille geschehe – wie im Himmel, so auf Erden"

In dieser Formulierung wird der Sinn dieser ersten drei Bitten, ihre „Spannung", am deutlichsten. Die Bitte sagt nicht, dass Gott seinen Willen vollziehen solle, auch wird nicht einfach versprochen, dass man selbst diesen Willen Gottes umsetzen wolle, sondern es wird erbeten, dass er „geschehe".

Gottes heiliger Wille geschieht nicht einfach wie ein „Gesetz" oder ein „Schicksal", sondern wendet sich an die geschöpfliche *Freiheit des Menschen*. Wenn darum gebeten wird, dass Gottes Wille geschieht, dann ist es offensichtlich auch möglich, dass Menschen sich ihm verweigern; weil dieser Wille eine in dieser Weltzeit verletzliche Wirklichkeit ist, so wie Liebe verletzlich ist (Guardini). Das bedeutet: die „Erde" entwickelt sich nicht von selbst mehr und mehr zum „Himmel", sondern nur, wenn dem Willen Gottes Raum gegeben wird, wenn der *Wille Gottes bejaht* wird.

Für das Verständnis dieser Bitte ist entscheidend, dass der Wille als „Wille des *Vaters*", und das bedeutet: als *„gut" und „heilig"* geglaubt wird: „Das ist der Wille Gottes: eure Heiligung" (1 Thess 4,3); „Gott will, dass alle Menschen gerettet werden und zur Erkenntnis der Wahrheit gelangen" (1 Tim 2,4). Würde sich stattdessen die Vorstellung von Willkür oder Undurchsichtigkeit einmischen, dann könnte die Haltung des Gebetes durch Resignation („Gottes Wille geschieht sowieso") oder furchtsames Misstrauen („was wird sein Wille wohl beinhalten ...") vergiftet werden.

Wer diese Bitte ausspricht, wünscht also grundsätzlich die *Verwirklichung des Heilswillens Gottes* in dieser Welt; daher schließt diese Bitte ein, um die Bekehrung aller Menschen zu beten.

Man bittet aber auch um die Bereitschaft, sich diesem Willen zur Verfügung zu stellen, das heißt: um die *Gleichförmigkeit mit dem Willen Gottes*, sei es im *Handeln* (dazu gehört, die Gebote zu beachten, die den Willen Gottes ausdrücken, vgl. 1 Thess 4,3f.), sei es im *Annehmen* oder Erleiden von Geschehnissen, die man sich selbst nicht gewünscht hätte. An diese Dimension der 3. Bitte erinnert vor allem ihr Widerhall im Mund Jesu: „Vater, alles ist dir möglich ... aber nicht wie ich will, sondern wie du willst." (Mk 14,36)

Es geht also nicht nur um ein Einverständnis mit dem Heilsplan Gottes, sondern auch um Mitwirkung: „Nicht wer zu mir sagt: Herr, Herr, wird in das Himmelreich eingehen, sondern wer den Willen meines Vaters tut ..." (Mt 7,21). Daher ist es auch notwendig, zu fragen, worin der Wille Gottes, grundsätzlich oder in einer besonderen Situation, bestehe. Zwar können wir nicht wissen, was der Wille Gottes ist, wenn man darunter die zukünftigen Ereignisse versteht! Wohl aber können wir grundsätzlich wissen, was das Gute ist, das wir tun sollen. Oder anders gesagt: Wir sollen wollen, was Gott will, dass wir wollen. In der Bitte um die Verwirklichung des Willens Gottes wird sowohl die klare Erkenntnis wie die notwendige Bereitschaft und Kraft erbeten.

Thomas von Aquin hat dies knapp zusammengefasst: Gott will das ewige Leben für uns; das Mittel dafür gibt er in den Geboten. Ebenso will ein Arzt die Gesundheit des Menschen, und er will, dass dieser die Mittel (Diät und Medikamente) dafür gebraucht.

Franziskus von Assisi, *Vaterunser-Auslegung*, verbindet diese Bitte mit dem Doppelgebot der Gottes- (Dtn 6,5) und Nächstenliebe:

„Dein Wille geschehe, wie im Himmel so auf Erden –

Dass wir dich lieben aus ganzem Herzen *(ex toto corde)*, so dass wir immer an dich denken,

aus ganzer Seele *(tota anima)*, so dass wir immerzu uns nach dir sehnen,

aus unserem ganzen geistigen Vermögen *(tota mente)*, so dass wir alle unsere Pläne auf dich hin ausrichten, deine Ehre in allem suchen, und so sehr wir können alle unsere Kräfte, alle Sinne der Seele und des Leibes einzig und allein in den Dienst deiner Liebe stellen.

Und dass wir den Nächsten lieben wie uns selbst, und nach Kräften alle dazu ziehen, dich zu lieben; mit dem Guten der Anderen uns freuen, wie über unser eigenes Gut, und Mitleid haben mit dem Unglück der anderen, und niemand einen Anstoß geben" (2 Kor 6,3).

5. „Wir- (Uns-) Bitten"

Während die Du-Bitten ein einziges Thema zu variieren scheinen, enthalten die Wir-Bitten sehr verschiedene Inhalte, die freilich in „spartanischer Einfachheit" (Backhaus) formuliert sind: Das unbedingt Nötige zum Leben, die Befreiung von Schuld – vertikal und horizontal, und die Errettung vor abgründigen Gefahren, welche die Person selbst zerstören können.

a) „unser tägliches Brot gib uns heute" – leiblich und geistlich

– das „notwendige" Brot: leiblich

Diese Bitte scheint – zumindest auf den ersten Blick vielleicht – die einzige zu sein, die etwas *Materielles* erfleht. Einige Exegeten vermuten, dass diese Bitte der Situation der ersten *Wanderprediger* entspricht, die ganz existentiell von dem täglichen Bedarf an „Brot" abhängig waren. Allerdings wurde das Vaterunser auch von sesshaften Christen gebetet, die es auch von Anfang an gab.

Ohne Zweifel ist die Bitte um das, was zum Lebensunterhalt unbedingt nötig ist, wichtig: In dieser Bitte wird anerkannt, dass niemand das Leben einfach aus sich selbst hat, sondern es von außen erhalten und aufrecht erhalten muss, also *abhängig* ist, und zwar im letzten von Gott.

> Wie bedrängend die Not um das Brot sein kann, beschrieb ALFRED DELP in seinen Meditationen über das Vaterunser: Dass ein Stück Brot wie eine Gnade sein kann ... Aber auch wenn die materiellen Voraussetzungen grundlegende Bedeutung haben, so bedarf es für das Mensch-Sein doch mehr: „Brot ist wichtig, Freiheit ist wichtiger; am wichtigsten sind ungebrochene Treue und unverratene Anbetung".

Die Bitte kann zugleich als Kommentar zur Bergpredigt gelesen werden, wenn dort vor der *übermäßigen Sorge gewarnt* wird (vgl. Mt 6,34): Man bittet nicht um „viel" und nicht für lange Zeit im Voraus, sondern nur für einen Tag. Damit ist die Bitte Ausdruck des Gottvertrauens (v. 32: „Euer Vater weiß, dass ihr das alles braucht") und der richtigen Maßstäbe: Die Bitte um Brot kommt nach der Bitte um das Kommen des Reiches Gottes (v.33: „Euch muss es *zuerst um sein Reich* und seine Gerechtigkeit gehen, das andere wird euch hinzugegeben" oder sogar: „nachgeworfen").

– das notwendige Brot – geistlich

Die überwiegende Zahl der Kommentare – in denen der Brotbitte häufig am meisten Raum gewidmet wird! – lässt jedoch erkennen, dass die Auslegung im Hinblick auf den gewöhnlichen täglichen Lebensbedarf bis ins 16. Jh. hinein *nicht* die selbstverständliche Deutung war. Im Gegenteil. Es gibt zwar Ausleger, welche die „irdische" Deutung der Brotbitte ausdrücklich würdigen (z.B. CHRYSOSTOMUS, THEODOR VON MOPSUESTIA, später THOMAS VON AQUIN, PETRUS CANISIUS), auch war die Notwendigkeit des Lebensunterhalts nicht weniger drängend als heute. Dennoch wird die Brot-Bitte in der Regel von der *geistlichen Bedürftigkeit* des Menschen her verstanden. Ob ORIGENES, AMBROSIUS, CYRILL VON JERUSALEM, CASSIAN, FRANZ VON ASSISI oder TERESA VON AVILA, bis einschließlich des frühen MARTIN LUTHER (der erst 1529 im *Großen Katechismus* eine rein irdische Auslegung vertrat) wurde die Bitte um das „tägliche Brot", „das Brot, das wir nötig haben", primär als „Speise für die Seele" ausgelegt.

(1) *„epiousion – täglich"?*

Es war auf den ersten Blick vor allem die sprachliche Formulierung, die zu denken gab (und auch heute noch nicht gelöst ist). Das griechische Wort, das als „täglich" übersetzt wird: *„epi-ousion"*, ist ein sogenanntes Hapax legomenon, ein Wort, das sonst nicht gebräuchlich ist; daher besteht Unsicherheit über seine Bedeutung. Philologen mit hervorragenden Bibelkenntnissen wie ORIGENES (3. Jh.), HIERONYMUS (4. Jh.) oder ERASMUS VON ROTTERDAM (16. Jh.) waren überzeugt, dass dieses Wort keine einfache, gewöhnliche Bedeutung habe, sondern auf *das* Brot des Lebens, Jesus Christus und das Sakrament der Eucharistie verweise.

HIERONYMUS bringt es in Verbindung mit „peri-ousion", was so viel bedeutet wie *„besonderes"* Brot. Im Lateinischen wird es als „cottidianum" – *„täglich"* (d.h. *„nötig"*) oder „supersubstantialem" – *„überwesentlich"* übersetzt (eine wörtliche Übertragung des griechischen epi-ousion). In anderen Sprachen, wie dem Koptischen, Sahidischen und Syrischen, wird das Wort wiedergegeben mit *„immerwährend"*, *„notwendig"* oder *„zukünftig"*.

(2) *Das Wort Gottes als „Brot"*

Die Bitte um „unser notwendiges Brot" wurde im Zusammenhang der gesamten Botschaft Jesu in den Evangelien gehört und verstanden: Was ist in den Augen Jesu *„notwendig"*, und wo ist von „Brot" die Rede, und worum soll man „den Vater" bitten? Was ist es denn, was für den *Menschen* – im Unterschied zum Tier – „zum Leben notwendig" ist? Dazu gehört erwiesenermaßen mehr als die biologische Ernährung, etwa soziale Kontakte.

Im Zusammenhang der Versuchungsgeschichte ist das Wort Jesu überliefert (Mt 4,4): „Der Mensch lebt nicht vom Brot allein, sondern von jedem Wort, das aus Gottes Mund hervorgeht". Die Antwort Jesu nimmt Bezug auf Dtn 8,3 und Weish 16, 20.26, wo über die wundersame Speisung des Volkes mit dem *Manna* (!) erzählt wird: Durch die Gabe des Manna, der „Engelsspeise vom Himmel", sollten die Israeliten „erfahren, dass nicht die mannigfachen Arten der Früchte den Menschen ernähren, sondern dass dein Wort die erhält, die auf dich vertrauen". Der Mensch kann in der Tat „Hunger" haben nach dem Wort Gottes, wie es beim Propheten Amos heißt: JHWH schickt „den Hunger ins Land, den Hunger nicht nach Brot, sondern nach einem Wort des Herrn" (Amos 8,11). Und die Erkenntnis Gottes wird mit „Brot" verglichen (Sir 15,3: Die Weisheit Gottes sättigt „mit dem Brot der Erkenntnis" – *„pane intellectus"*).

Wenn Jesus selbst als das menschgewordene Wort des Vaters verstanden wird, das von Gott ausgeht, und von dem alle Worte der Heiligen Schrift künden, dann liegt die christologische Deutung nahe: „Unser Brot", das „unser Vater" gibt, ist die Erkenntnis Gottes, die durch *das* Wort Gottes geschenkt wird. So deutete bereits ORIGENES.

(3) *Brot des Lebens – Eucharistie*

Es war vor allem die große Rede in Joh 6, welche die Spur für die *eucharistische* Auslegung der Brotbitte bahnte: Nach der Brotvermehrung suchen die Leute Jesus, und er sagt ihnen: „Müht euch nicht um die Speise, die verdirbt (oder „vergeht"), sondern um die Speise, die bleibt bis ins ewige Leben, die euch der Menschensohn geben wird..." (6,27). Auf seine Aufforderung, an den zu glauben, „den Gott gesandt hat", wollen die Zuhörer als Beglaubigung ein Wunder sehen, das dem Manna in der Wüste gleichkommt:

„Brot vom Himmel" (v.31; vgl. Ps 78,24: „Brot der Engel aß der Mensch"). Jesus antwortet: „Amen, amen, ich sage euch: Nicht Mose hat euch das Brot vom Himmel gegeben, sondern *mein Vater gibt* euch das wahre Brot vom Himmel: das Brot Gottes ist der, der *vom Himmel herabkommt* und *der Welt das Leben gibt.*" (6,32f.).

In den folgenden Versen (vv. 38-40) ist der „Wille des Vaters" (!) in auffälliger Weise mit der Gabe des „Brotes des Lebens" verknüpft: Der Wille des Vaters, den der Sohn ausführt, ist das ewige Leben für die Menschen. In Christus gibt der Vater das Brot des Lebens (vv. 35.48.51), wovon das Manna – das täglich (!) gesammelt wurde – nur ein Vorausbild war; es „blieb nicht" und konnte das ewige Leben nicht bewirken (vv. 49.58). In letzter Konkretisierung nennt Jesus sein „für das Leben der Welt hingegebenes Fleisch" (v. 51) „Brot" und „wahre Speise" (vv. 51.55), wie auch sein Blut „wahren Trank" (vv. 55f.). Das Essen dieses Brotes bewirkt ewiges Leben, und Auferweckung am letzten Tag.

In diesem Licht betrachtet, kann das erbetene „Brot", das „notwendig ist zum Leben" mit gutem Sinn als „das morgige Brot" übersetzt werden: das Brot für das zukünftige, ewige Leben, das schon in dieser Zeit geschenkt wird. In der frühesten eucharistischen Theologie (z.B. bei Ignatius von Antiochien, Anfang des 2.Jh.s, und bei Irenäus von Lyon, zu Beginn des 3. Jh.s) wird die Eucharistie bereits als „Arznei der Unsterblichkeit" *(pharmakon tes athanasias)* bezeichnet.

(4) Schließlich sei noch darauf hingewiesen, dass die Brotbitte in deutlicher Strukturparallelität zur Anrede des Vaterunsers formuliert ist:

Vater	unser im Himmel // pater noster qui es in caelis
Brot unser	„epiousion" // panem nostrum cottidianum

Sollte dem Vater „im Himmel" nicht das Brot „vom Himmel" entsprechen, zumal es ausdrücklich als „unser" Brot, d.h. als das Brot der an Christus Glaubenden, erbeten wird?

Ambrosius, *Über die Sakramente 24:*

„Unser tägliches Brot gib uns heute: Ich erinnere mich an das Wort, das ich euch bei der Erklärung der Sakramente gesagt habe.

Ich habe euch erläutert, dass vor den Worten Christi das, was dargebracht wird, Brot heißt. Sobald aber die Worte Christi gesprochen sind, bezeichnet man es nicht mehr als Brot, sondern nennt es Leib. Warum heißt es dann im Gebet des Herrn, das später folgt, ‚unser Brot'? Er hat zwar vom Brot gesprochen, es aber *epiousion* genannt, das heißt ‚wesentlich'. Es handelt sich nicht um das Brot, das in den Körper eingeht (vgl. Mk 7,19), sondern um jenes Brot des ewigen Lebens, das unsere Seele selbst stärkt (vgl. Joh 6,35-58). Deshalb wird es im Griechischen *epiousios* genannt. ..."

MARTIN LUTHER, *Eine kurze Form des Vaterunsers* (zit. nach MÜHLHOF, *Christliche Weisheit. Texte zum Vaterunser* 135f.): „Das Brot ist unser Herr Jesus Christus, der die Seele speist und tröstet. [Wir beten ...] dass alle Priester das hochwürdige Sakrament würdig verwalten und es zur Besserung der Christenheit heilsam austeilen ..." und für die Empfänger, „und um es zusammenzufassen, gib uns unser tägliches Brot, damit Christus in uns und wir in ihm ewig bleiben und wir also den Namen Christen [...] würdig tragen".

b) *„Vergib uns unsere Schuld, wie auch wir vergeben unseren Schuldigern"*

Die Bitte hat eindeutige Parallelen in den Gleichnissen und Weisungen Jesu: Wie euch vergeben wird, so sollt auch ihr vergeben; denen, die dazu nicht bereit sind, gilt das Gleichnis von den beiden Schuldnern (Mt 18,23-35).

In der Geschichte der Auslegung gibt es daher keine Probleme philologisch-exegetischer Art; die Bitte ist aber der Ort, um über das Wesen von „Vergebung" nachzudenken.

Vergebung und die Bitte darum setzt Personen voraus; man bittet nicht ein abstraktes Gesetz um Vergebung, sondern bereut, dass man eine Person, bzw. die Beziehung zu ihr verletzt hat. Reue ist die Gestalt, welche die Liebe in der Situation des Schuldig-geworden-Seins annimmt (GUARDINI).

Da die Vergebung gegenüber anderen oft nicht leicht fällt, wird mit der Bitte um Vergebung auch um vollkommene Vergebungsbereitschaft gebetet.

Franziskus von Assisi, *Vaterunser-Auslegung*:
„‚Und vergib uns unsere Schuld‘:
durch deine unaussprechliche Barmherzigkeit,
durch die Kraft des Leidens deines geliebten Sohnes,
und durch die Verdienste und Fürsprache der seligsten Jungfrau
und aller deiner Erwählten.
‚Wie auch wir vergeben unseren Schuldigern‘:
Und was wir nicht vollkommen vergeben – mach o Herr, dass wir
es vollkommen vergeben,
damit wir unsere Feinde um deinetwillen wahrhaft lieben
und für sie vor deinem Angesicht im Gebet eintreten,
und damit wir keinem Böses für Böses vergelten (vgl. 1 Thess 5,15),
sondern danach streben, allen in dir nützlich zu sein (= zum Heile
zu nützen).“

c) „Führe uns nicht in Versuchung“

Auch dieser vorletzten Bitte, die mit der letzten sprachlich eng verknüpft ist, wurde stets besonderes Augenmerk geschenkt.

(1) Eine spezifische Schwierigkeit liegt im Wort „Versuchung“, das im Deutschen (heute) eindeutig negativ verwendet wird (während das zugehörige Verb „versuchen“ auch noch die neutrale Bedeutung des „Probierens“ hat). Das griechische Wort *peirasmos* ebenso wie das lateinische *tentatio* enthalten in sich zwei Bedeutungen: „Versuchung“ und „Erprobung“, bzw. „Prüfung“. Dass *Gott nicht in Versuchung führt*, um den Menschen zu Fall zu bringen, war durch die entsprechende Feststellung im Jak-Brief (1,13f.) klar: „Niemand soll sagen, von Gott her werde ich in Versuchung geführt. Denn Gott kann nicht in die Versuchung kommen, Böses zu tun, und er führt auch selbst niemanden in Versuchung.“

(2) Dass Gott jedoch den Menschen „erprobt“ („auf die Probe stellt“, „prüft“), ist in der Hl. Schrift mehrfach bezeugt: Abraham wurde geprüft (Gen 22,1), oder Jesus stellt dem Philippus eine Frage, „um ihn auf die Probe zu stellen“, was dieser antworten werde (Joh 6,6). Diese Prüfung geschieht nicht um Gottes, sondern um des *Menschen* willen: er soll sich selbst erkennen, seine Fähigkeiten im Guten wie seine Schwächen und Grenzen. Die Prüfung von Gott her soll nicht zum Scheitern, sondern zum Wachstum

führen, zumindest zum Wachstum in der Demut, und *zur Bewährung.*

(3) Die Formulierung „führe uns nicht“ darf übersetzt werden als „lass uns nicht geraten“ (KKK 2846). Diese deutende Übersetzung findet sich bereits bei CYPRIAN (3.Jh.) und AMBROSIUS (4.Jh.): „Lass nicht zu, dass wir in Versuchung geführt werden“ *(Et ne patiaris induci nos in temptationem).* Dabei ist zu bedenken, dass das Auftreten einer schweren Versuchung nicht selten eine Vorgeschichte in vorausgehenden Entscheidungen des Menschen hat. Die Bitte, sich nicht unversehens einer übermächtig scheinenden Gefährdung ausgesetzt zu sehen, besagt auch, Gott möge einen nicht einfach „laufen lassen“, möge einen nicht den Folgen verfehlter Entscheidungen überlassen (GUARDINI).

(4) Es gibt kein Leben ohne irgendeine Herausforderung bzw. Erprobung des Glaubens (vgl. 1 Petr 1,6f.: „... obwohl ihr jetzt vielleicht kurze Zeit unter mancherlei Prüfungen *[peirasmois]* leiden müsst. Dadurch soll sich euer Glaube bewähren, und es wird sich zeigen, dass er wertvoller ist als Gold, das im Feuer geprüft wurde und dennoch vergänglich ist“). Daher kann die Bitte um Bewahrung vor Prüfung nicht den Sinn haben, vor jeder Prüfung verschont zu bleiben. Wohl aber stammt diese Bitte aus der realistischen Erkenntnis, dass es für jeden Menschen „Erprobungen“ gibt, in denen er nicht standhalten würde.

Daher findet sich bei einigen Kirchenvätern (AMBROSIUS, HILARIUS, CHROMATIUS VON AQUILEJA und HIERONYMUS) eine Ergänzung in der Formulierung dieser Bitte: Lass nicht zu, dass wir „in eine Prüfung geführt werden, *die wir nicht ertragen können“ (in tentationem quam ferre non possumus).* Diese Ergänzung ist offensichtlich aus 1 Kor 10,13 genommen: „Gott ist treu; er wird nicht zulassen, dass ihr über eure Kraft hinaus versucht werdet. Er wird euch in der Versuchung einen Ausweg schaffen, so dass ihr sie bestehen könnt“.

(5) Es gibt Gefahren für die sittliche und geistliche Integrität der Person – von innen und außen –, die man nicht durch eigene Kräfte überwinden kann, sondern nur durch Gebet, worauf das Jesus-Wort (Mt 26,41) hinweist: „Wachet und betet, damit ihr nicht in Versuchung geratet“ (wobei hier mit „Versuchung“ bereits der

Beginn des Versagens gemeint ist). Diese Warnung bezieht sich auf die Gefahr der Verwirrung, des Abfalls vom Glauben und der Verzweiflung – Gefährdungen, die freilich nicht auf die Phase der Endzeit beschränkt sind.

Alfred Delp, *Im Angesicht des Todes,* 127f.: „Diese Bitte sollen wir sehr ernsthaft beten. Der Herr wusste, was Anfechtung ist und welcher Zerreißprobe der Mensch in seiner Anfechtung ausgesetzt werden kann. Und wer ist seiner sicher? In den ‚schönen Tagen' überhören wir diese Bitte leicht als für uns nicht aktuell. [...] Der Weg auf meine Klippe hier herauf: durch wieviel Stunden der Schwäche und Not ging er. Stunden der Ohnmacht und des Zweifels und des Nicht-mehr-weiter-wissens. O, wie können die Dinge ihre wahren Umrisse verlieren und plötzlich in anderen Zusammenhängen erscheinen. [...] Die Macht, die Gewalt, der Schmerz, die erlebte Erniedrigung, das eigene Versagen, der schweigende Gott, die äußerste Hilflosigkeit: das alles kann bittere Entscheidungen fordern. Es kann dann von innen die Angst dazu kommen, jenes schleichende Gewürm, das jede Menschensubstanz auffrisst. Es kann die Dämonie von innen losbrechen, die Wildheit, die Empörung [...]. Der Herr heißt uns bitten, dass uns diese Stunden erspart bleiben. Ich rate allen, diese Bitte ernst zu nehmen. [...] Wenn irgendwann, dann gilt es für den Menschen in der Anfechtung: er allein schafft es nicht ..."

Als einen literarischen Kommentar zu den letzten Vaterunser-Bitten hat J.R.R. Tolkien seinen Roman *Der Herr der Ringe* verstanden. Trotz aller Anstrengung hätten der Mut und die Tugenden des Helden Frodo nicht gereicht, um letztlich die Gefahr des Bösen zu besiegen; dies war „Gnade".

Lit.: Marianne Schlosser, *Freiheit. Schicksal. Gnade – oder: Drei Vaterunser-Bitten. Eine theologische Relecture des Herrn der Ringe,* GuL 78 (2005), 361-378; 454-469.

d) *„sondern erlöse uns von dem Bösen"*

Darunter kann sowohl der Widersacher wie alles Böse verstanden werden (Knut Backhaus). Die Bitte schließt unmittelbar an die vorhergehende an, so dass man sie auch als eine einzige interpretieren kann. Daher schließt diese Bitte um Bewahrung auch die positive Bitte ein um Mut gegen Ermüdung, um neues Feuer der Liebe, Erleuchtung des Verstandes gegen Täuschung und Selbsttäuschung, ja auch um Tröstung und Wohltaten, damit man die Trübsal vergisst, um Verwandlung von Leid in Freude (THOMAS VON AQUIN).

Zusammenfassung

Das christliche Gebet ist verankert in den großen Gebeten der biblischen Überlieferung und von ihnen inspiriert. So bilden die Psalmen zusammen mit den neutestamentlichen Cantica und insbesondere das Vaterunser den Grundbestand des Stundengebetes. Das Beten der Christen ist geformt von der Weisung und dem Vorbild Jesu Christi und der Beziehung zu ihm.

Im NT sind Gebete Jesu selbst überliefert: der „messianische Jubelruf" (Lk 10,21f.; Mt 11,25-27), das Gebet vor der Erweckung des Lazarus (Joh 11,41f.) und das sog. „Hohepriesterliche Gebet" vor der Passion (Joh 17), in dem Jesus seine Sendung und seine Hingabe an den Vater bekundet. Vor allem im Lk-Evangelium erscheint Jesu gesamte Existenz als verwurzelt im betenden Zwiegespräch mit dem Vater. Ebenfalls bei Lk werden die Jünger in drei Gleichnissen über die rechte innere Haltung belehrt: Sie sollen beten mit *vollem Vertrauen* (Gleichnis vom zudringlichen Freund: Lk 11,5-8), in unermüdlicher *Beharrlichkeit* (die Witwe und der ungerechte Richter: Lk 18, 1-8) und in der rechten *Demut* (Pharisäer und Zöllner im Tempel: Lk 18,9-14). In der Bergpredigt (Mt 6,5-8) finden sich unmittelbar vor dem *Vaterunser* zwei Mahnungen. Die eine betrifft das Gottes-Verständnis: Der Vater „weiß, was ihr braucht", darum ist es nicht nötig „viele Worte zu machen, wie die Heiden". Zum anderen warnt Jesus vor der inneren Pervertierung des Gebetes, das allein auf Gott den Blick richten muss. Vor dem Angesicht Gottes muss der Mensch alle Masken der Selbstgefälligkeit ablegen, er muss er selbst sein, um Gott zu begegnen.

Im treu vollzogenen Beten geschieht also zugleich eine Umformung des Betenden. *Gott selbst handelt am Beter.* Mehr noch: Gott selbst ermöglicht das „rechte“, ihm wohlgefällige Gebet durch die Gabe des *Heiligen Geistes.* In ihm, der Vater und Sohn verbindet, kann der Christgläubige mit dem Sohn selbst „Abba“ rufen (Gal 4,6; Röm 8, 15f. 26f.). Er wird in das Verhältnis Jesu zum Vater hineingenommen und kann den Vater anbeten „im Geist und in der Wahrheit“ (Joh 4,23f.). Das Gebet des Christen ist demnach *Gnade.* Das Gebet zum Vater („Vater unser“) setzt die Sendung des Sohnes (die Belehrung durch ihn) und des Heiligen Geistes (in dem der Sohn erkannt wird) voraus; es ist eine Verherrlichung der drei Personen (KKK 2766.2789). Dem entspricht die *trinitarische Formel,* die das Tagesgebet in der hl. Messe beschließt: Man bittet den Vater „durch Jesus Christus, deinen Sohn, unseren Herrn und Gott, der in der Einheit des Hl. Geistes mit dir lebt und herrscht in alle Ewigkeit“. Richtet sich das Gebet an Christus, werden ebenfalls Vater und Geist genannt. Das christliche Gebet kann sich an jede der drei Personen richten, da keine von den anderen getrennt werden kann.

Insofern das christliche Gebet „in Christus“ geschieht, betet auch der „allein“ und einsam Betende stets in der Gemeinschaft des „Leibes“. Auch sein persönliches Gebet ist nicht einfach nur „seines“, weil und insofern er „in Christus“ betet. Das wird besonders deutlich beim *Vater unser* – das immer in der Mehrzahl gebetet wird, und in der *Eucharistiefeier:* In die Verherrlichung Gottes, die durch die Menschwerdung, das Leiden und die Auferstehung *Christi* geschah – das heißt: in die Hingabe Jesu an den Vater – werden die Gläubigen hineingenommen. Das geschieht nicht einfach passiv, sondern setzt die Bereitschaft voraus, dem entsprechend zu leben.

Anmerkung zum Gebet anlässlich des Treffens verschiedener Religionen

Berücksichtigt man diese Merkmale des christlichen Gebetes, das vom Glauben an den dreifaltigen Gott und sein Wirken abhängt, wird verständlich, warum für Christen zwar unter Umständen ein Beten in Gegenwart von Angehörigen anderer Religionen („multireligiöses Gebet" – Assisi) möglich ist, nicht aber ein im strikten Sinn „gemeinsames Beten" („interreligiöses" Gebet).

Für ein gemeinsames Beten wäre erforderlich Einigkeit darüber, wer oder was *Gott* ist, was *„Beten"* heißt, und welche *Inhalte* zum Gebet werden können. Für einen Christen bedeutet Beten immer, zum Dreifaltigen Gott zu beten (was Juden und Muslimen Schwierigkeiten bereitet), und „in Christus" zu beten. Ein einzelner Christ betet nie nur „allein".

Auch für das multireligiöse Gebet (d.i.: das *Beten in Gegenwart* Andersgläubiger) sind bestimmte Voraussetzungen/Bedingungen zu beachten, damit weder die Angehörigen anderer Religionen vereinnahmt, noch Gegensätze verschleiert werden. Abgesehen davon ist auch zu bedenken, dass zwischen Angehörigen anderer Religionen (z.B. zwischen Muslimen und Juden) durchaus die Grenzen sehr bewusst sein können, und es naiv wäre, von christlicher Seite den Eindruck zu erwecken, diese überspringen zu können. Hier sind große Sensibilität und eine gute Vorbereitung unerlässlich.

Vor allem aber darf nicht verdrängt werden, dass eine Glaubensentscheidung eine Letztentscheidung ist und nicht nur – letztlich austauschbare – Formen des religiösen Verhaltens betrifft.

Lit.: *Leitlinien für das Gebet bei Treffen von Christen, Juden und Muslimen.* Eine Handreichung der deutschen Bischöfe, ²2008 (Arbeitshilfen 170 – Download www.dbk.de) [Praktische Hinweise und Darlegung des jüdischen und muslimischen Gebetsverständnisses].

Joseph Ratzinger, *Glaube – Wahrheit – Toleranz,* ²2003, 82-90.

2. HAUPTTEIL

Gebet – systematische Vertiefung

A) Gebet als Bitte und Dank, Lob und Anbetung

I. Lob und Dank – „Herrlichkeit“ Gottes

Was tun wir eigentlich, wenn wir Gott „loben“, „preisen“, ihn „rühmen“? Man lobt ihn ja nicht, wie man einen Menschen lobt – vielleicht gar, um ihn uns wohlgesonnen zu stimmen. Ein ehrliches Lob gegenüber einem Menschen soll diesem die eigene Wertschätzung zur Kenntnis bringen, ihn womöglich im Guten bestärken oder zu noch besseren Taten anspornen. Und auch weitere Personen möchten wir durch das öffentliche Lob von den Vorzügen einer Person überzeugen, um auch andere zu Sympathie und Hochachtung für sie zu gewinnen (Thomas von Aquin, *Sth* II II q.91 a.1: siehe Anhang). Beim Lob Gottes spielen die ersten beiden Beweggründe natürlich keine Rolle – wohl aber der dritte.

Warum also lobt man Gott? Die biblischen Texte bezeugen, dass das Lob Gottes nichts „Unterwürfiges“, „Erzwungenes“, oder Künstliches bei sich hat, sondern im Gegenteil aus geradezu überwältigender *Freude* am Guten und dem *Staunen* über die „Größe“ Gottes quillt. Mit dem Lob sind daher biblisch auch Äußerungen des „Jubels“, des „Überfließens des Herzens“ verbunden. Man könnte umgekehrt sagen: Ein geiziges, kleinliches, unzufriedenes Herz hat für das Loben (auch zwischenmenschlich) nichts übrig.

Die liturgischen Texte, welche zum Lob Gottes einladen, betonen einerseits: „Du bedarfst nicht unseres Lobes; es ist ein Geschenk deiner Gnade, dass wir dir danken“, bzw.: „Unser Lobpreis kann deine Größe nicht mehren, doch uns bringt er Segen und Heil“; und andererseits: „Es ist würdig und recht, dich zu loben ...“. Beides ist innerlich verknüpft. Denn „Segen und Heil“ sind nicht einfach so etwas wie äußere Belohnungen für Wohlverhalten; der Mensch kommt vielmehr nur zu seinem Heil, wenn er das Rechte tut. Heil und Segen für den Menschen sind kein Zufall, sondern sind verbunden mit dem „Richtigen“ und Wahren:

„Die Größe des Menschen liegt nicht nur in dem, was er selber ist, sondern auch darin, wie weit er das, was größer ist als er, zu würdigen und ihm die Ehre zu geben vermag“. Es ist objektiv „würdig und recht“, Gott zu loben; aber zugleich ist es im tiefsten ein „Akt der Selbstverwirklichung dessen, der die Huldigung vollzieht“, weil der Mensch nur von Gott her wirklich seine Würde als Mensch hat (GUARDINI, *Vorschule des Betens,* 62).

1. Gottes Herrlichkeit

Um tiefer zu verstehen, was „Lob“ bedeutet, und wie es mit dem „Dank“ verbunden ist, kann ein Blick auf die beiden altchristlichen Lobgesänge des „Gloria“ und „Te Deum“ helfen. Sie gehören zu den ältesten außerbiblisch überlieferten Gesängen der Kirche. Im Gloria heißt es:

„Wir loben dich, wir preisen dich, wir beten dich an, wir rühmen dich und danken dir, denn groß ist deine Herrlichkeit“ (*laudamus te, benedicimus te, adoramus te, glorificamus te – propter magnam gloriam tuam*).

Die Ausfaltung in den vier Verben kreist um einen einzigen Bezugspunkt. „Lob“, „Dank“, „Anbetung“ und die „Verherrlichung“ sind Antwort auf die „Herrlichkeit“ Gottes. Was bedeutet „Herrlichkeit“?

- Das deutsche Wort „herrlich“ ist abgeleitet von „hehr“, „erhaben“. Dass es auch die Assoziation des „Glanzvollen“ und auf sichtbare Weise „Schönen“ in uns weckt, geht wohl auf die Einwirkung der biblischen Auffassung von Herrlichkeit zurück:
- Das hebräische Wort für „Herrlichkeit des Herrn“: *kabod JHWH,* hat zuerst die Bedeutung *„Gewicht“*; es bezeichnet die ehrfurchtgebietende Machtfülle oder Majestät, welche der *Heiligkeit* JHWHs entspricht. Die Heiligkeit als Anders-

artigkeit, Wahrheit und Unverletzlichkeit zeigt sich dem Menschen als wahrhaft machtvoll, als „Gewicht". Wenn sich die Herrlichkeit des Herrn zu bestimmten Augenblicken kundtut, zeigt sie sich aber auch als *„Licht"* oder *„Feuer"* (z.B. 2 Chr 7,1-3; Jes 60,1f.; vgl. auch Ex 33,18f.: „Herrlichkeit" als „Schönheit"). Majestät und Glanz sind mit der Theophanie, der Erscheinung Gottes verbunden. Daher ist „die Herrlichkeit des Herrn" geradezu ein Name für Gott selbst.

- Die griechische Übersetzung nimmt besonders den Licht-Aspekt auf: *doxa* bedeutet im biblischen Kontext *nicht* den bloßen „Schein" (wie das im profanen Griechisch der Fall sein kann), sondern „Glanz" und „Ruhm", auch die „Machtfülle". Mit diesem Wort wird im NT in besonderer Weise der *Zustand des Jenseits,* der „Verklärung" bezeichnet, die dem Leib der Gerechten zuteil wird: 1 Kor 15,43, Phil 3,21 (Leib Christi – der Erlösten). Auch das himmlische Jerusalem wird so beschrieben: „Die Stadt braucht weder Sonne noch Mond, die ihr leuchten. Denn die Herrlichkeit Gottes erleuchtet sie, und ihre Leuchte ist das Lamm." (Offb 21,23).
- Im Lateinischen werden für „Herrlichkeit" zwei Wörter verwendet: *claritas,* was auf den Licht-Aspekt der Herrlichkeit bezogen ist (die Hirten umstrahlte die Herrlichkeit des Herrn: *claritas Dei* / griech.: *doxa kyriou*), und *gloria,* die „Ehre", die Gott eigen ist (die Engel sangen: „Ehre Gott in der Höhe": *gloria in altissimis Deo* / griech.: *doxa en hypsistois theo*).

Die „Herrlichkeit" im Sinn der „Ehre" Gottes hat zwei Dimensionen: die Ehre bzw. das Lob, das Gott dargebracht wird, ist das *Einstimmen* des Menschen in die Herrlichkeit, die *Gottes Eigenschaft* ist, und die sich in Schöpfung und Geschichte „leuchtend" kundtut.

Die Herrlichkeit JHWHs manifestiert sich nach dem biblischen Zeugnis:

(1) im *Bundeszelt* und (2) im *Tempel,* sowie

(3) in der *ganzen Welt,* die „voll von deiner Herrlichkeit" ist (Jes 6,3), wie es im Sanctus jeder Messfeier *(„pleni sunt caeli et terra gloria tua")* oder im „Te Deum" gesungen wird *(„pleni sunt caeli et terra maiestatis gloriae tuae")*.

(4) Vor allem aber wird sie in *Jesus Christus* offenbar. Neben einigen Stellen im Corpus der Paulus-Briefe (1 Kor 2,8: „Der Herr der Herrlichkeit"; vgl. 1 Kor 15,43; Phil 3,21; Röm 1,23 und Kol 3,4) ist vor allem das Johannes-Evangelium davon durchdrungen: Das gesamte Leben Jesu ist eine „verhüllte Epiphanie"; und der *Glaubende sieht* diese Herrlichkeit.

- „Das Wort ist Fleisch geworden und hat unter uns sein Zelt (!) aufgeschlagen, und wir haben seine Herrlichkeit gesehen, die Herrlichkeit des einzigen Sohnes vom Vater, voll Gnade und Wahrheit" (Joh 1, 14).
- Bei dem ersten der großen Zeichen, in Kana, wird ausdrücklich gesagt: „Jesus offenbarte seine Herrlichkeit – und seine Jünger glaubten an ihn" (Joh 2,11).
- Anlässlich der Auferweckung des Lazarus sagt Jesus Marta zu: „Wenn du glaubst, wirst du die Herrlichkeit Gottes sehen" (Joh 11,40).
- Im sog. hohepriesterlichen Gebet Jesu (Joh 17) spricht Jesus davon, dass er „den Vater verherrlicht habe", weil er seinen Auftrag erfüllt hat (v.4), er bittet darum, dass umgekehrt der Vater den Sohn verherrliche, damit wiederum dieser den Vater verherrliche (v.1), und er selbst bezeichnet sich als „verherrlicht in denen, die der Vater ihm gegeben hat", die zum Glauben und der Erkenntnis gekommen sind (v. 9f.).

2. Das Lob des Menschen

(1) Das „Lob" ist die Antwort des Menschen auf diese Herrlichkeit: Ausdruck der überwältigten (dankbaren) *Freude* über Gott und des *Staunens*. Lob gibt es nur in der Verbindung mit Freude am Guten. Freude über das Gut einer anderen Person aber ist *Liebe*. Lob ist eine Frucht der Liebe.

Die hebr. Wurzel *brk* – lat. *benedicere* – bedeutet „Gutes sagen und zusagen", d.h. *segnen* und *preisen*: das Gut einer anderen Person wünschen, dass es bewahrt und vollendet sei *(benevelle)* und dies in Worten zum Ausdruck bringen *(benedicere)*.

(2) Gott wird nicht „gelobt“ bzw. „erhoben“ oder „groß gemacht“ (lat. *magnificare, glorificare*), als könnte das Lob Gott „größer“ machen. Im Gegenteil: Da Gott allen Lobpreis eines Geschöpfes unendlich übersteigt (*„quia maior omni laude“:* THOMAS VON AQUIN, *Lauda Sion*), kann der Lobpreis mitunter auch ohne Worte aufsteigen. AUGUSTINUS – und nach ihm viele andere – spricht vom sogenannten *„Jubilus“,* einem Singen ohne Worte, das aus dem Überschwang des Herzens kommt. Als klarstes Beispiel dafür werden die ausgedehnten Melismen des österlichen Halleluja angeführt.

> „Was also heißt: im Jubel singen *(iubilatione canere)*? Zu verstehen, dass durch Worte nicht auszudrücken ist, was im Herzen gesungen wird. Der Klang des Jubilus drückt aus, dass das Herz etwas gebiert, was es nicht sagen kann. Und wem gebührt dieses wortlose Jubeln, wenn nicht dem unaussprechlichen Gott. Unaussprechlich ist ER, den du nicht in Worte fassen kannst. Und wenn du das nicht kannst, und doch nicht schweigen darfst: was bleibt dir anderes als der Jubelgesang? So freue sich das Herz ohne Worte, unermesslich weit geworden vor Freude, und diese Weite findet keine Grenze an der Zahl der Silben.“ (AUGUSTINUS, *Enarr. in ps.* 32, I, 8).

Der Jubilus ist die „mystische“ Weise des Singens, die im Gottesdienst der Kirche ihren Platz hat, wie RUPERT VON DEUTZ erklärt, die den Geist „emporhebt“ und bereits dort sein lässt, wo die Heiligen sind:

> „Wir jubeln eher als dass wir singen; wir dehnen eine einzige kurze Silbe des ehrwürdigen Textes auf mehrere Noten oder Notengruppen aus. Der süße Ton schlage an das Ohr und erfülle den Geist, damit dieser dorthin entrückt werde, wo die Heiligen in der Herrlichkeit jubeln ([...] *rapiatur illuc, ubi sancti exultabunt in gloria).*“ (*De Div. Off.* I, 35)

(3) Das Gotteslob mit Worten dagegen ist unverzichtbar, insofern es *Zeugnis* von der Größe und Herrlichkeit Gottes anderen gegenüber ablegt. In diesem Bekenntnis *(confessio)* wird „Gott die Ehre erwiesen“.

S.u., 130-132: Musik (Gesang) und Gebet.

(4) In das Lob Gottes wird alles einbezogen, was die Herrlichkeit Gottes spiegelt:

- Der Mensch wird zum „Mund“ für die übrige *Schöpfung,* die auf stumme Weise die Herrlichkeit Gottes kündet: vgl. Ps 148, Dan 3 oder den Sonnengesang des hl. FRANZISKUS (*Cantico delle creature*). Dort heißt es: „Mein Herr, sei gelobt durch (oder: „wegen“) Bruder Sonne ...“
- Gelobt wird Gott für die *Taten des Heiles* – wie es im *Magnificat* zum Ausdruck kommt.
- Gelobt wird er vor allem für *Jesus Christus* – wie es in der Eucharistie-Feier geschieht.
- Gelobt wird er auch für das Wirken der Gnade in den Menschen, die wir als *Heilige* verehren, weil sich in ihnen die Heiligkeit Gottes sozusagen „in Großbuchstaben“ kundtut.

3. Der Dank

Der Dank ist einerseits Antwort auf eine erhörte Bitte [s.u.: II. 3: Die Frage der Erhörung] oder eine empfangene Wohltat (vgl. Lk 17,11-19, wo Jesus sich über die „Vergesslichkeit“ der geheilten Aussätzigen wundert: „Sind nicht alle zehn rein geworden? Wo sind die übrigen neun? Ist denn keiner umgekehrt, um Gott die Ehre zu erweisen, außer diesem Fremden?“). Doch auch abgesehen von konkreten Ereignissen ist für denjenigen, der an Gott als Schöpfer und Erlöser glaubt, *nichts* einfach *„selbstverständlich“*: weder die Welt, noch das eigene Dasein, oder die anderen Menschen. Vor allem erkennt der Glaubende, dass die Beziehung zu Gott, den er anreden darf, nicht selbstverständlich ist. Durch die Dankbarkeit wird die Stumpfheit des „für gegeben Nehmens“ durchbrochen. Man dankt für das, was man als „frei“ geschenkt weiß, worüber man staunen kann.

Andererseits ist der Dank verwandt mit dem Lob: Die tiefste Ebene der Dankbarkeit wird berührt, wenn ein Mensch dafür dankt, dass Gott ist wie er ist. Es sei noch einmal an den Text des „Gloria“ erinnert: „Wir danken dir; denn groß ist deine Herrlichkeit“.

„Wenn ein Mensch einen anderen liebt – wirklich liebt; nicht nur Achtung oder Sympathie oder Verlangen für ihn empfindet, sondern zu ihm in jenem Verhältnis innerster Zugehörigkeit, schicksalhafter Anvertrautheit steht, das mit dem Wort gemeint ist – dann empfindet er vor dem geliebten Menschen eine immer neue Verwunderung, und es kann sehr wohl ein Augenblick kommen, in welchem er in Wahrheit sagt: ‚ich danke dir dass du so bist; ich danke dir, dass es dich gibt.' [...] Bei Menschen bleibt dieses Geheimnis aber nur in der Andeutung; seine eigentliche Erfüllung gewinnt es erst in Gott." (GUARDINI, *Vorschule des Betens,* 78)

Viele geistliche Lehrer bezeichnen die Dankbarkeit und das Staunen als die Grundlage für das kontemplative Gebet.

II. Bitte und Fürbitte – Gottes Vorsehung

Wie dem Lobpreis die Herrlichkeit Gottes, so entsprechen der Bitte seine *Vorsehung, Fürsorge* (lat. *pro-videntia*) und *Güte.*

1. Die Bedeutsamkeit des Bittgebetes

Viele philosophische Schulen haben das Bitt-Gebet als Gottes unwürdig erachtet; und nicht selten begegnet einem die Ansicht, gegenüber dem Lobpreis sei die Bitte gewissermaßen minderwertig. Demgegenüber ist klar festzuhalten, dass das Neue Testament keinerlei Geringschätzung des Bitt-Gebetes zeigt, im Gegenteil: Wo von „Beten" die Rede ist, scheint die Bedeutung der „Bitte" sogar primär. Das christliche Gebet schlechthin, das Vaterunser, besteht aus Bitten. Der Mensch darf bitten, soll bitten, und wird von Jesus ausdrücklich dazu aufgefordert.

Geradezu augenfällig tritt der Primat des Bittgebetes in der *Summa theologiae* des THOMAS VON AQUIN hervor: Die Quaestio 83 (*De oratione* – Über das Gebet) handelt in 17 Einzelfragen fast ausschließlich über das Bittgebet. Der Anbetung *(adoratio)* und weiteren Weisen der Gottesverehrung (Opfer und Gelübde) ist quaestio 84 gewidmet, dem Lobgebet („Anrufung des Namens Gottes im Lob"), unter besonderer Berücksichtigung des gesungenen Gotteslobes, die quaestio 91.

Das Bitt-Gebet ist *keine Flucht vor verantwortlichem Handeln* (wie es z.B. in Bertold Brechts *Mutter Courage* dargestellt wird, oder wie es Immanuel Kant kritisieren zu müssen glaubte). Vielmehr setzt es die Reife voraus, die Grenzen menschlichen Wissens von Zusammenhängen zu erkennen, und anzuerkennen, dass menschliche Pläne, Möglichkeiten und Engagement begrenzt sind.

Die ersten Vaterunser-Bitten zeigen den Zusammenhang genügend deutlich: Wer um das Geschehen des Willens Gottes bittet, weiß, dass er danach fragen muss, was der Wille Gottes denn sei, und dass er sich entsprechend verhalten muss. Er weiß, dass das Reich Gottes den Menschen zur Mitwirkung ruft, aber auch, dass dieses Reich der vollen Gerechtigkeit, der Liebe und des Friedens nicht durch menschliches Tun herbeigearbeitet werden kann.

Die Bitte *entwürdigt den Menschen nicht;* im Gegenteil. Gerade am Bittgebet zeigt sich, wer Gott ist, und wie der Mensch zu ihm steht: Es wäre eine verzerrte Vorstellung von Gott, so Guardini, als sei er ein Reicher, der einem Bettler etwas hinwirft, oder als erniedrige sein Erbarmen „herablassend" den Menschen. Gott achtet den Menschen und wünscht dessen *Mitwirkung,* gerade auch durch das *Bitten.* Im tiefsten ist das Bittgebet Ausdruck dafür, dass der Mensch Größeres erwarten darf, als er aus sich selbst hat: Sein Glück, theologisch: seine Seligkeit, ist mehr als Zufriedenheit mit sich selbst und Autarkie (Selbstgenügsamkeit); es muss *empfangen werden.* Empfangen bedeutet aber im zwischenpersonalen Bereich nicht einfach einen passiven Vorgang, den man möglicherweise überhaupt nicht bewusst mitbekommt, sondern das Erfahren einer Beziehung: Darum entspricht dem Empfangen auf der einen Seite das Bitten und auf der anderen der Dank. Die Bitte ist der Ausdruck des Vertrauens auf die Person, die man bittet, oder wie Thomas von Aquin definierte: Das Bittgebet ist *ausgesprochene Hoffnung,* oder *„in Sprache gebrachte Sehnsucht"* (*desiderii interpres*).

Das Neue Testament zeigt einen großen Realismus: Es wird um zeitliche und geistliche Güter gebetet, freilich mit einer *Prioritätensetzung:* „Euch aber muss es zuerst um sein Reich und um seine Gerechtigkeit gehen, dann wird euch alles andere dazugegeben" (Mt 6,33). Es kommt also darauf an, zu wissen, was Gott geben will, was nur er geben kann. Von da her bekommen alle anderen Bitten ihren Wert und ihre Rang.

Lit.: JOHANNES CASSIAN, *Collationes Patrum* IX, 32-34 (Auszug siehe Anhang, 222-225).

ROMANO GUARDINI, *Das Bitten,* in: *Unterscheidung des Christlichen* 2 (= Gesammelte Studien 1923-1963), 89-97 (siehe Anhang, 217-222).

JOSEPH RATZINGER, *Am Ende der Religion?*, in: JRGS 4, 2014, 797-816 [Grundsätzliches zum Bitt-Gebet als Ausdruck des Gottesglaubens].

DERS., *Gottes Angesicht suchen. Betrachtungen im Kirchenjahr,* 1978, 39: Meditation über Lk 11 (siehe Anhang, 217).

Dementsprechend finden wir in den Gebeten der Kirche (in der Tradition der Liturgien in Ost und West) eine reiche Vielfalt an Bitten, Fürbitten und Segensgebeten für verschiedene konkrete Anliegen: für die Kranken, Bettlägerigen, Kriegsgefangenen, die Reisenden, um das Gedeihen der Früchte der Erde, um Frieden, und auch um einen „christlichen, friedlichen, ruhigen, schuldlosen Tod" (Chrysostomus-Liturgie). Christen wissen sehr wohl, dass auch *leibliche* Sorgen, besonders Krankheit, die *Seele* niederdrücken können.

Im Jahr 2000 erließ die Kongregation für die Glaubenslehre eine *Instruktion über die Gebete um Heilung durch Gott.* Anlass war die Zunahme von „Gebetsversammlungen, bei denen Gott um Heilung angefleht wird", wobei nicht selten von tatsächlich erfolgten Heilungen berichtet werde und dadurch begreiflicherweise Erwartungen erwachten, „dass dies bei ähnlichen Treffen wiederum geschieht".

Der lehramtliche Text fasst zunächst (n.1) die Deutung von Krankheit und Leid in der Heiligen Schrift zusammen: Krankheit ist ein Übel, auch wenn sie eine positive Kehrseite haben kann – etwa die Bewährung des Gerechten in der Prüfung (Ijob). In der verheißenen Heilszeit wird es keine Krankheiten mehr geben, wie es auch keinen Tod mehr geben wird (Offb 21,4). Dass Jesus „alle Krankheiten und Leiden heilte", ist Zeichen seiner Sendung als Messias (Mt 9,35; Lk 7,20-23). Der ganze Mensch wird an Leib und Seele wiederhergestellt: die Heilungen sind der Ausweis für die Vollmacht Jesu, Sünden zu vergeben (Mk 2,1-12). Allerdings wird der Sieg über das Leiden nicht nur an den *außerordentlichen Heilungen* sichtbar, sondern auch im *freiwilligen, schuldlosen Leiden Christi:* „Darum kann auch jeder Mensch durch sein Leiden am erlösenden Leiden Christi teilhaben“, also sich in besonderer Weise mit ihm vereinen. (n. 1)

Beide Aspekte gehören zum Glaubensleben der Kirche: „Die Krankheit – wie auch andere menschliche Leiden – [ist] eine Situation, die besonders zum Gebet einlädt; sowohl um die Kraft, die Krankheit mit gläubigem Sinn und Hingabe an Gottes Willen anzunehmen, wie auch um die Gnade, davon geheilt zu werden.“ (Einleitung) „Während der öffentlichen Tätigkeit Jesu wenden sich viele Kranke an ihn – sei es direkt oder durch ihre Freunde und Verwandten [...] Der Herr nimmt diese Bitten an; die Evangelien enthalten keinen einzigen Hinweis, dass er solche Bitten getadelt hätte. [...] *Das Gebet der Gläubigen, die um die eigene Heilung oder die Heilung anderer bitten, ist lobenswert.“* (n. 2)

Gewarnt wird jedoch vor der „Fixierung“ auf ein erwartetes Heilungsgeschehen, das zum Beispiel einer bestimmten Gruppe von Teilnehmern als „Heilungscharisma“ zugeschrieben würde. Es gibt ohne Zweifel die Gabe außerordentlicher Heilung, die der Hl. Geist einigen schenken kann, doch diese Gabe ist frei und unverfügbar. Und „nicht einmal die eindringlichsten Gebete erwirken die Heilung aller Krankheiten. So muss der heilige Paulus vom Herrn lernen: ‚Meine Gnade genügt dir; denn sie erweist ihre Kraft in der Schwachheit‘ (2 Kor 12,9). Zudem können die Leiden, die zu tragen sind, einen tiefen Sinn haben, gemäß dem Wort: ‚Für den Leib Christi, die Kirche, ergänze ich in meinem irdischen Leben das, was an den Leiden Christi noch fehlt (Kol 1,24).“ (n. 5)

Zum zweiten wird erklärt, dass diese Gebetsintention die Liturgie nicht überwuchern darf: „Man darf etwa bei der Aussetzung der heiligen Eucharistie das Verlangen, die Heilung von Kranken zu erlangen, nicht so in den Vordergrund rücken, dass das eigentliche Ziel der Aussetzung verloren geht, nämlich die Gläubigen zum lebendigen Bewusstsein von der wunderbaren Gegenwart Christi zu führen und sie einzuladen, sich mit ihm zu vereinigen.

Diese Vereinigung erlangt in der sakramentalen Kommunion ihren Höhepunkt.“ (n. 4)

Die Instruktion erinnert an den reichen Schatz der Gebete für die Kranken: in erster Linie das Sakrament der *Krankensalbung*, das mehr ist als eine Fürbitte, nämlich „eine wirkmächtige Handlung über den Kranken“ (n. 3), wodurch er leiblich und geistlich aufgerichtet wird (Jak 5,14f.). Im *Messbuch* gibt es ein eigenes Formular für Kranke; im *Benedictionale* sind mehrere Segensgebete für erkrankte Kinder und Erwachsene enthalten. In den *Fürbitten* der Eucharistie-Feier soll das Gebet für die Kranken, gemäß dem Vorbild der Großen Fürbitten am Karfreitag, einen festen Platz haben.

> „Allmächtiger Gott, wir sind der Krankheit und dem Tod unterworfen. Vor diesem Geschick haben wir Angst. Gib uns Hoffnung durch die Auferstehung deines Sohnes“ (Psalmoration).

2. Fürbitte – in der Gemeinschaft der Heiligen

a) Die Bedeutung der Fürbitte

Nach dem Zeugnis der Heiligen Schrift kennzeichnet von Anfang an das fürbittende Gebet diejenigen Personen, die *Freunde Gottes* genannt werden, insbesondere Abraham und Mose. Das fürbittende Gebet wird im AT geradezu als Ausweiskriterium des wahren Propheten vor Augen gestellt. In Christus hat das Fürbittgebet seine Vollendung: Sein Gebet (für die Jünger, für Petrus, für seine Henker) wird zur Hingabe des eigenen Lebens. Darum gehört die Fürbitte wesentlich zum Beten jedes Christen und zum Gebet der Kirche als solcher. Sie stimmt in das Gebet Christi ein und setzt es fort in der Liturgie: in den Fürbitten des Stundengebetes (Vesper) und der Eucharistiefeier („allgemeines Gebet der Gläubigen“) sowie den Interzessionen und Bitten innerhalb des Hochgebetes (z.B.: „dieses Opfer bringe der ganzen Welt Frieden und Heil“).

- Wer Gott für andere bittet, der vollzieht die *Liebe zum Nächsten,* denn er nimmt teil an der Sorge Gottes für den anderen Menschen;

- er *verbindet sich mit Christus und wird ihm ähnlich,* der „immerdar für uns eintritt“ (Hebr 7,25) – daher ist das Fürbittgebet ein priesterliches Tun;
- und verwirklicht die *Gemeinschaft der Heiligen,* in der einer für den anderen in Liebe eintritt.

Insofern das fürbittende Gebet der tiefste Vollzug der Nächstenliebe ist, bezieht es sich zuerst auf das letzte Ziel der anderen Person, auf deren Heil.

> Fürbitte „bedeutet in ihrer nächsten Form, dass man für das Anliegen eines Menschen bittet, dem man nahesteht: der Kranke möge gesunden, die berufliche Schwierigkeit sich lösen, ein drohendes Unheil gewendet werden und so fort. Doch ist das nur die äußere Erscheinung eines Tieferen. Die Krankheit steht nicht für sich, sondern hat ihren Ort in der Lebensgeschichte jenes Menschen; mithin wird die Bitte erst dann richtig, wenn sie Gott anruft, Er möge in der Krankheit seinen Vorsehungswillen über jenen Menschen erfüllen und ihm zu der Erkenntnis, Bewährung und Reifung helfen, die aus der Krankheit kommen soll. Die Bitte, Gottes Wille möge geschehen, bedeutet also nicht, es solle sich vollziehen, was nun einmal nicht zu ändern ist, und man wolle sich hinein ergeben. Der heilige Wille Gottes ist kein Verhängnis, das erduldet werden soll, sondern ein heilig-sinnvolles Schaffen, welches die neue Schöpfung heraufführt; und die Bitte geht darauf, an der Stelle, auf die es nun ankommt, möge sich das Gotteswerk vollenden.“ (GUARDINI, *Vorschule des Betens,* 133).
>
> S.o., 84-86, zur Vaterunser-Bitte: „Dein Wille geschehe“.

b) Anrufung der Heiligen, Gebete zu Maria

Die *Anrufung der Heiligen* im Himmel um ihre Fürbitte ist sozusagen nur ein Sonderfall der fürbittenden Gemeinschaft, welche die Kirche als ganze ist, wie sich im Hochgebet der Eucharistiefeier zeigt: Die Kirche besteht nicht nur aus jetzt auf Erden lebenden Gliedern, sondern zu ihr gehören auch die „schon vollendeten Gerechten“ (Hebr 12,23). Heilige in diesem Sinn sind Menschen, die ihre Liebe zum Heil anderer bewiesen haben. Seit ältester Zeit ist sowohl die Fürbitte der lebenden für die verstorbenen Glieder bezeugt, wie auch die Anrufung bereits Heimgegangener, vor allem der Märtyrer, um ihre Fürbitte.

Die älteste Anrufung *Mariens* (bezeugt durch einen Papyrus-Text um das Jahr 300) ist eine Bitte um ihren Schutz: *„Unter deinen Schutz und Schirm" – Sub tuum praesidium confugimus* – griech.: *kata ten sen eusplanchnian katapheugomen* – wörtlich: „in den Schoß deiner Barmherzigkeit flüchten wir".

In der katholischen Kirche, wie auch in den altorientalischen und orthodoxen Kirchen, wird Maria eine besondere Verehrung erwiesen, die man theologisch als „Hyperdulie" bezeichnet, d.h. eine Verehrung, welche die der übrigen Heiligen übersteigt, aber in keiner Weise mit der Verehrung Gottes selbst zu vergleichen ist (das Wort stammt von griech. *doulia* = „Verehrung", wie sie Heiligen zukommt, im Unterschied zu *latreia* = „Anbetung", die nur Gott gebührt). Der Grund dafür ist Marias außergewöhnliche Beteiligung am Heilswerk Christi; denn die Menschwerdung geschah unter Einbeziehung des Ja-Wortes Marias, ihrer Freiheit.

Dass sie selbst „voll der Gnade" ist, bedeutet auch: dass sie „voll der Liebe" ist. Daher findet sich bereits sehr früh die vertrauensvolle Verehrung Mariens.

Maria ist Vorbild aller betenden Gläubigen:

- in *Dank und Lobpreis* (Magnificat, Lk 1,46-55);
- als Urbild der *Betrachtung* des Wortes Gottes (Lk 2,19), denn sie „erwog alle diese Worte und dachte darüber nach";
- der *Fürbitte:* bei der Hochzeit zu Kana (Joh 2,3);
- des *treuen Glaubens in der Prüfung:* unter dem Kreuz (Joh 19,25);
- und der *Hoffnung* auf Vollendung: im Gebet um den Heiligen Geist zusammen mit der Gemeinschaft der jungen Kirche im Obergemach (Apg 1,13f.).

Das *„Ave Maria"* ist das bekannteste Marien-Gebet und wesentlicher Bestandteil des *Rosenkranzes* und des *„Angelus"*. Es ist zusammengesetzt aus dem Engelsgruß (Lk 1,28) und der Preisung Mariens durch Elisabet (Lk 1,42). Im Osten wurden anscheinend schon früh Zusätze beigefügt; im Westen finden sich verschiedene kurze (Bitt-) Zusätze ab dem Hochmittelalter. Die heutige Form mit dem Zusatz: „Heilige Maria, Mutter Gottes, bitte für uns Sünder, jetzt und in der Stunde unseres Todes. Amen" ist seit dem 16. Jh. üblich.

Der reiche Schatz an Mariengebeten aus Ost und West umfasst Gebete um ihre Fürbitte, Gesänge zu ihrer Ehre (etwa von HILDEGARD VON BINGEN), Betrachtungen ihres Lebens- und Glaubensweges (wie z.B. die *Marienklagen*, oder die Sequenz *Stabat Mater*). In allen Sprachen finden sich gerade unter den Marianischen Dichtungen literarisch hervorragende Werke.

Besonders erwähnt seien die sogenannten „Marianischen Antiphonen", welche die Komplet bzw. die letzte Hore des kirchlichen Stundengebetes beschließen: Neben dem oben genannten *Sub tuum praesidium*, gehören dazu das *Salve regina* (entstanden um 1050), *Regina caeli* in der Osterzeit (um 1170), *Alma redemptoris mater* (um 1050) und *Ave regina caelorum* (um 1100).

Lit.: ADOLF ADAM (Hrsg.), *Te Deum laudamus. Große Gebete der Kirche (lateinisch-deutsch)*, 2001.

Deutsche Mariendichtungen aus neun Jahrhunderten, hrsg. und erl. von Eberhard HAUFE, 1989.

LOTHAR HEISER, *Maria in der Christus-Verkündigung des orthodoxen Kirchenjahres*, 1981.

PAUL VI., *Apostolisches Schreiben Marialis Cultus* (2. Feb. 1974) Kap. 3, nn. 41 (Der Engel des Herrn) und 42-55 (Rosenkranz).

3. Die Frage der „Erhörung" des Bittgebetes

Das Bittgebet ist der Ernstfall des Glaubens; von zwei Seiten her kann es in die Krise kommen:

Zum einen, wenn auf der *denkerischen* Ebene die Frage des Verhältnisses von Bittgebet und Vorsehung Gottes, die Verknüpfung von Geschichte und Ewigkeit, Freiheit des Menschen und Plan Gottes, „unlösbar" scheint: Wenn Gott vollkommen weise ist, weiß er, was ich brauche. Wenn er vollkommen gut ist, kann er sich nicht wandeln und wird mir sowieso das Beste geben. Folglich: Warum sollte ich ihn um etwas bitten? Würde „Bittgebet" dann nicht bedeuten, dass ich Gottes Plan verändern will oder mir einbilde, ich könnte das überhaupt?

Am Ende wird zwar dann möglicherweise das Bittgebet noch mitvollzogen, aber als eine Art „geistlicher Hygiene" aufgefasst: Das Gebet verliert seinen eigentlichen Charakter als Rede zu jemand anderem und wird zur Reflexion über die eigenen Beweggründe.

Daran ist richtig, dass das Gebet *auch die eigenen Wünsche reinigt;* aber das ist eine Folge des Betens, nicht seine eigentliche Gestalt, und auch nicht seine einzige Zielsetzung. Daher ist bei der Ausformulierung von „Fürbitten" für den Gottesdienst darauf zu achten, dass diese tatsächlich der Gattung nach *Bitten für andere Menschen* oder Anliegen sind, und nicht etwa moralische Appelle oder verkappte Anklagen.

Es ist auch richtig, dass das Verhältnis von Zeit und Ewigkeit, an deren Schnittstelle das Bitt-Gebet zu Gott steht, dem Menschen, der der Zeit unterworfen ist, *nicht vollständig evident* werden kann. Aber es gibt durchaus die Möglichkeit, das Bittgebet denkerisch verantwortlich zu begründen. Es ist sogar in gewissem Grad eine Pflicht, wie Guardini festhält:

> „Vielleicht erwiderst du, Gott schaffe auch dieses Wollen und Bitten. Das ist allerdings richtig; aber damit stehen wir am Geheimnis der Schöpfung überhaupt, und vor allem des freien Wesens in ihr. Das werden wir nie verstehen; wir müssen aber dafür sorgen, dass es uns nicht die Wahrheiten und Unterschiede wegsauge, auf denen unser Dasein ruht. Wir sind verpflichtet, vor Gott verpflichtet, das Geheimnis seiner Allwirksamkeit nicht zu einer Macht werden zu lassen, die uns das eigene Handeln und Wollen auslöscht." (Ders., *Das Bitten,* siehe Anhang, 221)

Zum andern kann sich eine Krise auf der *geistlichen (existentiellen) Ebene* einstellen.

Zunächst kann es nämlich so scheinen, als sei es ein fast „natürlicher" Vollzug für den gläubigen Menschen, Gott um etwas zu bitten. Dass es nichts „Natürliches" ist, sondern einen *Glaubensakt voraussetzt,* wird sichtbar – auch unabhängig von philosophisch-kritischen Erwägungen –, wenn sich der Beter „nicht erhört" vorkommt, oder das Empfinden hat, nicht gehört worden zu sein, als ob sein Gebet irgendwo im Dunklen verhallt sei. Es kann geschehen, dass sich der Mensch dann sozusagen entschließt,

„sich auf sich selbst zu stellen“, dass er, ohne es vielleicht ausdrücklich zu sagen, „härter“ wird im Laufe des Lebens (so GUARDINI), die Gebetszuversicht mit Bitterkeit als dem Kinderglauben zugehörig empfindet, oder sogar etwas wie verletzten Stolz und Auflehnung fühlt. Der Verdacht, Gott sei *gleichgültig* gegenüber dem eigenen Leben und dieser Welt, oder *schwach*, lähmt dann zunehmend alles Beten. Die Wirklichkeit Gottes erscheint dem Gläubigen immer mehr „unwirklich“ im Vergleich mit den innerweltlichen Ursachen, die so greifbar real sind. Das Bewusstsein der Gegenwart Gottes, seiner Güte und Macht „verdunstet“, nicht weil ein Zweifel intellektueller Art bestünde, sondern weil Gott nicht relevant zu sein scheint.

Die Fragen, die sich hier stellen, lauten: Kann man „Erhörung“ erfahren? Wie geht man um mit langem „Schweigen Gottes“? Denn diese Krisen können zur Entfremdung von Gott führen.

a) Der Begriff der „Vorsehung“

Vom Begriff der „Vorsehung“ Gottes, und damit vom Gottes-Bild, hängt offensichtlich ab, welche Bedeutung man dem Bittgebet gibt. Die Frage nach der „Beziehung Gottes zur Welt“ ist alt; und dass es keineswegs selbstverständlich ist, davon eine der Heiligen Schrift entsprechende Vorstellung zu haben, zeigen beispielhaft zwei Autoren: THOMAS VON AQUIN und ROMANO GUARDINI.

THOMAS VON AQUIN beginnt seine Ausführungen über das (Bitt-) Gebet damit, zu erläutern, dass Bitten wirklich *Handlungen* sind, und zwar Handlungen eines vernunftbegabten, zielbewusst planenden Wesens, das mit anderen in Gemeinschaft lebt: Bitten ist grundsätzlich menschlich, so könnte man sagen; denn wir bitten jemanden anderen, etwas zu tun, wozu wir selbst nicht oder nur schwer in der Lage sind. Wir versuchen, ein Ziel mit Hilfe einer anderen Person zu erreichen. Wer also einen anderen bittet, ist selbst *Mitursache*, vielleicht sogar entscheidende Ursache für das Ergebnis.

> „Etwas kann die Ursache von etwas anderem auf zwei Weisen sein:

entweder vollständig *(perfecte)* – dann bringt diese Ursache die Wirkung mit Notwendigkeit hervor; in diesem Fall unterliegt die Wirkung total der Macht der Ursache.

Oder auf unvollständige Weise *(imperfecte)* – dann schafft die Ursache lediglich eine Disposition für das Eintreten der Wirkung.

Auch die menschliche Vernunft ist solchermaßen zweifach Ursache:

Das eine Mal, wenn sie befiehlt – z.B. den Gliedern des Körpers oder auch untergebenen Personen; das andere Mal, wenn sie die Möglichkeit schafft, dass etwas geschehen kann – nämlich wenn sie etwas erbittet, von Personen, die gleichgestellt oder höhergestellt sind." (THOMAS VON AQUIN, *Summa theologiae* II II q.83 a.1)

Das gilt – zumindest analog – auch für das Verhältnis zu Gott. Denn Gott hat den Menschen nicht erschaffen wie andere Geschöpfe, die aufgrund ihres natürlichen Instinktes, also ohne Bewusstsein, ihr Ziel anstreben und erreichen. Der Mensch ist als freies Wesen erschaffen, er soll seine Erfüllung „wollen", seine Seligkeit „ersehnen", und weiß, dass diese nicht in ihm selbst liegt. Er kann und soll also darum bitten.

Im Folgenden nennt THOMAS drei mögliche – und in der Geschichte auch tatsächlich vertretene – Irrtümer, mit ihren Folgen für die Sinnhaftigkeit des Betens:

- Erster Irrtum: Die göttliche Vorsehung kümmert sich nicht um menschliche Angelegenheiten; wenn es überhaupt so etwas wie eine göttliche Lenkung gibt, dann bezieht sich diese auf den großen Kosmos, nicht auf das Schicksal einzelner Individuen. Aus dieser Ansicht folgt, dass Bittgebete sinnlos sind. – Demgegenüber steht das Schriftwort: „Bei euch sind sogar die Haare auf dem Haupt alle gezählt ..." (Mt 10,30; Lk 12,7).
- Zweiter Irrtum: Die Vorsehung determiniert alles; alles ist bereits festgelegt. Auch diese Ansicht hat zur logischen Folge, dass Bittgebete sinnlos sind. – Diese Meinung verneint im Übrigen zugleich die Freiheit und Verantwortung des Menschen; denn wenn es nur den Ablauf des schon Festge-

legten gibt, braucht man von der Würde der Person nicht zu sprechen.

- Dritter Irrtum: In den umgekehrten Irrtum fällt die Ansicht, die Vorsehung Gottes werde durch den erwiesenen menschlichen Kult beeinflusst. – Diese Ansicht widerspricht der Unwandelbarkeit Gottes, an der man festhalten muss, wenn *Gott als vollkommen* geglaubt wird: denn wenn Gott vollkommen ist, dann kann er sich nicht zum Besseren wandeln, und erst recht nicht zum Schlechteren, sondern er ist, wie er ist, für alle Zeiten.

Man muss also zwei Dinge *zusammen* denken:

(1) Nicht alles, was geschieht, ist der Notwendigkeit unterworfen, d.h.: der Mensch ist frei, *und*:

(2) Gott wandelt sich nicht deswegen, weil der Mensch dies oder jenes tut.

Beides zusammen zu denken gelingt nur, wenn man Gottes Vorsehung und das Handeln des Menschen nicht auf ein und derselben Ebene denkt.

> „Von der allgemeinen Erfahrung her scheinen die Dinge das eigentlich Wirkliche, und die Vorgänge der Welt das eigentlich Mächtige zu sein, und es ist, als ob sie Gott entwirklichten und entmächtigten. Also muss ich [...] mir klar machen, dass alles nur durch Ihn und vor Ihm besteht. Ich muss über das Walten Gottes nachdenken; mir sagen, dass er nicht so arbeitet, wie wenn ein Mensch ein Werkzeug nimmt und zuschlägt, sondern auf tausend verborgenen Wegen durch das Wesen der Dinge selbst, die seine Diener sind, wirkt. Die Stelle aber, wo dieses Wirken unmittelbar ansetzt, ist das Herz des Menschen, dessen lebendiges Wollen und Lieben." (GUARDINI, *Vorschule des Betens,* 70)

Aufgrund seines Wissens als *Schöpfer aller Dinge, kennt Gott alle Ursachen, auch die freien Ursachen,* d.h. was eine geschaffene Person in (echter!, nicht determinierter) Freiheit tut. Er kennt die Akte, die eine Person setzt, in der Weise seiner ewigen Erkenntnis, im JETZT, auch wenn auf der Linie der Geschichte diese Akte (vom Geschöpf aus gesehen) in der Zukunft liegen. Vorsehung heißt also, dass Gott die Handlungen eines Menschen – und zu diesen Handlungen gehören insbesondere die Gebete! – mit den Ereignissen der Geschichte und anderen Ursachen *verbinden kann.* C.S. Lewis hat dies so ausgedrückt: Gott kann meine Gebete von morgen mit dem Wetter von übermorgen durchaus verknüpfen, und zwar schon im Augenblick der Schöpfung des Kosmos.

Gott gibt den von ihm frei erschaffenen Geschöpfen die Würde der Mit-Ursächlichkeit. Nicht nur die handgreiflichen Taten eines Menschen, Akte der Liebe, der Gerechtigkeit (oder leider auch das Gegenteil) gestalten die Geschichte, sondern auch seine Gebete (ähnlich wie die Bitte an einen Menschen, er möge etwas Bestimmtes tun, wirklich und wahrhaftig Teil-Ursache dafür, dass das, was man erbittet, geschieht – auch und gerade dann, wenn der andere schon vorhatte, dies zu tun, und nur darauf wartete, gebeten zu werden!) *Bitt-Gebete sind von Gott als Akte des Menschen „vorher gesehen“* (nicht aber determiniert), und daher wirkliche Ursachen. Sie *verändern dabei nicht Gottes Willen,* der immer bereit ist, das Gute zu geben, sondern sie sind der *Weg, wie bestimmte Güter empfangen werden* können.

Das deutlichste Beispiel dafür ist die Bitte um die Vergebung der Sünden: Nicht Gott muss zur Vergebungsbereitschaft gestimmt werden, sondern die Vergebung, die er geben will (die in Christus schon gegeben ist), kann nur zu jenem Menschen kommen, der weiß, dass er ihrer bedarf.

> „Man muss vom Sinn und Nutzen des Gebetes so reden, dass wir weder behaupten, die Angelegenheiten der Menschen, die der Vorsehung unterliegen, seien damit auch der Notwendigkeit unterworfen, noch dass wir mutmaßen, der Plan Gottes sei wandelbar. Um das zu verstehen, muss man folgendes bedenken: Die Vorsehung Gottes ordnet nicht nur die eintretenden Wirkungen (für sich genommen), sondern auch, aus welchen Ursachen und in welcher Ordnung diese Wirkungen eintreten. Unter den verschiedenen Arten von Ursachen sind auch die Akte des Menschen Ursachen für Wirkungen. Es ist also angebracht, dass der Mensch einige Dinge tut, nicht um durch sein Handeln den Plan Gottes zu ändern, sondern um durch sein Handeln einige Wirkungen zur Erfüllung zu bringen, gemäß der Ordnung, die Gott bestimmt hat. [...] Wir beten also nicht deswegen, um Gottes Plan zu ver-

ändern, sondern um zu erhalten, was Gott vorgesehen hat, dass durch die Gebete seiner Heiligen erfüllt werden soll – wie Gregor d. Gr. (in den *Dialogen*) schreibt: Damit die Menschen durch Bitten zu empfangen verdienen, was der allmächtige Gott schon vor aller Zeit bestimmt hat, dass er ihnen geben will." (THOMAS VON AQUIN, *Sth* II II q. 83 a.2)

Zusammenfassung

(1) Gott hat dem Menschen die Würde der Mitursächlichkeit gegeben; zu dieser Mitursächlichkeit gehören nicht nur Taten, sondern auch Bitten; das Gebet ist keine intrasubjektive Angelegenheit, sondern ein Akt der Kommunikation, der sich auf eine andere Person richtet.

(2) Das Bitt-Gebet schafft – bei manchen Gütern! vieles bekommt man, ohne zu bitten – die Voraussetzung, dass etwas geschehen kann. Es ist der *Weg*, auf dem Gott gibt – nicht die Ursache dafür, dass er sich entschlösse zu geben.

(3) Das Gebet ist eine Form der Mitarbeit mit Gottes Willen. Das Dasein des betenden Menschen ist eine Stelle, ein Ort, wo Gott handelt – in und mit der menschlichen Freiheit (GUARDINI).

Lit.: ROMANO GUARDINI, *Das Bitten*, in: *Unterscheidung des Christlichen, Bd. 2: Aus dem Bereich der Theologie*, [3]1994, 88-96 (Anhang 217-222). DERS., *Vorschule des Betens*, 1986, 122-140.

b) Erhörung – nur im Glauben zu konstatieren

„Erhört zu sein" kann man nicht einfach aufgrund von Erfahrung konstatieren, es handelt sich vielmehr um einen Akt des Glaubens – wie C. S. LEWIS (*Dienstanweisung an einen Unterteufel*, siehe Anhang, 211f.) humorvoll darlegt: Wenn es so kommt, wie man gebetet hat, könnte man immer noch Gründe dafür anführen, dass es „sowieso" so gekommen wäre, auch ohne Gebet. Die „Erfüllung" der Bitte *muss also nicht* das Bittgebet bestätigen. Und wenn es, umgekehrt, nicht so eintrifft, kann auch dies als Argument gegen das Bittgebet angeführt werden. Das heißt: *Erhörung durch Gott kann nur im Glauben konstatiert werden.*

In einer konkreten Bitte „erhört worden zu sein“ bestärkt das Vertrauen in Gott. Dennoch ist es wichtiger, sich *gehört* zu wissen, als in der konkreten Bitte *erhört*. „Wir können es ertragen, abgewiesen zu werden, nicht aber, missachtet zu werden“, bemerkte C. S. Lewis scharfsinnig (*Du fragst mich, wie ich bete*, 62). Erst recht kann diese Sicherheit nicht einfach aus einem Empfinden abgeleitet werden, sondern hat ihre Wurzel in der Glaubensüberzeugung: Auch wenn die Bitte nicht „erfüllt“ wurde, so wie man sie ausgesprochen und gemeint hatte, so hat sie doch die Welt verändert; nie mehr wird die Welt so sein, als wäre das Gebet nicht gesprochen worden; denn es wurde von Gott gehört.

> „Viele sagen: Schau, wir haben nicht abgelassen vom Gebet, und doch haben wir so gut wie nie seine Früchte erfahren. Wie wir zum Gebet kamen, so sind wir wieder weggegangen: leer. – Doch die Heilige Schrift sagt: ‚Urteilt nicht nach dem Augenschein, sondern nach Gerechtigkeit und Recht‘ (Joh 7,24). Folge dem Urteil des Glaubens und nicht deiner Erfahrung; denn der Glaube ist wahr, die Erfahrung kann trügen. Was ist die Wahrheit des Glaubens anderes, als was der Sohn Gottes verheißen hat? Er sagt: ‚Worum immer ihr bittet, glaubt nur, dass ihr empfangen werdet, und so wird euch geschehen.‘ (Mk 11,24). Niemand von euch soll sein Gebet gering schätzen; denn ich sage euch: Er, den wir bitten, schätzt es nicht gering. Noch bevor das Gebet aus unserem Mund kommt, befiehlt der Herr, dass es in seinem Buch aufgeschrieben werde. Und eines von zwei Dingen dürfen wir ohne Zweifel hoffen: dass er uns geben wird, was wir erbitten, oder das, was er für besser erachtet.“ (Albertus Magnus, *De forma orandi*; II, 9; übers. von Marianne Schlosser)

Daher ist ausschlaggebend für das geistliche Leben: bei inneren Zweifeln an der Sinnhaftigkeit des Bittgebetes einen Glaubensakt zu setzen.

c) Die innere Erfahrung der Erhörungsgewissheit

In diesem Zusammenhang muss auch ein Wort zur Erfahrung der Erhörungsgewissheit gesagt werden, die von manchen Heiligen bezeugt wird. So schrieb Teresa von Avila in ihrer „Vida" (cap. 39, 5f.), sie spüre einen Widerstand, wenn die Bitte sozusagen dem Plan Gottes nicht entspreche. – Bereits JOHANNES CASSIAN und sein Bruder GERMANUS hatten den Altvater ISAAK gefragt, ob Erhörungsgewissheit nicht eine seltene Ausnahme sei, die nur bei großen Heiligen vorkomme – was dieser allerdings verneinte (Text im Anhang, 222-225).

Zu warnen ist freilich vor möglichen Selbst-Täuschungen im Bereich der gefühlten Gewissheit. Wenn um etwas objektiv Gutes mit Liebe gebetet wird, kann der Beter die eigene Begeisterung und Gefühlswärme beim Gebet (die durchaus etwas Gutes ist) mit der Bestätigung der konkreten Bitte durch Gott verwechseln. Wenn dann die Ereignisse nicht so eintreten, wie erbeten, können Zweifel aufkommen, ob das Gebet dem Willen Gottes überhaupt entsprochen habe.

Auch der umgekehrte Fall ist möglich: Jemand betet um etwas Gutes, fühlt aber keine große Zuversicht, in der Sache erhört zu werden. Dies ist dann nicht einfach ein Hinweis darauf, dass die Bitte nicht im Willen Gottes liege, sondern kann z.B. auch von schwacher Hoffnung – also der Disposition des Beters – herrühren.

In diesen Fragen ist zu bedenken, dass wir auch als Gläubige nicht immer wissen, was der konkrete Wille Gottes in einer Sache ist. In diesem Sinn (auf das konkrete Geschehen der Zukunft hin) sind wir nicht verpflichtet „zu wollen, was Gott will". Wohl aber können wir wissen, *was Gott von uns will, dass wir wollen sollen.* Ein Gebet um etwas objektiv Gutes liegt im Willen Gottes und ist als solches gehört und erhört, auch wenn die konkrete Erfüllung sich anders vollzieht als das menschlich begrenzte Wissen und Wollen es dachte.

Lit.: DAVID VON AUGSBURG, *Vom äußeren und inneren Menschen*, 2010; Buch III, 67, 3 (siehe Anhang, 225-227).

III. Anbetung – Gottes Heiligkeit

1. „Heiligkeit“

Wie der Vorsehung Gottes das Bittgebet, der „Herrlichkeit Gottes“ der Lobpreis, so entspricht der *Heiligkeit* Gottes die *Anbetung*. Anbetung ist ihrerseits mit dem Lobpreis verbunden, denn die „Herrlichkeit“ ist die sichtbare Seite der „Heiligkeit“, wie sich an den Gotteserscheinungen (Theophanien) im Alten Testament (vgl. v.a. Jes 6; vgl. Ex 33,22; Ez 10,18-22; 11,22-24) aber auch im Neuen Testament (Offb 4) erweist.

Heiligkeit (*qādoš* = heilig) ist mehr als alle anderen Bestimmungen eine *Eigen*-schaft Gottes. Während in der Umwelt Israels vielerlei Sachen, Personen, Orte als „heilig“ bezeichnet wurden, legen die Schriften des Alten Testaments größtes Gewicht auf die Heiligkeit Gottes selbst. Von der Zuordnung zu ihm her sind auch Dinge, Personen, Zeiten und Orte „heilig“, insofern sie ihm geweiht und übereignet sind. „Der Heilige“ ist geradezu ein Eigenname Gottes, „sein Name ist heilig“, er wird genannt „der Heilige Israels“ (vor allem im Buch Jesaja), und erwählt sich ein Bundes-Volk, das „heilig“ sein soll (vgl. vor allem Hos 11,9: „Gott bin ich, kein Mensch; der Heilige in deiner Mitte“; Lev 11,45; 19,2; 20, 8; 1 Sam 6,20; Ps 71,22; Jes 8,13; 40,25; 43,3; 45,11; Hab 3,3; u.ö.)

Die Heiligkeit Gottes schließt ein, dass er nicht wie ein Mensch dem Schwanken des Willens, dem Nichtwissen, der Ohnmacht unterliegt, sondern wahrhaftig (treu), gerecht, unverletzlich, nicht korrumpierbar ist. „Heiligkeit“ ist also nicht nur furchteinflößende Andersartigkeit, sondern schließt in sich die Verehrungs*würdigkeit.*

Der Mensch, dem diese Eigenschaft Gottes bewusst wird – dem die Heiligkeit Gottes gezeigt wird, wie Jesaja (Jes 6) – empfindet den gewaltigen Abstand zwischen sich und Gott (Jes 6,5: „Weh mir ..., ich bin ein Mann mit unreinen Lippen ...“). Ähnlich ruft Petrus aus: „Herr, geh weg von mir, ich bin ein Sünder!“ (Lk 5,8).

Die Heiligkeit Gottes ist jedoch nicht etwas nur In-sich-Stehendes, sondern *wirkmächtig:* Sie vermag den Menschen zu *hei-*

ligen. Darum ist die Erfahrung davon nicht schlichtweg „vernichtend", sondern neu-schaffend: Gott kann das Geschöpf in seine Nähe holen, es erneuern und heiligen. Auch Vergebung ist ein wirklicher Neu-Beginn, nicht einfach ein „Übersehen" der Schuld und Unzulänglichkeit. Gott in seiner Heiligkeit wird daher auch als Quelle des Lebens, des Friedens, des umfassenden Heiles ersehnt.

In der geistlichen Theologie hat man dieses Empfinden für die Heiligkeit und Andersartigkeit Gottes mit der Geistesgabe der *„Furcht des Herrn"* identifiziert, welche „der Anfang (oder: der Kern) der Weisheit ist" (Ps 111,10; Spr 9,10). Diese „Furcht" ist nicht zu verwechseln mit einer irrationalen Angst vor Gott – eine solche Furcht wäre nicht „rein" (Ps 19,10), da die zugrundeliegende Vorstellung von Gott tyrannische Züge trüge und eben seiner Heiligkeit nicht entspräche. Sie unterscheidet sich aber auch klar von der Furcht vor gerechter Strafe (dies wäre *timor servilis* – „die Furcht des Knechtes", die nichts Schlechtes, aber auch nichts Vollkommenes ist). Die „Furcht des Herrn" als Gabe des Heiligen Geistes reicht sogar noch tiefer als die Sorge, man könne etwa die Beziehung zu Gott, dem geliebten Vater, durch Sünde verletzen *(timor filialis)*. Im allertiefsten bezeichnet die „Furcht" das „Zurück-Schrecken" des begrenzten Geschöpfes vor der überragenden Erhabenheit – der Heiligkeit – Gottes: also zu erfassen, dass Gott Gott ist. Diese „Furcht" (die auch in Christus seiner Menschheit nach war, und die auch in den Heiligen des Himmels noch sein wird) ist verwandt mit *Bewunderung und Staunen,* und kann daher mit *Liebe* und der *Sehnsucht nach Vereinigung* mit Gott Hand in Hand gehen. Der heilige Gott wird als *„mysterium tremendum et fascinosum"* erfahren, als „Geheimnis, das einen erzittern lässt und zugleich anzieht", oder wie Augustinus seine Erfahrung beschreibt: „ich erbebte vor Liebe" (*Conf.* 7,16).

2. Anbetung

Die Gebetsgestalt, die auf diese Eigenschaft Gottes antwortet: dass er der Verehrung des Geschöpfes würdig ist, ist die „Anbetung". Anbetung wird *nur Gott* erwiesen, insofern nur von ihm gesagt werden kann, dass „er allein heilig“ und „die Quelle aller Heiligkeit“ ist (Offb 15,4; vgl. 4,8; 6,10). Oder anders gesagt: *Anbetung ist Anerkenntnis Gottes als Gott,* der eigenen Person aber als von ihm geschaffen. Die Anbetung Gottes ist zum einen eine Haltung, d.h. eine *dauernde* Einstellung Gott gegenüber, die das gesamte Leben und Handeln prägt, zum andern aber auch ein *Vollzug,* der schwer zu umschreiben ist – als leiblicher Ausdruck entspricht dem Anbeten vor allem das (oft wortlose) *Sich-niederwerfen.*

Die Schwierigkeit, „Anbetung“ näher zu beschreiben, hängt offenbar damit zusammen, dass sie eine Haltung des Menschen gegenüber Gott bezeichnet, für die es im Bereich des Geschaffenen *keine wirkliche Parallele* gibt – wie sie noch beim Loben, Danken oder Bitten denkbar ist, da diese Akte sich auch auf Geschöpfe beziehen können.

Die zweite Schwierigkeit gründet darin, dass Lob, Dank oder Bitte aussagbare *Inhalte* haben; die Anbetung dagegen bezieht sich nicht auf einen Inhalt, sondern ist *die Haltung* Gott gegenüber, in der „realisiert“ wird, wer Gott ist und wer man selbst. Anbetung ist also ein „einfacher“, ganzheitlicher Akt. Sie vollzieht sich nicht nur auf der Ebene der Erkenntnis oder Anerkenntnis Gottes, sondern schließt in sich den Akt der *„Hingabe“.* Das Gebet der Anbetung steht daher in großer Nähe zum „schauenden Verweilen“, dem kontemplativen Gebet.

Gott allein hat das Recht, die menschliche Person „in Empfang zu nehmen“; aber er nimmt sich dieses Recht nicht, sondern erwartet die Hingabe der freien Entschiedenheit. Die menschliche Person wird dadurch keineswegs entwertet oder entleert, sondern im Gegenteil: in der Anbetung kommt die menschliche Person zu ihrer eigentlichen, unverwechselbaren Würde. Indem Gott angebetet wird, sich die geschaffene Person Gott übereignet, lässt sie zu, dass der heilige Gott an ihr mehr und mehr zu wirken beginnt.

> „Wir Christen sollten so intelligent sein, darüber nachzudenken, und den Mut aufbringen, es auszusprechen: das täglich furchtbarer werdende Drama unseres Planeten hat seine Ursache darin, dass die Menschen das grundlegende Gebot vergessen ha-

ben: *Du sollst den Herrn, deinen Gott anbeten, Ihn allein.*“ (Henri Caffarel, *Weil du Gott bist*, 94).

Lit.: Romano Guardini, *Anbetung*, in: *Glaubenserkenntnis*, 1997, 9-20 (Auszüge im Anhang, 227-230).

Die besondere Form der Eucharistischen Anbetung

Die eucharistische Anbetung gehört neben der Schriftbetrachtung zu den genuin kontemplativen Gebetsformen. Denn sowohl das im Gottesdienst *gehörte Wort* der Heiligen Schrift wie der *Empfang des Sakraments* erfordern geradezu eine Nachbereitung durch das persönliche betende Betrachten. Die eucharistische Anbetung wurde gerade im 20. Jahrhundert als Gebetsform von Christen ganz unterschiedlicher Berufung hochgeschätzt: etwa Charles de Foucauld, Edith Stein oder Mutter Teresa von Kalkutta. Sie wird in den letzten Jahren auch besonders von jungen Christen neu entdeckt. Die eucharistische Anbetung ist ein ruhiges Gebet, bei dem es nicht darauf ankommt, eine Leistung zu erbringen, sondern sich dem stärksten Beweis der Liebe Gottes einfach „auszusetzen“.

Geschichte

Die eucharistische Anbetung als Form der Verehrung des sakramental gegenwärtigen Christus außerhalb der Messfeier hat sich in der lateinischen Kirche besonders seit dem 11. Jahrhundert entfaltet und erreichte einen Höhepunkt im 13. Jahrhundert. Aus den Gebeten und der Praxis der Alten Kirche geht allerdings deutlich hervor, mit welcher Ehrfurcht die sakramentalen Gestalten seit jeher innerhalb wie außerhalb der Liturgie behandelt wurden. Grund dafür ist die Überzeugung von ihrem bleibenden Gewandeltsein.

Darum wird die eucharistische Speise Abwesenden gesandt (Justin, 2. Jahrhundert); und verschiedentlich ist belegt, dass sie aufbewahrt wird, damit die Gläubigen an Tagen ohne Eucharistiefeier davon kommunizieren können (z.B. Tertullian, 2. Jahrhundert, Hippolyt im 3. Jahrhundert, Basilius im 4. Jahrhundert);

Vorsichtsmaßnahmen werden getroffen, um eine Verunehrung möglichst zu verhindern.

Vor allem wurde den konsekrierten Gestalten innerhalb der Liturgie höchste Ehre erwiesen. Der irdische Leib des Herrn, den er aus Maria angenommen hat, und in dem er den Menschen so viel Gutes tat – so wiederholen zahlreiche Texte mit Nachdruck – , ist kein anderer als der verklärte Leib, und daher auch derselbe, der sakramental von den Gläubigen empfangen wird: Angebetet wird der im Sakrament der Eucharistie bleibend gegenwärtige Herr. Die „Anbetung" drückt sich vor allem in der Körperhaltung aus, nämlich der tiefen Verneigung oder Prostration. Der berühmte Text des AUGUSTINUS (*Enarr. in ps.* 98, 9) ist nicht das einzige Zeugnis dafür: „Niemand isst dieses Fleisch, ohne dass er vorher angebetet hat. Wir sündigen nicht, wenn wir anbeten, sondern im Gegenteil, wenn wir nicht anbeten. ..." AUGUSTINUS hat hier gerade die körperliche Haltung im Blick.

Diese Ehrfurcht vor der sichtbaren Gestalt ist die Wurzel für die spätere Ausfaltung der Elevation, um die konsekrierten Gestalten den Gläubigen zu zeigen. Ursprünglich schon hatte man das Sakrament vor der Kommunionspendung erhoben – mit den Worten: „Das Heilige den Heiligen" –, oder den Gläubigen gezeigt mit der Aufforderung: „Seht, das Lamm Gottes". Um das Jahr 1200 kam zusätzlich die Elevation der Hostie nach der Wandlung in Übung, und wenig später auch die Erhebung des Kelches. Es entstanden zahlreiche Gesänge zur Begrüßung des gegenwärtigen Christus, die bekanntesten sind *Ave verum corpus* (14. Jh., Reichenau) oder *Adoro te devote* (bzw. *Te devote laudo*, wie der ursprüngliche Wortlaut gewesen sein wird).

Die eigentliche Entfaltung der eucharistischen Frömmigkeit war offenkundig verknüpft mit einer theologischen Vertiefung der Auffassung von Konsekration und Realpräsenz – Klärungen, die im Zusammenhang mit dem 1. und vor allem dem 2. Abendmahlsstreit notwendig geworden waren. Die Kniebeugung vor dem Sakrament im Tabernakel oder die Prozession mit dem Sakrament (seit Ende des 11. Jh.) sind Ausdruck des Bekenntnisses zur wirklichen Gegenwart Christi.

Die eucharistische Frömmigkeit dieser Zeit war in der Hauptsache „von der Basis“ getragen: vom gläubigen Volk, den jungen Bettelorden, Nonnen, Beginen, Reklusinnen. Dabei ging es keineswegs immer nur um „Schau-Frömmigkeit“. Nicht selten war damit auch das Verlangen nach einem häufigeren Empfang der Kommunion verbunden (etwa in Flandern, oder in Kloster Helfta).

Zur Theologie

(1) Es wäre ein Missverständnis, wenn man sich die eucharistische Gegenwart (Realpräsenz) einfach als „Verdichtung“ der Gegenwart Gottes in der Welt vorstellte; vielmehr ist hier *Christus mit seinem gesamten Heilswerk* (Leben, Sterben, Auferstehung) gegenwärtig.

> „Wir knien, Herr, vor dem Sakrament der Altäre der heiligen Kirche, vor dem Sakrament des neuen und ewigen Bundes Gottes mit dem Geschlecht aller Erlösten. Wir schauen auf zu dir, Herr, der du unter uns gegenwärtig bist mit Fleisch und Blut, mit Leib und Seele, mit Gottheit und Menschheit. [...] Wir knien vor deinem Sakrament, Herr, das uns dir eint, dir, dem Sohn, dem ewigen Wort des Vaters, dir, dem Menschensohn. Wenn wir dieses Brot essen, bleiben wir in dir, und du in uns. Wenn wir dich genießen, wandelst du uns in dich hinein, wachsen Glaube, Hoffnung und Liebe. Wenn wir an dir teilhaben, Brot des Lebens und Unterpfand der Herrlichkeit, sind wir viele ein Leib; dann essen wir das Gericht über unsere Selbstsucht oder die Kraft der Liebe, die frei macht, vereint und alles sammelt. [...]“ (Hugo Rahner/Karl Rahner, *Gebete der Einkehr,* 1958, 47f.)

(2) „Schauen“ ebenso wie „Essen“ müssen Weisen der personalen Begegnung sein. Man kann sie nicht gegeneinander ausspielen. Nicht ohne Grund gehört Psalm 34 zu den frühesten Kommuniongesängen der Alten Kirche: „Kostet und seht, wie gut der Herr ist“ (wobei das lateinische Wort *suavis* – „gut, süß“ – speziell auf den Tast- bzw. Geschmackssinn bezogen ist!). „Essen“ heißt hier „empfangen“, „schauen“ heißt „erkennen“.

(3) Die Anbetung dieser Gegenwart hat die *Vereinigung mit Christus* zum Ziel: sich im Heiligen Geist hinein nehmen zu lassen in Christi Hingabe an den Vater, bzw. in der Haltung Christi

zu wachsen. Als „geistliche Kommunion“ bereitet die Anbetung die fruchtbare Mitfeier der Eucharistie vor und lässt die sakramentale Kommunion „nachklingen“. Wie das „Essen“ so muss auch das „Anschauen“ des Sakraments als *personale Begegnung* mit Christus verstanden werden.

„Geistlich kommunizieren“ bedeutet zunächst, die *innere Wirklichkeit und Wirkung des Sakraments* zu empfangen. Wer „nur sakramental“ kommunizierte, also die sakramentalen Gestalten empfinge, ohne die Absicht, sich in Glauben und Liebe mit dem Erlöser zu verbinden, würde eben den Gehalt des Sakraments (die *res sacramenti*) nicht empfangen. Sich geistlich mit Christus zu vereinigen, ist die innere Seite des sakramentalen Kommunionempfangs. – Zum zweiten kann die „geistliche Kommunion“ immer dann vollzogen werden, wenn jemand aus äußeren Gründen das Sakrament nicht empfangen kann, etwa wenn er keine Eucharistiefeier erreichen kann. Der Akt der geistlichen Kommunion ist dann eine Art „Ersatz“ für den Empfang des Sakraments. Das Spezifische dieses Aktes, was ihn von anderen Gebeten unterscheidet, ist das Gedenken an die Passion und Lebenshingabe Jesu, und der Wille, sich mit ihm persönlich zu vereinen, um mit ihm zu leben: das heißt, der Wille, sich von der Gesinnung Christi immer mehr durchdringen und in seinen „mystischen Leib“, die Kirche, einformen zu lassen.

(4) Die Eucharistie ist nicht nur Vereinigung des einzelnen Gläubigen mit seinem Herrn, sondern vertieft zugleich die „communio“ mit seinem „mystischen Leib“, der *Kirche*. Dies spiegelt sich auch in der Anbetung, besonders in der Fürbitte und der Bereitschaft zum Einsatz für das Reich Gottes wider:

> „Er erwartet uns, um all unsere Lasten auf sich zu nehmen, uns zu trösten, zu raten, zu helfen als treuester, immer gleich bleibender Freund. Zugleich lässt er uns sein Leben *mitleben* [...]. Dann werden wir aus der Enge unseres Daseins hinausgehoben in die Weite des Gottesreiches; seine [Christi] Angelegenheiten werden die unseren, immer tiefer werden wir mit dem Herrn verbunden und in ihm mit all den Seinen. Alle Einsamkeit hört auf, und wir sind unanfechtbar geborgen im Zelt des Königs [...]“ (Edith Stein, *Eucharistische Erziehung*, 65).

Christus hat „für das Heil der Welt", „zur Vergebung der Sünden", den Tod auf sich genommen und das Sakrament der Eucharistie eingesetzt. Darum haben in der eucharistischen Anbetung – ebenso wie in der Eucharistie-Feier als ihrer Quelle und ihrem Ziel – sowohl *Dank und Lobpreis (griech.: eucharistia)*, wie auch *Bitte und Fürbitte* einen besonderen Platz.

„Wenn wir in der eucharistischen Gegenwart beten, sind wir nie allein. Dann betet immer die ganze eucharistiefeiernde Kirche mit. Dann beten wir im Raum der Erhörung, weil wir im Raum von Tod und Auferstehung beten, also dort, wo die eigentliche Bitte in all unseren Bitten erhört ist, die Bitte um die Überwindung des Todes; die Bitte um die Liebe, die stärker ist als der Tod. In diesem Beten stehen wir nicht mehr vor einem erdachten Gott, sondern vor dem Gott, der sich uns wirklich gegeben hat, der Kommunion geworden ist für uns und der uns so selbst aus Grenze zu Kommunion befreit und zur Auferstehung führt." (JOSEPH RATZINGER, *Eucharistie – Mitte der Kirche*, 356).

Lit.: OTTO NUSSBAUM, *Die Aufbewahrung der Eucharistie*, 1979.

HUGO RAHNER/KARL RAHNER, *Gebete der Einkehr*, 1958, 47-51: Sakrament des Altares.

JOSEPH RATZINGER, *Eucharistie – Mitte der Kirche*, in: JRGS 11, 2008, 305-358.

DERS., *Kosmische Liturgie. Ein Predigtvorschlag zur eucharistischen Anbetung*, in: JRGS 4, 2014, 789-796.

MARIANNE SCHLOSSER, *In dem Glauben, der Augen verleiht. Zur Theologie der eucharistischen Anbetung*, in GuL 86 (2013), 374-384.

DIES. (Hrsg.), *Geheimnisvolle Gegenwart. Eucharistische Gebete*, 2013.

B) Weisen des Vollzugs

I. Mündliches und inneres Gebet

1. Die Bedeutung der Sprache

Das Gebet wird zu Recht als eine Form der „Rede“, als „sprachliche“ Äußerung oder „dialogische Zuwendung“ zu Gott umschrieben (vgl. Einleitung). Es ist kein Zufall, dass Gebetstexte zu den hervorragendsten sprachlichen Schöpfungen in den verschiedenen Literaturen gehören und durch ihre Schönheit auch Fernerstehende berühren. Freilich wird gerade dadurch deutlich, dass es sich hier um mehr als ein gewöhnliches Sprechen handelt.

Man lernt das Beten, wie man eine Sprache lernt, durch Mit-Sprechen, und indem man sich die Worte anderer zu eigen macht, die Vorbilder des Betens sind. Vorgeformte Gebete sind nicht nur Ausdrucksform einer Gemeinschaft von Betenden, in die der Einzelne sich hineingenommen weiß, sondern auch eine wichtige Brücke in Zeiten, wo Herz und Geist müde sind und das Gebet aus verschiedenen Gründen schwer fällt.

Aber das vorgeformte Gebet ist nicht alles:

> „Wir haben gewisse Gebete, die wir täglich lesen oder aus dem Gedächtnis hersagen. Was geschieht dabei? Die Lippen bewegen sich, aber die Seele denkt nicht daran. Sie denkt an ganz andere Sachen. Wir würden uns ein Gewissen machen, eines dieser Gebete auszulassen; aber ohne Gewissensbisse bleiben wir in der bösen Gewohnheit, stets unaufmerksam zu beten. Warum also gewöhnen wir uns nicht mehr an das Gebet des Herzens? Warum muss immer das, was wir unserem Herrgott sagen wollen, geschrieben oder gedruckt vor uns liegen? Haben wir ihm wirklich nie etwas anderes zu sagen, als was wir im Gebetbuch lesen? [...] Sonderbar! Es weiß doch der Kranke mit seinem Arzt, das Kind mit seinem Vater, die Braut mit ihrem Bräutigam immer etwas zu reden, und die christliche Seele soll nicht wissen mit ihrem Gott zu reden [...]? Sie kennt ja ihre Krankheiten und Schwachheiten [...], unterhalte sie sich darüber mit ihrem göttlichen Arzt, ihrem göttlichen Vater. Es braucht dazu keine ausgesuchten Worte [...]!“ (SIGISMUND VON STORCHENAU (gestorben 1798), *Geistliche Reden*, aus: *Stundenbuch-Lektionarheft* II/3, 178f.)

Das Gebet kann im Schweigen, ohne hörbare Worte geschehen, ja sogar ohne dass innerlich Worte geformt würden. Denn das Gebet ist, wie eine klassisch gewordene Definition sagt, primär *„Erhebung des Herzens zu Gott"* (Evagrius Pontikus, 4. Jh.; Johannes von Damaskus, 8. Jh.). Zu Beginn des Hochgebetes werden die Gläubigen aufgefordert: „Empor die Herzen!" Dabei ist zu beachten, dass diese „Erhebung" von den frühen Kirchenvätern nicht in erster Linie als ein „Aufstieg" *(anabasis)* des Menschen verstanden wurde, sondern als ein „Erhobenwerden" *(analepsis)* durch Gott (Irenée Hausherr, *Leben aus dem Gebet,* 43f.).

> „Viel beten heißt nicht: viel reden, sondern mit einem Aufschwung des Herzens, vertrauensvoll und ausdauernd, anklopfen bei dem, zu dem wir beten. Dieses Tun vollzieht sich mehr mit Seufzern als mit Worten, mehr mit Tränen als mit Reden." (Augustinus, *Brief an Proba,* cap. 10)

Das mündliche Gebet ist unverzichtbar,

(1) insofern das Beten eine gemeinschaftliche Dimension hat;

(2) weil das ausgesprochene Wort dem geistigen Akt (des Dankes, der Reue, des Lobpreises) eine deutliche Gestalt gibt, bzw. verhindert, dass die Empfindungen im Bildhaften oder im vagen Gefühl steckenbleiben;

(3) weil das mündliche Gebet dem Beter hilft, sich zu sammeln und gesammelt zu bleiben.

Umgekehrt ist für das persönliche Gebet zu bedenken, dass zu bestimmten Zeiten Worte nicht nötig sind, sondern eher stören – nämlich dann, wenn die Aufmerksamkeit bereits auf das Du Gottes gerichtet ist und bei ihm verweilen will.

Lit.: Thomas von Aquin, *Sth* II II, q.83 a.12

2. Musik (Gesang) und Gebet

Es ist auffällig, dass von allen Künsten nur die Musik mit den Engeln in Verbindung gebracht wird. Zu singen ist die „Hoch-Form" des Sprechens, besonders wenn es sich um das Lob Gottes handelt. Einige Texte der Liturgie sind von ihrem Wesen her Gesänge: Sanctus, Gloria, Te Deum oder die Hymnen des Stundengebetes.

Wie das gesprochene Wort die zerstreuten Gedanken des Beters zu sammeln vermag, so unterstützt in anderer Weise auch der Gesang die Ausrichtung des Herzens auf Gott. Hier geht es nicht so sehr um die Konzentration der Gedanken, sondern um die Stärkung der *inneren Gestimmtheit:* der Zuneigung, der Ehrfurcht und Hingabe an Gott durch das Singen (so THOMAS VON AQUIN, *Sth* II II q.91 a.2).

Freilich ist alles, was vom Menschen getan wird, ambivalent: Schon HIERONYMUS kritisierte die Eitelkeit der Sänger, die mehr sich selbst darstellen als Gott die Ehre geben möchten. AUGUSTINUS, selbst außerordentlich ansprechbar durch die Musik, wusste, dass Geist und Herz durch die Schönheit des Gesangs möglicherweise auch vom Gedenken an Gott weggezogen werden können. Alles Äußere, auch der Gesang, muss der inneren Ausrichtung dienen; dann aber kann Musik „ein heilsames Mittel" sein, um die Gefühlskälte zu überwinden, die dem Menschen beim Gebet zu schaffen macht.

Besonders der *Gesang der Psalmen* galt seit frühester Zeit als ein Mittel, die Seele für Gottes Wirken zu öffnen, für das Verstehen der Offenbarung oder für eine innere Ergriffenheit in Dankbarkeit und Reue (GREGOR D. GR.). Die Psalmen sind die Gebete, die gewissermaßen Gott selbst dem Menschen auf die Lippen legt (s.o., 44f.). Sie sind nicht nur *Ausdruck* einer Gestimmtheit oder Haltung; sie zu „lesen", und verstärkend: sie zu singen, ermöglicht es vielmehr auch, diese Haltungen zu *erwerben* (ATHANASIUS).

Für AUGUSTINUS erfreut die Musik den Menschen und zieht ihn an, weil sie in ihm die Sehnsucht nach der eigenen inneren Schönheit und Harmonie weckt. Die Seele ist dann „schön", wenn sie Gott liebt, und alles das, was Gott liebt: wenn sie im *Ordo amoris* steht. HILDEGARD VON BINGEN sieht in der Tatsache, dass die Schönheit des gesungenen Gebetes den Menschen bis zu Tränen rühren kann, einen Hinweis auf die eigentliche Herkunft des Menschen, das Paradies: Beim Singen der Psalmen kommt zum einen das schmerzliche Heimweh (in den Buß- und Klage-Psalmen), zum andern der siegesgewisse Jubel zum Ausdruck (zum „Jubilus" s.o., 103: Lobgebet).

Lit.: ATHANASIUS, *Epistula ad Marcellinum* (Brief an Marcellinus), dt. in: HERMANN J. SIEBEN, *Ausgestreckt nach dem, was vor mir liegt. Geistliche Texte von Origenes bis Johannes Climacus*, 1998, 143-179.
JOSEPH RATZINGER, *Der Geist der Liturgie* III, 2; in: JRGS 11, 2008, 122-137.
MARIANNE SCHLOSSER, *„Um der Harmonie der Seele willen". Zum Verhältnis von Musik und Spiritualität in der Patristik und im Mittelalter*, in: Simeon WESTER u.a.(Hrsg.), *Die Mystik des Gregorianischen Chorals*, 2009, 25-56.

3. Mündliches Gebet als inneres Gebet: Teresas Gebetslehre

Die berühmte Schrift TERESAS (* 1515, 1535 Eintritt in den Karmel von der Menschwerdung, 1562 Gründung von San José, † 1582, 1622 heiliggesprochen, 1970 Ernennung zur Kirchenlehrerin) *Weg der Vollkommenheit* ist eine Anleitung zum inneren Gebet für ihre Mitschwestern im Karmel von San José.

Teresa kannte Langeweile, Überdruss und die Schwierigkeit, „sich zu sammeln"; die genaue Selbstbeobachtung und die Begleitung anderer Personen hatte sie vieles gelehrt. Der *Weg der Vollkommenheit* spiegelt zudem auch die Spannung im damaligen Spanien zwischen den sog. „Spirituellen", die die lebendige innere Erfahrung betonten, und den „Intellektuellen" (Schultheologen). Die extrem-spirituelle Richtung der „Erleuchteten" („alumbrados") bewertete das innerliche Gebet als höherrangig gegenüber den Sakramenten und brachte dadurch das Verlangen nach „innerem Gebet" generell in Misskredit.

TERESA zeigt demgegenüber, dass kein mündliches Gebet den Namen „Gebet" verdient, wenn es nicht zugleich „innerlich" ist.

> „Es ist noch kein Zeichen inneren Gebets, wenn man den Mund schließt. Wenn ich mir beim Sprechen der Worte klar bewusst bin, dass ich mit Gott spreche, und meine Aufmerksamkeit mehr auf ihn richte als auf die Worte selbst, so bete ich innerlich und mündlich zugleich." (cap. 22).

Gegen die damals anscheinend verbreitete Ansicht, für die Schwestern ohne theologische Bildung genüge das Vaterunser und das Ave Maria – d.h. das mündliche Gebet – und sie sollten sich nicht um Gebetsanleitungen etc. bemühen, schreibt TERESA (cap. 21):

> „Genau das meine ich auch, Schwestern, das genügt vollkommen. Es ist immer gut, wenn ihr Gebete, die aus dem Mund des Herrn kamen, zur Grundlage eures Betens macht. Darin haben jene recht; denn wären wir nicht so schwach und lau, bräuchten wir keine anderen Gebetsanleitungen und keine anderen Bücher. Ich wende mich hier an Personen, die nicht gesammelt bei der Betrachtung eines Geheimnisses verweilen können und denen diese Gebetsart künstlich vorkommt; ebenso beziehe ich jene mit ein, die einen so scharfen Verstand haben, dass ihnen nichts genügt. So möchte ich nun auf der Grundlage dieser Gebete einige Regeln für Beginn, Weiterführung und Endstufe des Gebets darlegen (...). Mir geht es um eine schlichte Betrachtung der Worte des Vaterunsers."

In den wenigen Worten des Herrengebets *„ist die ganze Kontemplation und Vollkommenheit eingefangen"* – es sei ein Gebet für die Anfänger genauso wie für diejenigen, die schon die höchsten Gnaden empfangen (cap. 37). Diese Aussage findet sich übrigens bereits bei JOHANNES CASSIAN (*Coll.* IX,25): Das Vaterunser enthalte alle Vollkommenheit und führe zum „erhabeneren Zustand des Gebetes". Folgerichtig führt TERESA die Unterweisung über das Gebet am Vaterunser durch (cap. 27-42). Zuvor – und dazwischen immer wieder – gibt sie grundlegende Hinweise zur Praxis des persönlichen Gebetes:

- Echte Sehnsucht nach Gottesbegegnung ist mit *Demut* verbunden, und nicht zu verwechseln mit maßlosem Verlangen nach kontemplativen Erfahrungen (cap. 16-18). Gott führt auf verschiedenen Wegen – die Gnade der Kontemplation nicht zu haben, bedeutet nicht, weniger vollkommen zu sein (z.B. cap. 17,2). „Inneres Gebet" ist nicht dasselbe wie „kontemplatives Gebet" (dazu erhebt Gott allein: cap. 25,2). Anzeichen für einen kontemplativen Menschen sind nach TERESA: *Mut* (cap. 18) *und Vergebungsbereitschaft*.
- Zum Gebet gehört: „dem Herrn *entschlossen ein wenig Zeit* widmen", und *„treu"* darin zu sein; denn „mangelnder Um-

gang bewirkt, dass man sich entfremdet und mit dem anderen nicht mehr zu reden weiß; es ist dann so, als kenne man ihn nicht, selbst wenn er mit uns verwandt ist" (cap. 26,9).

- Das Wesentliche des inneren Gebetes besteht darin, den Blick der Seele auf Christus zu richten (cap. 26): „Nicht über ihn (Christus) nachdenken, sondern *ihn anschauen*", sich der Gegenwart bewusst zu werden.
- Die „Vater-" Anrede enthält in sich den Gedanken an Jesus, seinen Sohn: Das Vaterunser ist Gebet „in Christus", der es gewissermaßen vor-spricht, in unserem Namen spricht. Teresa entfaltet eine Betrachtung der *Güte des Vaters,* welche unter den Gläubigen eigentlich alle Überheblichkeit wegen irdischer Vorzüge (Adel, Schönheit, Begabung) auslöschen müsste (cap. 27).
- Der Zusatz „im Himmel" ist besonders wichtig für die *„Sammlung"*: Die Gegenwart Gottes ist nicht irgendwo zu suchen, sondern (wie Augustinus sagte), der „Himmel ist im eigenen Inneren": „... mir war das eine Zeitlang nicht klar gewesen. Wohl verstand ich, dass ich eine Seele hatte; aber was diese Seele wert ist und wer in ihr wohnt, verstand ich nicht [...]. Hätte ich damals in der gleichen Tiefe wie heute erkannt, dass in diesem kleinen Palast meiner Seele ein so großer König wohnt, hätte ich ihn meiner Meinung nach nicht so häufig allein gelassen ..." (cap. 28).
- Die Bitten: „Geheiligt werde dein Name, dein Reich komme" werden von Teresa zusammenfassend behandelt (cap. 30.31). Hier wird das *„Gebet der Ruhe"* beschrieben, „der Beginn der reinen Beschauung": „Der Herr versetzt (die Seele) durch seine Gegenwart in Frieden; denn alle Seelenkräfte werden still." Gott lässt bereits sein Reich des Friedens spüren.
- Die Bitte um das „Geschehen von Gottes Willen" ist nach Teresa eine gewaltige Herausforderung; sie erfordert große Liebe und Leidensmut; sie ist die Bitte Jesu am Ölberg, die einschließt, sich ganz dem Vater zu überlassen. Ohne die ganze Hingabe wird man aber auch Gott nicht ganz empfangen können. Die Sehnsucht nach *Vereinigung* (der

höchsten mystischen Gnade) schließt die Bereitschaft zur völligen Hingabe ein, auch wenn sie Leiden mit sich bringt. Um diese Hingabe muss man *bitten,* man bringt sie nicht selbst zustande.

- Ohne eine besondere Stärkung könnte niemand diese Übereignung des Willens an den Vater vollziehen. Teresa sieht die Stärkung in der folgenden 4. Bitte (cap. 33-35) erbeten und zugesagt: Das „Brot" ist die *eucharistische Gegenwart,* die im „Heute" dieser Weltzeit gegeben wird, so dass die Gläubigen in der Vereinigung mit Christus den Weg der Kreuzesnachfolge gehen können. Cap. 34 enthält eine Anleitung zur Betrachtung Christi beim Empfang der hl. Kommunion.
- Die Bereitschaft zu vergeben ist für Teresa sozusagen *eine „Frucht" und klares Merkmal der Echtheit von empfangenen kontemplativen Gnaden:* „Ich sage es noch einmal: Mir sind viele Personen bekannt, denen der Herr die Gnade erwies, sie zu übernatürlichen Dingen zu erheben, indem er ihnen das oben genannte Gebet, die Beschauung, schenkte; und wenn ich bei ihnen auch noch gar manche Fehler und Unvollkommenheiten fand, so bemerkte ich diesen Mangel [nicht zu verzeihen] doch bei keinem von ihnen und glaube auch nicht, dass er ihnen anhaftet, wenn die Gnaden, wie gesagt, wirklich von Gott sind. Wer also größere Gnaden empfängt, der schaue in sein Inneres und prüfe sich, wie stark diese Wirkungen zunehmen!"
- Die Bitte um Bewahrung vor Versuchungen bezieht sich nach Teresa auf zwei besonders gefährliche, da verborgene Versuchungen, die auch im geistlichen Leben bereits Fortgeschrittene befallen können. Die eine besteht in der *Gefahr der Selbstüberschätzung:* Weil manches schon leichter fällt, bildet man sich ein, die entsprechenden Tugenden, die ein Geschenk sind, sicher zu *besitzen* (cap. 38). Die andere Versuchung ist eine *verkehrte „Demut":* die Erkenntnis der eigenen Armseligkeit und Sünde nimmt allen Mut, quält und lähmt, kann bis zum Zweifel an Gottes Barmherzigkeit führen. Die echte Demut dagegen „macht die Seele weit und befähigt sie, Gott mehr zu dienen." (cap. 39).

- Die Bitte um die endgültige Befreiung beinhaltet die Bitte um das Eingehen-Dürfen ins ewige Leben (cap. 42).

Lit.: Es gibt zahlreiche Übersetzungen des *„Weges der Vollkommenheit“*, die Zitation bezieht sich hier auf: Teresa von Jesus, *Der Weg der Vollkommenheit*, hrsg. vom Karmel St. Josef-Hauenstein, 1992 [Codex von Valladolid].

II. Betrachtung, Gebet und Kontemplation

1. Meditation und Kontemplation

Die Termini „Meditation“ („Betrachtung“) und „Kontemplation“ („Beschauung“) werden heute oft austauschbar gebraucht; sie bezeichnen aber, trotz ihrer Nähe, Unterschiedliches. Zudem werden sie auch für nicht genuin christliche Praktiken verwendet, was zu Verwirrung führen kann. Daher soll zuerst ein Blick auf die Bedeutung der Begriffe in der christlichen Tradition geworfen werden.

Meditation (von lat. *meditari,* griech. *meléte)* meint ursprünglich soviel wie „Übung“, Einübung. Im geistigen Bereich geschieht dies durch *Wiederholung, Einprägung,* so dass der geistige Gegenstand von der Person „angeeignet“ wird.

In der lateinischen Bibel-Übersetzung wird *meditari* mit der Bedeutung: mit den Lippen Worte „bewegen“, geistig „kauen“, verwendet. „Der Mund des Gerechten bewegt Worte der Weisheit“ *(os iusti meditabitur sapientiam;* Ps 37,30). *Meditatio* ist daher engstens verbunden mit dem *Wort Gottes,* das gehört oder lesend in Empfang genommen und dann „memoriert“ wird. Man meditierte, indem man – meist leise hörbar – Schrift-Texte wiederholte, mit dem Ziel, damit vertraut zu werden. Es ist ursprünglich weniger ein „Betrachten“ im Sinne des „Hin-schauens“, sondern eine Art des vertieften *Hörens.* Dies ist auch deswegen von Wichtigkeit, weil Hören voraussetzt, dass der Andere selbst aktiv ist; während man unter „Betrachtung“ auch das Hinschauen auf einen Gegenstand verstehen könnte, der sich nicht rührt.

In einer weiteren Bedeutung meint „meditieren“ das gedankliche Kreisen um einen Gegenstand. Das Gelesene (in der *„lectio“*

Empfangene) soll in seinen verschiedenen Dimensionen verstanden werden: man will in die Tiefe des *Sinnes* eindringen, den Text auch persönlich als *„Anspruch“* hören.

Dies schließt ein, dass man „zielgerichtet, diszipliniert, konzentriert nachsinnt“ über einen Inhalt, um dessen ganze Wahrheit zu erfassen (RICHARD VON ST. VICTOR, 12. Jh.)

Contemplatio stammt aus dem Bedeutungsfeld des „Schauens“; im vorchristlichen Latein wie auch im Griechischen kann das Wort eine religiöse Bedeutung haben, aber auch eine wissenschaftliche (griech.: *theorein*). Die Verwendung in der Vulgata, wo die Verbform *contemplari* 30-mal (davon 2-mal im NT), das Nomen überhaupt nicht vorkommt, lässt – mit einer einzigen Ausnahme – keine religiöse Bedeutung erkennen; *contemplari* heißt einfach: „genau hinschauen“, „intensiv beobachten“. Die einzige Stelle mit geistlicher Bedeutung ist 2 Kor 4,18: „Wir machen unseren Blick nicht an dem fest, was man sieht, sondern an dem, was man nicht sieht. Das Sichtbare ist zeitlich, das Unsichtbare ewig“ *(non contemplantibus nobis quae videntur, sed quae non videntur)*. Hier geht es um ein „Schauen“, das sich gerade aufgrund des nicht-sichtbaren Gegenstands vom gewöhnlichen Sehen unterscheidet.

Werden die Begriffe „kontemplativ“ oder „Kontemplation“ gebraucht, so ist darauf zu achten, dass sie zu verschiedenen Zeiten und bei verschiedenen Autoren nicht notwendigerweise bedeutungsgleich verwendet werden.

- So gibt es z.B. eine weitere und eine engere Bedeutung: In weiterem Sinne umfasst der Begriff alles, was mit *Gebet, Gottesliebe, innerlichem Leben* zu tun hat; der ergänzende Begriff wäre „aktiv“: die tätige Ein- und Ausübung der Tugenden, der Kampf um die Reinheit des Herzens usf.
- In einer engeren Bedeutung meint *contemplatio* einen bestimmten geistigen Vollzug: *auf Gott schauen,* nach Gott ausschauen, Gott *anhangen* mit den Gedanken und dem Herzen (II. Vatik. *Perfectae Caritatis* n. 5), Zeit für Gott reservieren. Das biblische Vorbild dafür ist Maria von Bethanien, die zu Füßen Jesu sitzt.
- Unter inhaltlichem Gesichtspunkt wird *contemplatio* – im Unterschied zu *meditatio* – zuweilen als inneres Hinblicken

auf die *Geheimnisse des Glaubens* gebraucht, für die der diskursiv tätige Verstand und die Vorstellungskraft nicht mehr viel oder gar nichts helfen. Inhalt dieses liebenden Blickes sind dann v.a. die Dreifaltigkeit Gottes, die Inkarnation, das Sakrament der Eucharistie.

- *Contemplatio* bezeichnet aber auch ein bestimmtes *Wirken Gottes* am Menschen. Der Mensch empfängt gewissermaßen eine Berührung von Gottes Wahrheit und Liebe; er „erfährt" sie in spezifischer Weise. „Kontemplativ" ist in dieser Bedeutung jemand, der aus innerer „Erfahrung" heraus Gott ein wenig kennt. Die Wirkung dieser Berührung ist nicht nur „Erkenntnis", sondern schließt eine „Wandlung" des Empfängers ein.
- Schließlich bedeutet „kontemplativ" zu sein eine bestimmte dauerhafte Haltung: Der kontemplative Mensch verliert nicht die Dimension des Gebetes, wenn er sich mit anderen Dingen beschäftigt; ihm ist ein bestimmter „Blick auf alle Dinge" eigen, der geformt ist von der *Verbundenheit mit Gott*.

Zum Stellenwert von „Kontemplation – Beschauung" im christlichen Kontext ist zunächst an ihre Grenzen zu erinnern:

(1) Das höchste Ziel des Menschen ist diejenige Schau Gottes, die nach dem Tod geschenkt wird. Diese „Schau" *(visio beatifica)* schließt Erkennen, Lieben und Untrennbar-Verbunden-Sein (Gott „besitzen") ein. Hinter dieser Schau bleiben alle Erfahrungen und Einsichten in diesem Leben zurück.

(2) In diesem Leben ist nicht die kontemplative Erfahrung der höchste Wert, sondern die Verwirklichung der *caritas*: Gott über alles zu lieben, und alles andere im Hinblick auf ihn. Da „Gott Liebe ist" (1 Joh 4,8), und nur von dem erkannt wird, der ihm ähnlich ist, muss der Christ vor allem nach Liebe, nicht nach kontemplativen oder mystischen Erfahrungen streben.

Doch gibt es einen „Vorgeschmack" der liebenden Erkenntnis, wie sie im ewigen Leben verheißen ist (vgl. Eph 3,18.19); und dafür kann der Begriff *contemplatio* (vor allem seit Gregor d. Gr., † 604) gebraucht werden: *contemplatio* bedeutet dann soviel wie „Erfahrungserkenntnis von Gottes Liebe" (Bonaventura).

- Diese Gnade ist in besonderer Weise ein freies Geschenk, sie kann durch keine Methode herbeigeführt werden;
- sie muss sich an „Früchten“ ausweisen können (Zunahme an Liebe, Gottvertrauen, Ehrfurcht, Erbarmen, Demut);
- sie ist nicht „Erfüllung“, sondern „Trost“, d.h. sie bleibt in diesem Leben immer begrenzt (die Notwendigkeit, *glauben* zu müssen, wird durch die „Erfahrung“ nicht einfach überschritten);
- und sie ist nicht die einzige Weise, wie ein Mensch in die besondere Nähe Gottes gezogen werden kann (es gibt auch die Erfahrung der Verlassenheit, die eine Teilhabe an der Verlassenheit Christi am Kreuz ist, vgl. etwa MUTTER TERESA VON KALKUTTA).

Bereits die frühe Kirche kannte Fehlformen von Kontemplation bzw. Gebet, auf die sie reagieren musste: Zum einen die sogenannte *Gnosis,* nach deren Lehre die „höhere Erkenntnis“ von Geheimnissen *manchen Seelen zu eigen* sei, anderen nicht, und außerdem diese Erkenntnis den Glauben der „einfachen“ Gläubigen unter sich zurücklasse.

Zum andern die *Messalianer* („Euchiten“), welche die *Gnade* des Heiligen Geistes mit der *Erfahrung* der Gnade gleichsetzten. Das hatte zur Folge, dass sie die Gnadenerfahrung dem intensiven Gebet zuschrieben; umgekehrt aber das Ausbleiben damit erklärten, dass der Heilige Geist die Seele verlassen haben müsse. Ähnliche Fragen des geistlichen Lebens – der Beurteilung von „Trost-“ und „Trostlosigkeitserfahrungen“ – stellen sich die ganze Kirchengeschichte hindurch immer wieder und bedürfen der „Unterscheidung der Geister“.

Lit.: GLAUBENSKONGREGATION, *Schreiben an die Bischöfe der Katholischen Kirche über einige Aspekte der christlichen Meditation,* 1989.

MARIANNE SCHLOSSER (Hrsg.), *Die Gabe der Unterscheidung,* 2015 (besonders: Diadochus von Photike, Caterina von Siena, Ignatius von Loyola, Franz von Sales).

Texte von IRENÉE HAUSHERR, HENRI CAFFAREL und JEAN DANIÉLOU im Anhang, 255f., 257, 262f.

2. Schriftlesung – Betrachtung – Gebet – Beschauung

Schon sehr früh (bei den Mönchsvätern der ägyptischen Wüste) prägte der Wechsel von „Schriftlesung" und „Gebet", als „Hören" auf Gottes Wort und „Antworten" darauf, das geistliche Leben: „denn ihn reden wir an, wenn wir beten; ihn hören wir, wenn wir Gottes Weisungen lesen" (*Dei Verbum* 25). Die Betrachtung ist notwendig, um die persönliche „Bekanntschaft" mit Gott lebendig zu halten. Wer das persönliche Gebet sucht, wird sich bemühen, den Angesprochenen tiefer kennenzulernen. Der gleiche Geist, der „in uns betet" (Röm 8,8.26f.), „erinnert an alles", was Jesus gesagt und getan hat, und „führt in die ganze Wahrheit ein" (Joh 14,26; 16,13). Durch die Vertiefung der Kenntnis von Christus wird der Beter auch bewahrt vor einem Kreisen um sich selbst und die eigenen Empfindungen, oder dem Stehenbleiben bei seinen eigenen Lieblingsgedanken. Man kann sagen: Betrachtung und Gebet verhalten sich wie die Pole von Erkenntnis und Liebe in einer personalen Beziehung, sie stärken sich gegenseitig.

Im Mittelalter wurde dieser Zwei-Takt noch mehr ausgefaltet: Auf die Lesung *(lectio)* folgt das Überdenken *(meditatio)*, das in Gebet übergeht *(oratio)*; das Gebet seinerseits kommt zur Vollendung, wenn das Angesicht Gottes als „mir zugewandt" verspürt wird, in einer Art „Blickkontakt" *(contemplatio)*.

> „Lesung ist: Wenn der Blick des Geistes aufmerksam und mit Fleiß die Heiligen Schriften durchgeht. Meditatio bezeichnet das Tun des Geistes, der sich eifrig bemüht, der verborgenen Wahrheit unter Führung der eigenen Vernunft nachzuspüren. Gebet ist: wenn sich das Herz mit inniger Hingabe an Gott wendet, um vom Bösen befreit zu werden und Gutes zu erlangen. Contemplatio ist gewissermaßen eine Erhebung des Geistes über sich hinaus in Gott hinein, wobei er die Freude der ewigen Wonne verkostet." (GUIGO II., *Scala claustralium* 2; SC 163, 84.86), dt. M. Schlosser)

Die *meditatio* nimmt in der Regel die Kräfte des menschlichen Geistes ganz in Anspruch; sie fordert Sammlung und Disziplin (gegen Abschweifung). Sie ist aber mehr als ein „Nachdenken" oder ein „Studieren"; denn sie vollzieht sich *im Raum des Gebetes*. Das bedeutet zum einen, dass das Gebet den Rahmen der Betrachtung bildet – man beginnt und beendet die Betrachtung mit einem Gebet –, zum andern, dass sie in der Gegenwart Gottes geschieht, sozusagen „mit ihm" (s.o.: TERESAS Vaterunser-Betrachtungen, 2.Teil, B. I. 3). Daher kann die Betrachtung rasch in ein ausdrückliches Gebet übergehen: Die Bewegung des menschlichen Geistes, die in der *meditatio* Gott sozusagen als Inhalt „umkreist", geht in eine direkte Ausrichtung auf Gott als hörendes, sprechendes und anzuredendes Du über. Die Betrachtung kann daher auch in „Beschauung" übergehen, wenn das Nachsinnen „in der gefundenen Wahrheit liebend zur Ruhe kommt".

> „Hat der Geist die so lange gesuchte Wahrheit endlich gefunden, so nimmt er sie in der Regel mit Leidenschaft auf, bestaunt sie mit Jubel und verweilt längere Zeit in diesem Staunen. Das bedeutet, dass man im Vollzug der meditatio bereits über diese hinausgeht – die meditatio geht in die contemplatio über. Der contemplatio ist es nämlich eigen, dass man dem, was man voll Entzücken schaut, mit Staunen anhangt." (RICHARD VON ST. VICTOR, *Benj. mai.* I, 4; PL 196, 67D; dt.: M. Schlosser)

Die *Betrachtung* steht also zwischen der *Lesung* (im weiteren Sinn), von der sie ihren Inhalt nimmt, und dem *Gebet* als direkter Zuwendung zu Gott. Sie schließt das Gelesene auf und beflügelt das Gebet. Doch wussten die Meister des geistlichen Lebens auch, dass der Heilige Geist nicht an diese Stufen gebunden ist, sondern die innerlichste „Berührung" bereits zu Beginn eintreten kann.

Während die mittelalterlichen Mystiker zwischen Betrachtung und Beschauung einen Übergang sahen, scheint JOHANNES VOM KREUZ hier weniger Kontinuität anzunehmen, was mit seinem Verständnis von „Betrachtung" bzw. „Kontemplation" zusammenhängt. Wenn eine Person – zu ihrem großen Kummer! – keine Freude, keinen fühlbaren Geschmack mehr an der Betrachtung hat, oder unfähig ist, mit Hilfe der Vorstellungskraft zu betrachten, kann dies ein Kennzeichen sein, dass sie von allem „Eigenen" gereinigt wird, und nach dieser „Nacht" zur *contemplatio* gerufen wird. Zu dieser „Unfähigkeit" und Traurigkeit muss allerdings noch ein zweites Kennzeichen treten: die Sehnsucht, allein mit Gott bzw. für Gott da zu sein, in liebevoller Aufmerksamkeit,

Sehnsucht nach Vereintsein mit ihm, und Großmut im geistlichen Leben.

Im Mittelalter (Richard von St. Victor; Guigo II., *Scala claustralium*) und vor allem seit der frühen Neuzeit (Ignatius von Loyola, Franz von Sales) wurden auch Anleitungen verfasst, wie man die Betrachtungszeit aufbaut, wie man die verschiedenen seelischen Kräfte (Verstand, Gedächtnis, Wille, Vorstellungskraft) einbezieht, und welches der Inhalt der Betrachtung sein kann.

Freilich kann keine Methode beanspruchen, eine fruchtbare Betrachtung zu garantieren; denn das Verständnis von Glaubensinhalten, die Ergriffenheit oder auch nur die Sammlung durch eine Schriftstelle, beruhen auf dem Wirken des Heiligen Geistes.

Lit.: Enzo Bianchi, *Lectio divina. Zur Theologie und Praxis der geistlichen Schriftlesung* (= Cardo CXVI), 2004 [enthält Auszüge in Übersetzung von Guigo II, *Scala claustralium*].

Romano Guardini, *Wille und Wahrheit. Geistliche Übungen*, 6 1991 (1958).

Giacomo Lercaro, *Wege zum betrachtenden Gebet*, 1959 [gute Darstellung der verschiedenen Schulen].

3. Formen des betrachtenden Gebetes: Rosenkranz, Kreuzweg, Bildbetrachtung

Unter allen Inhalten der Betrachtung gebührt der erste Platz den Evangelien, genauer gesagt: der Suche nach tieferem Vertrautwerden mit der Person Jesu, wie sie in den Evangelien „aus Glauben zum Glauben“ vor Augen gestellt wird. Wo die Lesung des Schrifttextes nicht möglich war, etwa im Spätmittelalter mangels Büchern oder Lesefähigkeit, suchte man sich die wesentlichen Stationen und Handlungen des Lebens Jesu ins *Gedächtnis* einzuprägen: die „Geheimnisse des Lebens Jesu“ (*„mysteria“* Christi).

Unter „Geheimnis“ ist nicht etwas „Unbekanntes“ oder Undurchdringliches zu verstehen, freilich jedoch etwas, das denkerisch nicht auszuschöpfen ist. Ein *mysterium* ist eine Wirklichkeit, die tiefer ist als man zunächst meint, eine Wirklichkeit, die *Wirksamkeit* entfaltet.

In der Theologie der Kirchenväter, die wiederum hier besonders aus der paulinischen Theologie gespeist wird, sind *mysteria* die Ereignisse der Heilsgeschichte, insofern sie mit *dem mysterium* schlechthin, nämlich *Christus als dem menschgewordenen Sohn Gottes und Erlöser* (vgl. Röm 16,25f.; 1 Kor 2,7; Eph 3,9; Kol 1,26), verbunden sind oder auf ihn verweisen.

Als *mysteria* gelten daher bestimmte Ereignisse im *Alten Testament,* etwa: Josua führt das Volk ins Gelobte Land, Gott lässt Manna regnen, Elija erweckt das Kind seiner Gastgeberin vom Tod etc.; Ereignisse also, die typologisch auf das endgültige Heilshandeln Gottes in seinem Sohn vorausweisen. Diese Ereignisse sind mehr als das, was sie historisch sind; sie sind über den unmittelbaren Bedeutungszusammenhang hinaus Zeichen und Gleichnisse für die Fülle der Erlösung in Christus.

Zugleich sind die *Ereignisse im Leben Jesu* selbst *mysteria*: heilsbedeutsame Geschehnisse, die mit seiner gott-menschlichen Existenz verknüpft sind. Die Taufe Jesu, seine Versuchung, Verklärung und alle seine Taten vor und nach der Auferstehung, dehnen ihre Wirkung auf das Leben der gesamten Kirche und des einzelnen Gläubigen aus. Weil Christus als Menschgewordener das Haupt der Kirche ist, also mit seinen Gliedern bleibend verbunden ist, gilt: Was am Haupt, Christus, geschehen ist, hat Auswirkungen auf den Leib, die Kirche.

So wurde etwa durch das Getauftwerden Jesu im Jordan alles Wasser „prinzipiell", d.h. vom Ursprung her, geheiligt, so dass es künftig als materielles Element der Taufe dienen wird. Gerade die *mysteria* im engsten Sinn, nämlich die *Sakramente* der Kirche, quellen aus dem Mysterium des menschgewordenen Erlösers.

Ein weit verbreitetes Betrachtungsbuch dieser Art war BONAVENTURAS *„Lebensbaum"*; das kleine Werk enthält 48 Betrachtungen – von der ewigen Geburt des Logos aus dem Vater bis zu seiner Wiederkunft am Ende der Zeiten.

Die bekannteste Form einer solchen Betrachtung in der Form des Gebetes ist der *Rosenkranz,* dessen Betrachtungsinhalte wir auch heute noch als „Geheimnisse" bezeichnen. Auch der *Kreuzweg* mit seinen verschiedenen Stationen, die nicht schon beim

Entstehen dieses Gebetes auf die heute bekannten 14 festgelegt waren, gehört dazu.

Nicht zu vergessen ist die Bedeutung der *ikonographischen Tradition:* Bilder der Heilsereignisse, die zur Betrachtung und zum Gebet führen wollen. So werden beispielsweise die Stationen des Kreuzwegs auch *bildhaft* dargestellt.

Ganz besonders klar wird die Bedeutung von „Bildern" für die Betrachtung und das Gebet in der ostkirchlichen Tradition der Ikone: Sie wird nicht einfach „gemalt", sondern unter Fasten und Gebet „geschrieben"; sie erhält eine besondere Segnung und soll denjenigen, der sie verehrt, zur Begegnung mit dem dargestellten Heiligen oder dem Heilsgeheimnis führen. Sie „kommt aus dem Gebet und führt ins Gebet: Sie befreit von der Verschließung der Sinne, die nur das Äußere, die materielle Oberfläche wahrnimmt ..." (JOSEPH RATZINGER). Sie erfordert, wie ein Text der heiligen Schrift, „Betrachtung", damit die „Herrlichkeit" Christi aufleuchte.

Lit.: JOSEPH RATZINGER, *Der Geist der Liturgie,* III, 1; in: JRGS 11, 2008, 106-121.

ROBERT HOTZ, *Gebete aus der orthodoxen Kirche,* Zürich 1982, 133f.: *Weihegebet einer Heiligen-Ikone* (siehe Anhang, 243f.)

3. HAUPTTEIL

ZUR PRAXIS DES PERSÖNLICHEN GEBETS

Vorbemerkungen

Es wäre zu wenig, wenn das Gebet als die realisierte Glaubensbeziehung zu Gott nur ab und zu eine „Insel“ im Meer des sonstigen Lebens darstellte. Das Ziel des Gebetes ist vielmehr das *Bleiben* oder *Leben* in der Gegenwart Gottes, das „immerwährende Beten“. Es geht nicht nur um „Sammlung“ dann und wann, sondern um eine fortwährende Bekehrung als Hinwendung zu Gott.

(1) Gnade und Wollen

Schon früh hat man daher das Gebet – wie es sein sollte! – mit dem Atem (der Seele) verglichen: ein müheloser Vollzug, der das Leben erhält und Lebendigkeit anzeigt. Dies ist aber nicht „natürlich“, sondern, wie jedermann aus Erfahrung weiß, wenigstens mitunter schwierig. „Beten“ muss man, ebenso wie „Glauben“, auch *wollen*. Nicht umsonst heißt im AT eine Umschreibung des Gebetes: „das Angesicht Gottes suchen“. Aber ebenso wie „glauben“ ist „beten“ nicht zuerst ein Tun des Menschen, für das man einfach Regeln einhalten müsste, um „Erfolg“ zu haben, sondern eine *Gnade*. Der Ruf Gottes geht der Antwort des Menschen voraus; man könnte sagen: Beten ist zuerst ein Privileg, bevor es auch eine Pflicht der Liebe und Treue ist.

Da aber das neue Leben der Gnade wie ein „Keim“ gegeben wird, der sich entfalten soll, muss es auch geschützt und „gepflegt“ werden (vgl. das Gleichnis von der Saat, die von den Dornen erstickt wird oder verdorrt: Mt 13, 1-9.18-23). Die Wirklichkeit Gottes ist oft leise, so dass sie dem Menschen weniger wirklich vorkommt, als die Wirklichkeit alles anderen.

Zum Gebet gehört Entschlossenheit, ja aus verschiedenen Gründen manchmal Überwindung, da alle anderen Aufgaben dringlicher erscheinen, das Gebet keine Früchte zu bringen scheint, oder der eigene innere Zustand einen die Nähe Gottes scheuen lässt. Traurigkeit, Müdigkeit, „Trockenheit" (das Gefühl der Verlassenheit – bis hin zu den bei JOHANNES VOM KREUZ beschriebenen Erfahrungen der verschiedenen „Nächte"), deren Ursachen nicht immer offen zutage liegen, können den Willen zu beten lähmen.

> „Manchmal fühlt der Mensch Gottes Nähe so lebendig, dass er unwillkürlich mit Ihm zu sprechen anfängt. [...Aber:] Das Gefühl der heiligen Nähe kann so vollkommen verschwinden, dass dem Menschen ist, als habe er sie nie empfunden. [...] Worte wie das, wonach ‚Not beten lehrt', sind nur halb wahr; ebenso wahr ist, dass man in der Not das Gebet verlernt. Das Gebet, das aus dem inneren Drang entspringt, scheint, im Ganzen gesehen, fast die Ausnahme zu bilden. Wer sein religiöses Leben nur auf ihm aufbauen wollte, würde wahrscheinlich bald überhaupt nicht mehr beten." (GUARDINI, *Vorschule des Betens,* 11f.)

(2) Ratschläge sind möglich, erlernbare Technik nicht

Der eigentliche Lehrmeister, wie man beten soll, ist der *Heilige Geist.* Aber auch Belehrung muss man zulassen, ja wollen, sie ist kein mechanischer Vorgang, wie wenn eine Maschine instand gesetzt wird. Und zuweilen wirkt der Heilige Geist über den *Rat anderer Menschen,* die aus eigener Erfahrung Schwierigkeiten kennen und schon Abhilfe erfahren haben.

Manche Schwierigkeiten sind mit den Bedingtheiten des Menschen verbunden, der ein leiblich-geistiges Wesen ist. Zum Beispiel *können* Schwierigkeiten der Sammlung körperliche Ursachen haben, oder mit dem Temperament der jeweiligen Person zusammenhängen (wie etwa TERESA VON AVILA aus eigener Erfahrung anmerkt). Es ist hilfreich, dies zu wissen; nicht für jede Person sind alle „Heilmittel" angebracht.

Einige wenige Beispiele:

Aus der Zeit der frühen Kirche sind gerade von den Mönchsvätern Ägyptens Ratschläge zum Gebet überliefert, die erstaunlich praktisch sind (siehe Gabriel Bunge, *Irdene Gefäße. Die Praxis des persönlichen Gebetes nach der Überlieferung der heiligen Väter,* ⁴2009).

Aus dem 16. und 17. Jh. sind eine reiche Zahl von Werken erhalten, welche ausdrücklich der Praxis des persönlichen Gebetes und der Betrachtung gewidmet sind (viele von ihnen liegen noch nicht in einer modernen Ausgabe vor). Zu den bekanntesten gehört Teresas *Weg der Vollkommenheit* (die Schrift ist hauptsächlich der Unterweisung ihrer Schwestern gewidmet, die ja ihr ganzes Leben dem Gebet geweiht hatten).

Für das 20. Jh. seien exemplarisch Romano Guardini (vor allem: *Vorschule des Betens,* ⁸1986) und Henri Caffarel genannt; letzterer begleitete viele Personen brieflich (*Saal der tausend Türen. Briefe über das Gebet,* ³2002; ders., *Weil du Gott bist,* ⁴2012).

(3) Innen und Außen

Das Gebet ist primär ein inneres Geschehen: die „Erhebung des Herzens zu Gott". Im Bruchteil einer Sekunde, in einem Augenblick, kann die „Tür des Gebetes" im Inneren der Seele durchschritten werden, so rasch wie eben der Blick des Geistes auf Gott gerichtet werden kann. Zugleich jedoch ist der Mensch ein leiblich-geistiges und ein soziales Wesen, das in der Zeit steht und sein Inneres *durch den Leib kundtut.* Was mit dem Leib getan wird, hat umgekehrt *Auswirkungen (Rückwirkungen) auf die Seele.*

> „Warum sollte man sich dann nicht auf den Leib verlegen, wenn der Geist erschöpft ist und nichts mehr zu sagen weiß? Warum sollten wir dann nicht den Herrn bitten, dass er auf die Sprache unseres Leibes hört? ‚Ich wüsste nicht, wie ich ohne den Leib beten könnte ... Zu manchen Zeiten habe ich den Eindruck, dass ich mehr mit dem Leib als mit meinem Verstand bete. Ein Gebet auf der blanken Erde: niederknien, sich niederwerfen ...' (Roger Schutz)." (zit. nach: Henri Caffarel, *Weil du Gott bist,* 29)

Das Verhältnis von Außen und Innen ist spannungsreich und zugleich fruchtbar. Denn es gibt nicht nur die Gefahr der *Loslösung des äußeren Vollzuges von der inneren Haltung* – vgl. die Warnungen der Propheten, etwa Jes 29,13 (LXX), vor einem rein äußerlichen Vollzug der Gottesverehrung, die Jesus in Mt 15,8 aufnimmt: „Dieses Volk ehrt mich mit den Lippen, sein Herz ist weit weg von mir" –, sondern auch die umgekehrte Verfehlung: die *extreme Spiritualisierung* des religiösen Aktes, die auch mit einer völligen Individualisierung (Missachtung der gemeinschaftlichen, kirchlichen Dimension des christlichen Gebetes) oder einer Marginalisierung der sakramentalen Dimension im christlichen Gebet einhergehen kann.

Das Verhältnis beider Pole muss nicht nur der Anthropologie Rechnung tragen – dem Menschen als leiblich-seelisch verfasster Person, die mit anderen Personen in Gemeinschaft zum Heil berufen ist, und zugleich in Unmittelbarkeit zu ihrem Schöpfer steht –, sondern ist auch verknüpft mit der spezifisch christlichen Auffassung von *Diesseits und Jenseits* (Eschatologie): Welche Bedeutung kommt dieser Welt zu, die Gottes Schöpfung und Bühne der Heilsgeschichte, aber nicht das letzte Ziel des Menschen ist? In welchem Verhältnis steht diese Welt, „deren Gestalt vergeht", zum „Leben der kommenden Welt", das nicht nur rein zukünftig, sondern in den Gläubigen bereits eingesenkt ist? Auch hier wird die Glaubensüberzeugung der Gebetspraxis die Richtschnur geben (lex orandi – lex credendi).

Die fruchtbare Spannung zwischen den beiden Polen zeigt sich etwa in der Frage nach den Umständen des Gebetes:

Welche Bedeutung haben *Ort(e) und Zeiten?*

Wie hilfreich sind *Gebetshaltungen und Gesten?*

Warum werden *Fasten und Gebet* öfter verbunden?

(Das Verhältnis von *mündlichem Gebet und innerem Gebet* wurde schon im 2. Teil, B) behandelt).

An jedem Ort, zu jeder Zeit und in jeder Lage ist Gebet möglich. Auch gibt es für das persönliche Gebet keine vorgeschriebenen Worte, die unumgänglich zu gebrauchen wären. Und dennoch gibt es auch im Christentum geheiligte Orte (nicht nur die Kirche, sondern auch Wallfahrtsorte), bevorzugte Tageszeiten (morgens und abends), dem Gebet besonders angemessene Haltungen des Leibes (Stehen, Knien, Hände erheben etc.) und natürlich Gebetstexte von besonderem Rang.

I. Ort (Raum)

„Weder auf dem Garizim noch in Jerusalem" (Joh 4 21), sondern „im Geist und in der Wahrheit" (4,23) wird der Vater angebetet. Dieses Gebet wird überall dargebracht. Und dennoch gibt es Orte, die sozusagen „ausgesondert", dem Gebet vorbehalten, Gott „übereignet" werden (lat. *dedicare*).

1. Das Kirchengebäude

(1) Das Kirchengebäude ist der Ort des „Stehens vor Gott": Nicht Gott braucht einen Ort, sondern der Mensch braucht ihn (Thomas von Aquin). Das „Gotteshaus" ist der Raum des geschützten, vertrauten Umgangs mit Gott im Gebet. Das Eintreten in das Kirchengebäude wird markiert durch das Überschreiten einer Schwelle (in der Architektur etwa durch die Vorhalle – Portikus etc.). Man wendet sich bewusst Dem zu, zu dem man beten will.

(2) Die Kirche ist auch Ort des gemeinschaftlichen Gebetes, des von Gott selbst versammelten Volkes Gottes (griech.: *ekklesia*).

(3) Im tiefsten ist das Kirchengebäude Sinnbild der Gemeinschaft der Gläubigen, des „Hauses aus lebendigen Steinen" (1 Petr 2,5). „In die Kirche gehen" bedeutet demnach nicht nur, in ein Gebäude einzutreten, sondern ist die Verleiblichung dessen, dass man sich „in die Gemeinschaft der Heiligen", der „Hausgenossen Gottes" (Eph 2,19) begibt.

Zur Vertiefung empfohlen: die Gebete zur Weihe einer Kirche (Oration, und v.a. das Weihegebet) im *Pontifikale*.

Lit.: Romano Guardini, *Von heiligen Zeichen*, 1927 [erläutert auch die Architektur der Kirche].

Joseph Ratzinger, *Der Geist der Liturgie*, in: JRGS 11, 2008, 29-194.

2. Wallfahrt zu heiligen Stätten

Im Christentum ist Wallfahrt nicht heilsnotwendig, da es hier *auf Erden keine „heilige Stadt"* gibt. Die heilige Stadt der Christen ist das „himmlische Jerusalem", die Gemeinschaft der Heiligen. Der eigentliche „Ort" des Gebetes ist „in Christus": Alles christliche Gebet geschieht als Teilnahme an seiner Hingabe an den Vater.

Diese Hingabe aber hat „ein für allemal" konkret und *geschichtlich stattgefunden:* Das Christentum fußt auf dem Christus-Ereignis, der Menschwerdung, Passion und Auferstehung Jesu Christi. Christus lebte zu einer bestimmten Zeit, an einem bestimmten Ort (wie der Beginn des Lk-Evangeliums hervorhebt). Auch wenn er jetzt der erhöhte Herr ist, so wurde doch der Anfang des Heiles an einem bestimmten Fleck der Erde gewirkt. Daher wurden von Anfang an konkrete Orte in Palästina in Erinnerung bewahrt und verehrt, vor allem der Ort der Kreuzigung und Auferstehung – das heilige Grab. Sie erinnern daran, dass „wir nicht Fabeleien und gut erfundenen Geschichten gefolgt sind" (2 Petr 1,16).

Auch die Tatsache, dass die Gräber der Apostel besonders gekennzeichnet, besucht und verehrt wurden, hängt mit der Geschichtsbindung des christlichen Glaubens zusammen: Die Apostel sind die *Zeugen* für die Wirklichkeit des Lebens, Sterbens und vor allem der Auferstehung Jesu; über sie kommen die Gläubigen zum Glauben an Christus. Ähnliches gilt dann für die Märtyrer, die den Glauben mit ihrem eigenen Leben als wahr bezeugten.

Verehrung und Besuch solcher Stätten, soweit es möglich war, sind früh bezeugt. Die ersten Pilgerberichte das Heilige Land betreffend stammen aus dem 4. Jahrhundert (Egeria, *Itinerarium;* und eine als *Der Pilger von Bordeaux* betitelte Schrift). Große Heilige, wie Franziskus von Assisi oder Ignatius von Loyola, setzten alles daran, selbst unter größten Gefahren Palästina aufsuchen und dort verweilen zu können. Für die große Zahl derjenigen, die niemals die Möglichkeit hatten, selbst dorthin zu pilgern, wurden als Ersatz die heiligen Orte verschiedentlich maßstabsgetreu nachgebaut: z.B. in Bologna (Santo Stefano) das Ensemble der Golgotha- und Anastasis-Kirche.

So sehr Wallfahrten, vor allem wenn sie anstrengend und gefahrvoll waren und als Zeichen der Buße unternommen wurden, gewürdigt und gelobt wurden, so wiesen doch bereits manche Kirchenväter darauf hin, dass es wenig Sinn hat, Wallfahrten zu machen, wenn man nicht innerlich den Weg zu Gott geht. Dieser Weg aber ist nicht von einer Wallfahrt abhängig.

Der Mensch, der um seine Fremdheit in dieser Welt weiß – der „Pilger", der auf der „Durchreise" ist (1 Petr 2,11; 1 Petr 1,1) – fühlt die Sehnsucht nach solchen Orten besonders dann, wenn der Alltag banal, der eigene Weg mühsam und die Fremdheit spürbar ist. Wo ist denn die „Heimat", das Ziel, irgendwie anrührbar? Wie können Glaube und Hoffnung wieder aufatmen?

Die Wallfahrt, als Weg mit einem Ziel, ist selbst Sinnbild des Lebensweges als Pilgerweg (vgl. die zahlreichen Weg-Metaphern in der Hl. Schrift). Dem „Wandern", *Gehen,* kommt besondere Bedeutung zu: Die regelmäßige, ruhige Bewegung lässt auch den Geist zur Ruhe kommen und in die Haltung des Gebetes einschwingen. Eine Wallfahrt kann zugleich viele andere Erfahrungen schenken: die Notwendigkeit von Geduld und Ausdauer, die Erfahrung der *Gemeinschaft mit anderen,* der gegenseitigen Unterstützung und ähnliches.

Lit.: Christof May, *Mal weg sein – ob das ausreicht? Pilgern als Chance christlicher Verkündigung,* GuL 81 (2008), 174-185.

3. Persönliche Gebetsecke

Viele Menschen empfinden es als hilfreich, zum Gebet den Ort – oder die Blickrichtung – zu verändern, z.B. einen anderen Raum aufzusuchen als den, in dem man normalerweise arbeitet. Dies kann die „Sammlung" erleichtern, da körperlich ein Zeichen gesetzt wird für das, was man jetzt tun will. Das Kreuz-Bild oder eine Ikone, auf die man blickt, helfen ebenfalls zur geistigen Sammlung.

4. Ostung des Gebetes

Auch wenn man keinerlei Möglichkeit hat, den Raum zu wechseln, kann man sich eine urchristliche Praxis zu eigen machen, welche sozusagen den Beginn des Gebetes markiert: die Wendung nach Osten. Ähnlich wie das Kreuzzeichen ist der Blick nach Osten eine Geste, welche dem *Glauben* leiblichen Ausdruck verleiht. Die Gebetsrichtung nach Osten war nicht nur in aller Regel für den Kirch-Bau maßgebend, sondern auch die bevorzugte Richtung für das persönliche Gebet, wie bereits Origenes und Basilius bezeugen. Aus zwei bzw. drei Gründen schrieb man dieser Himmelsrichtung eine besondere Bedeutung zu:

(1) Das *Paradies* war, wie es in Gen 2,8 heißt, im Osten (hebr.: *Eden*) angelegt. Wer nach Osten blickt, erinnert sich sozusagen seiner Herkunft (ähnlich wie Daniel in Babylon nach Jerusalem hin betete; vgl. Dan 6,11), und der Heimat, die bereits wieder zugänglich geworden ist durch die Erlösung in Christus. Jetzt aber ist der Mensch noch unterwegs, auf Pilgerschaft „fern der Heimat" (vgl. 2 Kor 5,6ff.). Wer im Gebet nach Osten blickt, drückt aus, dass die Seligkeit des Himmels Wirklichkeit ist.

> Man betet nach Osten nicht deswegen, weil „... Gott nur dort zu finden wäre, [...] sondern weil im Osten unsere ursprüngliche Heimat ist, das heißt, das Paradies, aus dem wir verstoßen wurden: ‚Gott pflanzte das Paradies in Eden gegen Osten' (Gen 2, 8). Wenn wir also gegen Osten blicken und angesichts des Sonnenaufgangs im Geiste die Erinnerung an unsere Verbannung aus den lichten Räumen der Glückseligkeit erwecken, so brechen wir in die Bitte um Vergebung aus ..." (Gregor von Nyssa, *De oratione dominica* 5,3)

(2) Das Gebet nach Ostens ist zugleich ein Bekenntnis zu *Christus,* dem „aufstrahlenden Licht aus der Höhe" (*oriens ex alto:* Lk 1, 78), dessen Wiederkunft von Osten her erwartet wird, wie er auch „östlich von Jerusalem" zum Himmel aufgefahren war. (Johannes von Damaskus, *De fide orthodoxa* IV, 12, siehe Anhang, 231f.)

(3) Die Symbolik des Ostens tritt im *Taufritus* deutlich hervor: Die Täuflinge wenden sich zur Absage an den Satan nach Westen, zum Taufbekenntnis nach Osten (bezeugt z.B. bei Ambrosius, *De mysteriis* 7). Damit ist das Gebet nach Osten auch eine Erinnerung an das Getauftsein und die christliche Hoffnung.

So ist man nicht verwundert, in der Lebensbeschreibung der hl. Makrina zu lesen, dass ihr Sterbelager gegen Osten gerichtet war; dahin blickte sie, während sie nahezu unhörbar, mit Gesten der Hände begleitet, betete. In der gleichen Schrift überliefert Gregor von Nyssa, dass die Sterbende ihr letztes Gebet mit dem *Kreuzzeichen* schloss: „auf die Augen, den Mund und das Herz" (Gregor von Nyssa, *Lebensbeschreibung seiner Schwester Makrina,* BKV² 56).

II. Zeit

Auch hier gilt: *Jederzeit* ist Gebet möglich, ja es soll zu jeder Zeit sein. Im Neuen Testament wird mehrfach zu „unablässigem Gebet" aufgefordert (vgl. 1 Thess 5,17; Lk 18,1.7; das Vorbild der Prophetin Hanna in Lk 2,37 u.a.). Wie kann man dem nachkommen?

1. Strukturierung der Zeit

Eine erste Antwort lautet: indem man immer wieder betet. Die gesamte Zeit des Lebens wird dadurch geheiligt, dass sie durchzogen wird von Zeiten des Gebetes.

Denn das Ziel des Betens in Intervallen besteht darin, das „immerwährende Gott-Gedenken" einwurzeln zu lassen – das *Bleiben* in der Gegenwart Gottes bei allem Tun. Gerade dazu aber ist es notwendig, zu *bestimmten Zeiten* tatsächlich die Zuwendung zu Gott zu vollziehen. Man betet nicht dann, wenn man mal „Zeit hat", sondern man „nimmt sich Zeit" für Gott (u.a. Caffarel, *Weil du Gott bist,* 59-66).

> Als der Mönchsvater Antonius d. Gr. sich fragte, wie er den Weg des Heiles gehen solle, sah er einen Mann, der eine Handarbeit verrichtete, sich danach erhob um zu beten, sich wieder niedersetzte um zu arbeiten, und sich dann wiederum erhob um zu beten. Und er hörte eine Stimme, die zu ihm sagte: Mach es genau so. (vgl. *Apophthegmata Patrum, 1)*

Bereits im AT ist von täglich „siebenmaligem Lob Gottes" (Ps 119,164), von dreimaligem (Dan 6,11) und auch von nächtlichem Gebet (u.a. Ps 119,62) die Rede. Ähnlich hielten es die frühen Christen, wie etwa in der Apostelgeschichte (3,1; 10,9) sichtbar wird. Morgen – Mittag – Abend – Nacht sollten durch ein Gebet geheiligt werden, soweit jemand die Möglichkeit dazu hatte.

Diese Tageszeiten sind bereits von einer „natürlichen" Bedeutung für den Menschen: Es ist nicht belanglos, mit welchen Gedanken man sich zum Schlafen niederlegt, auch nicht, mit welchen Gedanken man den neuen Tag beginnt. *Abend und Morgen* lassen an den Tod (Beginn der Nacht) und die Auferstehung (Morgen) denken. Man erinnert sich an verschiedene in der Hl. Schrift beschriebene Ereignisse, die zu bestimmten Zeiten stattfanden: z.B. die Menschwerdung in der Mitte der Nacht (mit Bezug auf Weish 18,14f.), die Kreuzigung Jesu um die Mittagszeit und sein Verscheiden „um die neunte Stunde" oder die Sendung des Heiligen Geistes „um die dritte Stunde". Das Gedenken an diese Ereignisse prägt bis heute die einzelnen Horen des kirchlichen *Stundengebetes.*

Eine schlichte Form der Heiligung des Tages ist das *dreimalige Angelus-Gebet,* in dem der Menschwerdung Christi gedacht wird. Vielerorts wird daran mit dem „Gebet-Läuten" morgens, mittags und abends erinnert.

Beeindruckt von der muslimischen Gebetspraxis, die er auf seiner Wallfahrt nach Palästina kennengelernt hatte, hatte Franziskus den Wunsch geäußert, auch die Christen möchten regelmäßig zum Gebet gerufen werden. Bonaventura trug als Ordensgeneral der Franziskaner (1257-1274) maßgeblich zur Verbreitung dieses Gebetes bei.

Um tatsächlich Gebetszeiten einzuhalten, ist normalerweise Disziplin erforderlich. Teresa von Avila macht darauf aufmerksam: Wenn jemand die Freundschaft mit Gott pflegen wolle, hänge sehr viel von der „Entschlossenheit" ab, die Zeit, die man ihm zu widmen beschlossen hat, auch einzuhalten, selbst wenn vieles andere dringender, produktiver, wichtiger erscheinen mag. Die Erfahrung, dass man eigentlich immer etwas anderes zu tun hätte, wenn die Zeit des Gebetes gekommen ist, wird von fast allen geistlichen Autoren beschrieben.

Bei der Einhaltung der Gebetszeit(en) kommt es nicht primär auf die Länge der Zeit an – diese hängt von der jeweiligen Person ab und kann im Laufe ihrer Entwicklung variieren –, sondern auf die Treue. Man muss sich darüber klar sein, dass es „ohne *Zeitaufwand* [...] kein lebendiges Gebet [gibt]. – Aber nicht die *Zeitdauer* verbürgt das Gebet, sondern der Wert der Zeit ..." (Madeleine Delbrêl, *Gebet in einem weltlichen Leben,* 78). Daher ist es gerade in einem sehr beschäftigten Leben nicht unwichtig, die günstigen Zeiten zu finden und die Zeit festzulegen, zu der man beten will (ebda. 83f.).

Henri Caffarel antwortete auf den Brief eines Mannes, der ihm geschrieben hatte, er habe keine Zeit mehr zum Beten: „Nehmen Sie doch ein Metermaß. Legen Sie es der Länge nach auf Ihren Arbeitstisch. Schneiden Sie die letzten vier Zentimeter ab. Es bleiben Ihnen sechsundneunzig. Und nehmen Sie an, dass jeder Zentimeter eine der sechsundneunzig Viertelstunden des Tages vorstellt. Nun zählen Sie, links anfangend, 32 oder 36 Zentimeter [...]: das bedeutet Ihre Zeit für den Schlaf. Fügen Sie 36 oder 40 Zentimeter hinzu: das ist Ihre Arbeitszeit. Dann vier bis fünf: da sind Sie unterwegs. Weitere 6 oder 8: die Mahlzeiten ... Und dann sehen Sie an der äußersten Rechten die letzte kleine Viertelstunde, die sechundneunzigste; sehr wenig im Hinblick auf das Ganze, und doch ist es gerade sie, die Sie dem Herrn streitig machen. Finden Sie wirklich, dies besage, Gott einen zu großen Anteil gegeben zu haben? Diese kleine Viertelstunde: für den, der sie Gott weiht, verwandelt sie die fünfundneunzig anderen auf wunderbare Weise; sie teilt ihnen die Schwingung des Gebetes mit." (*Saal der tausend Türen*, 32)

Für das innere, betrachtende Gebet wird von vielen Autoren eine volle Stunde, als Mindestmaß eine halbe Stunde empfohlen, da die meisten Menschen schon viel Zeit für die Sammlung benötigen.

2. Stellvertretung

Ein anderer, sehr wichtiger Aspekt, um der Aufforderung zum „unablässigen Gebet" nachzukommen, ist derjenige der Stellvertretung. Wenn man den Auftrag als an alle Gläubigen, d.h. an die *Kirche* gerichtet begreift, dann lösen sich die einzelnen Glieder im Vollzug dieser Aufgabe ab, und jeder trägt seinen Teil bei, den Auftrag zu erfüllen.

Eine kleine Erzählung aus der Wüstenväter-Tradition illustriert dies: Ein Eremit bekam Besuch von zwei anderen Mönchen, die von sich behaupteten, dass sie immerwährend beteten. Sie gehörten der Sekte der „Euchiten" an (d.h. „Beter", das syrische Wort dafür ist „Messalianer". Sie legten alles Gewicht auf die Gnadenerfahrung im Gebet, so dass selbst die Wirksamkeit der Taufe in ihren Augen demgegenüber zurücktreten musste). Der Altvater fragte sie, ob sie nicht äßen? Und ob sie keinen Schlaf bräuchten? Als sie das zugeben mussten, sagte er: „Es tut mir leid, aber ihr vollbringt nicht, was ihr behauptet.“ Dann erklärte er seine Praxis, unablässig zu beten: Er arbeite und bete im Wechsel; er verdiene durch seine Arbeit seinen Lebensunterhalt, und einen Teil davon gebe er als Almosen. „Und der, welcher das Almosen empfangen hat, betet für mich, während ich esse oder schlafe“ (*Apophthegmata patrum*, B. MILLER, 446)

Auch das kirchliche Stundengebet, zu dem Angehörige des Klerus und des gottgeweihten Lebens verpflichtet sind, hat den Charakter der Stellvertretung; es ist nicht persönliches Gebet, sondern repräsentiert in Lob und Fürbitte die gesamte Kirche.

3. Die „gute Meinung“

Auch dies ist eine Weise, „das Leben zum Gebet werden zu lassen“: Ein kurzes Gebet vor den zu erfüllenden Aufgaben, mit dem die Absicht (das alte deutsche Wort dafür ist „Meinung“) ausgedrückt wird, in allem den Willen Gottes zu suchen. Damit werden alle Tätigkeiten und Geschehnisse in den Raum des Gebetes eingeborgen; sie stehen dann auf dieser Basis.

4. „Stoßgebete“

Stoßgebete sind kurze „Herzenserhebungen“ – ein einziger Satz, eine Anrufung der Hilfe Gottes, ein Dank, eine Zustimmung zum Willen Gottes ... Diese Gebete benötigen fast gar keine Zeit, lassen aber Gottes Wirklichkeit inmitten des gewöhnlichen Alltags aufscheinen. Sie sind kurz, aber intensiv, wie das Wort „Stoß“ es ausdrückt; bei den Wüstenvätern kann man eine Parallele in den sogenannten „Glut-Gebeten“ erkennen, die wie ein Pfeil zum Himmel „geschossen“ werden. MADELEINE DELBRÊL verglich diese kurzen Gebete – sozusagen bildlich umgekehrt – mit einer „Tiefenbohrung“: Man erinnert sich, dass es noch eine andere Dimension als die „Oberfläche“ gibt.

„In das beschäftigste, umhergeworfenste Leben dringen doch, wie feiner Staub leere Zeitteilchen ein. Sieht man sie – man sieht

> sie nicht immer –, so müsste man auf den Gedanken kommen, sie zusammenzulegen und dadurch ein Stück verwendbare Zeit zu gewinnen. Wenn wir behaupten, beten sei unmöglich, so müssen wir uns auf die Suche nach diesem Zeitstaub machen und ihn, so wie er ist, verwerten. In weiten Gebieten der Welt kennen die Leute als Brennstoff nur Holz und anderswo Holz und Kohle, aber es gibt auch Öl. Um eine Ölschicht zu erreichen, spielt die Ausdehnung keinerlei Rolle [...]. Man bohrt senkrechte Schächte, deren Öffnung lächerlich eng ist, dringt aber so tief hinunter als nötig, um die Ölschicht zu erreichen. Heutzutage ist in manchem städtischen Leben das Gebet nur durch Bohrungen möglich, wobei Intensität die Dauer ersetzt, [...] in konzentrierten Akten des Glaubens, der Hoffnung und der Liebe." (DIES., *Gebet in einem weltlichen Leben,* 82)

Stoßgebete können als kurze *Wiederholungsgebete* auch die Zeit des innerlichen Gebetes „füllen" und gewissermaßen die Betrachtung „ersetzen", vor allem in Phasen, wo man wegen Krankheit oder aus anderen Gründen nur schwer innerlich beten kann. „Stoßgebete können alle persönlichen Gebete ersetzen, sie selbst werden durch nichts ersetzt ..." (FRANZ VON SALES, *Philothea* II, 13)

GIACOMO LERCARO, *Wege zum betrachtenden Gebet,* 255 f., gibt den Rat, ein einziges Stoßgebet z.B. eine Viertelstunde langsam zu wiederholen, eine weitere Viertelstunde dann ein anderes, etc.

5. Herzensgebet / „Immerwährendes Gebet"

Das Herzensgebet, auch „Jesus-Gebet", oder „immerwährendes Gebet" genannt, gehört ebenfalls zu den *Wiederholungsgebeten.*

Die klassische Formulierung des Jesus-Gebetes lautet: *„Herr Jesus Christus, Sohn Gottes, erbarme dich meiner (des Sünders)".* Das Gebet umfasst eine Anrufung, die das denkbar kürzeste *Glaubensbekenntnis* beinhaltet, und die *Bitte um Erbarmen.* Es handelt sich also nicht um einen mantra-artigen Text als Konzentrationshilfe, sondern um das existentiell vollzogene christliche Bekenntnis und die Bitte um Rettung, die bereits im Namen „Jesus" („Gott rettet") liegt.

In den *Collationes* CASSIANS (Coll. X, 10) wird als „immerwährendes Gebet" empfohlen: „O Gott, komm mir zu Hilfe. Herr eile mir zu helfen"; denn dieser Hilfe bedürfe der Mensch in allen Situationen des Lebens.

Die schlichte Anrufung soll zunächst mehrfach *mündlich* wiederholt werden, bzw. wörtlich in Gedanken, um gewissermaßen „in Fleisch und Blut überzugehen". Das eigentliche Ziel liegt darin, dass das *„Gottes-Gedenken"* in der Tiefe des Bewusstseins – dem *Herzen* – einwurzelt, so dass das Gebet „selbsttätig" wird, sich wie „der Atem der Seele vollzieht", auch wenn die aktuale Konzentration der Gedanken mit anderem beschäftigt ist.

Das Wesentliche beim Gebet, so umschrieb es Starez THEOPHAN DER REKLUSE, ist es, „vor Gott zu stehen", mit dem „Intellekt im Herzen", und das „ohne Unterlass, Tag und Nacht bis zum Ende des Lebens".

Lit.: *Aufrichtige Erzählungen eines russischen Pilgers* (mehrere Ausgaben).
JOSEF SUDBRACK (Hrsg.), *Schule des Herzensgebetes. Die Weisheit des Starez Theophan,* 1985.

III. Gebetshaltungen und Gesten

Einer der ersten, welche grundsätzlich auf die Bedeutung der Vorbereitung zum Gebet und des leiblichen Ausdrucks eingingen, war ORIGENES. Es ging ihm um Hilfen zur „Sammlung". Dabei betonte er, dass *Körperhaltung und Gestik* allein nicht einfach eine gute Sammlung bewirken, sondern nur unterstützen. Wichtiger ist die *innere Vorbereitung:* die Bereitschaft zur Vergebung, das Ablegen verkehrter Gedanken, und vor allem das Bewusstsein darauf zu richten, *wer Gott ist,* zu dem man sprechen will. Ähnlich fordert auch ein an der Ostseite vieler Synagogen geschriebener Spruch dazu auf: „Wisse, vor wem du stehst!" (BACKHAUS, *Beten,* 80).

„Wer zum Gebet gehen will, der wird meiner Ansicht nach sein ganzes Gebet gesammelter und nachdrücklicher verrichten, wenn er vorher kurze Zeit innehält und sich vorbereitet, und alles, was ihn ablenken und seine Gedanken verwirren kann, ablegt; wenn er, so gut er nur kann, die Erhabenheit Gottes, der er nahen will, sich vor Augen hält und bedenkt, dass es ein Frevel wäre, nachlässig und ungebunden und gleichsam geringschätzig zu ihr heranzutreten, sondern dass er erst alles Unpassende ablegen und dann so zum Beten gehen müsse, indem er *vor seinen Händen* gleichsam *seine Seele ausspannt* und *vor seinen Augen den Geist zu Gott hinstreckt,* und bevor er zu Gott hinzutritt, *seine Vernunft von der Erde emporrichtet* und sie zu dem Herrn der Welt hinlenkt, und jeden *Gedanken an erlittenes Unrecht* einem vermeintlichen Beleidiger gegenüber so weit von sich *entfernt,* wie er wünscht, dass auch Gott ihm keine Sünde nachtragen möge [...].

Auch darf man nicht zweifeln, dass von allen Körperhaltungen diejenige vorzuziehen ist: *stehend, mit ausgestreckten Händen und emporgerichteten Augen,* da man dann gleichsam das Abbild [eikon] der besonderen Beschaffenheit, die der Seele während des Gebetes geziemt, am Körper trägt." (ORIGENES, *Über das Gebet,* III, 31 n. 2)

Beten ist ein geistiges Geschehen zwischen Gott und Mensch, doch besteht der Mensch aus Seele und Leib, und das Gebet vollzieht sich in Raum und Zeit. Gewiss kann der Christ in jeder Lage wie auch an jedem Ort beten, doch wenn er gesund ist und die Möglichkeit hat, soll die Haltung des Körpers der Sehnsucht der Seele *entsprechen*: Der Leib kann und soll beim Gebet das Abbild, die Ikone (*eikon*) der Seele darstellen. „Ikone" sein heißt, das eigentlich Unsichtbare sichtbar werden zu lassen: nicht nur die Hände auszuspannen, sondern die Seele, nicht nur die Augen zu erheben, sondern den Geist, wie ORIGENES sagt. Die Haltung des Leibes und seine Gesten sollen Ausdruck der Gestimmtheit der Seele, ihrer „Haltung" zu Gott sein. Zugleich soll aber umgekehrt der leibhafte Vollzug die Bewegung der Seele auf Gott hin, ihre Sammlung und Hingabe unterstützen.

1. Aufrecht stehen

(1) Wer „steht", der ist nicht in Bewegung oder auf der Flucht, sondern er „stellt sich", „ist da". Im Stehen schwingt das *Bleiben* und „Verharren": „Abraham stand noch immer vor Gott" (Gen 18,22). Bei seinem allerersten Auftreten stellt sich Elija sozusagen vor als einer, der „vor Gott steht" (1 Kön 17,1), d.h. in Gottes Gegenwart, in seinem Dienst. Das Stehen dient der Sammlung, dem Heraustre-

ten aus der Ruhelosigkeit, die den Menschen nicht verweilen lässt (Guardini, *Vorschule des Betens,* 19).

(2) *Ehrfurcht:* Das Stehen bringt die Ehrfurcht vor Gott und seiner *Gegenwart* zum Ausdruck, dessen Augen auf dem Beter ruhen. Die Engel „stehen vor Gott“: „Tausendmal Tausende dienten ihm, zehntausendmal Zehntausende standen vor ihm“ (Dan 7,10). Wie die Engel, so ist auch der Mensch berufen, „vor Gott zu stehen und ihm zu dienen“ (2. Hochgebet).

(3) *Dienstbereitschaft:* Das Stehen symbolisiert die *Aufmerksamkeit* für den Willen Gottes, die mit Dienstbereitschaft verbunden ist, ebenso auch die Bereitschaft zum *Aufbruch.*

(4) *Wachsamkeit:* Stehen bringt die eschatologische Situation des Gläubigen sichtbar zum Ausdruck: Wer an Christus glaubt, den *Auferstandenen,* der wiederkommen wird, der „steht“ in dieser Welt, ohne sich in ihr häuslich niederzulassen. Das nächtliche Wachen und Beten der frühen Mönche geschah demgemäß vornehmlich stehend, wie man „Wache steht“, im Bewusstsein, dass der Herr wiederkommen wird, und seine Knechte wachend antreffen soll (Ps 134,1; Lk 12,35-40).

2. Sitzen

Demgegenüber ist das *Sitzen* die Haltung des Hörens oder des Nachsinnens. Darum spielt das Sitzen als Gebetshaltung im engeren Sinn keine Rolle. Die Mönche saßen jedoch während der Handarbeit und wiederholten dabei halblaut Psalmverse – sie „meditierten“, das heißt, sie memorierten Passagen der Schrift durch halblautes Wiederholen der Worte. Dies ist keineswegs das gleiche wie „Gebet“ – auch wenn beides ineinander übergehen kann (s.o., 140-142). Die „Meditation“ ist vielmehr verwandt mit dem „geistlichen Lesen“, dem verstehenden Aufnehmen des Wortes Gottes. Man könnte auch sagen: Bei der Meditation „umkreist“ der Geist des Menschen Gott, beschäftigt sich mit dem, „was Gottes ist“. Beim Gebet im eigentlichen Sinn aber ist Gott nicht „Inhalt“ der Gedanken, sondern „Angesicht“, zu dem man sich wendet.

3. Sich niederwerfen / niederknien

Die Geste kann verschiedene „Grade“ haben: von der tiefen Verneigung, über die Beugung der Knie, das Berühren des Bodens mit der Stirn, bis zum ausgestreckten Liegen auf dem Boden (Prostration).

(1) *Buße:* In der frühen Kirche wird häufig das *Niederfallen, Sich-Niederwerfen,* oder die *Kniebeugung* bezeugt: „Ferner muss man wissen, dass die Kniebeugung notwendig ist, wenn sich jemand seiner eigenen Sünden vor Gott anklagen und um Heilung davon und um Vergebung flehen will ...“ (ORIGENES). Der bis heute in den Ostkirchen gebräuchliche Name „Metanie“ (vom griech. *metanoia* abgeleitet) benennt die erste Bedeutung dieser Geste: Sie bezeichnet *„Umkehr und Buße“*, ist Ausdruck der radikalen *Hinkehr* zu Gott.

Auch die Arbeit unterbrachen die frühen Mönche immer wieder durch Metanien, um in der inneren Haltung der Zwiesprache mit Gott zu verharren: Die Kniebeugung ist gewissermaßen auch Verleiblichung des Stoßgebetes, welches das Erbarmen des Herrn anruft.

(2) Knien oder Sich-Niederwerfen bringt auch eine besonders *inständige Bitte* und zugleich *Übereignung* der eigenen Person an Gott zum Ausdruck: So hat Jesus im Ölgarten zum Vater gebetet (Mt 26,39: „er warf sich zu Boden“; Lk 22,41: „er kniete nieder“). Kniend betet Stephanus während er gesteinigt wird (Apg 7,60), Petrus bei der Auferweckung der Jüngerin Tabita (Apg 9,40) und Paulus, als er sich von den Gläubigen in Ephesus verabschiedet, um seinem Martyrium zuzugehen (Apg 20,36).

(3) Diese Übereignung der eigenen Person gebührt Gott, keinem Geschöpf; sie ist Anerkennung Gottes als Gott, d.h. *Anbetung* (vgl. Ps 138,2: „Ich will mich niederwerfen zu deinem heiligen Tempel hin“ – und umgekehrt das Verbot: „Du sollst dich nicht vor fremden Göttern niederwerfen“ in Ex 20,5; Dtn 5,9). Sich auf den Erdboden zu werfen, ist vor Gott mehr als nur Ehrerbietung oder Huldigung; es ist Anerkennung der eigenen *Geschöpflichkeit,* dass man „nichts aus sich hat oder ist“ wie es später THOMAS VON AQUIN formuliert. Die Anbetung, die Gott gebührt – Jes 45,23

(Röm 14,11): „Mir werden sich alle Knie beugen" – gebührt ebenso dem menschgewordenen Sohn Gottes (Phil 2,10): „Alle Knie werden sich beugen vor dem Namen Jesu...".

Lit.: BENEDIKT XVI., Predigt zum Gründonnerstag, 5. April 2012: www.vatican.va/holy_father/benedict_xvi/homilies/2012.

4. Spezifisch: Verehrung von Kreuz, Heiliger Schrift und Altarsakrament

Es gehörte schon sehr früh zur Praxis des persönlichen Gebetes, dass man sich tief verneigte bzw. auf die Knie fiel *vor dem Kreuz,* dem Zeichen des Erlösungshandelns Christi, oder dem *Evangelienbuch,* in dessen Worten das menschgewordene Wort Gottes selbst gegenwärtig ist.

Gesten, wie sie ein syrischer Mönch des 8. Jh.s empfahl, können auch heute die innere Sammlung zum Gebet oder der persönlichen Schriftbetrachtung erleichtern:

> „Wenn du deine Gedanken durch Worte der Bitte [um Einsicht in das Geheimnis Christi, das der Inhalt der Hl. Schrift ist] gesammelt hast, dann *grüße das Kreuz* und nimm *das Evangelienbuch in deine Hände und lege es auf deine Augen und auf dein Herz,* und stelle dich auf deine Füße vor das Kreuz hin, ohne dich auf den Boden zu setzen. Und bei jedem Abschnitt, den du liest, lege es auf das Kissen und *falle vor ihm nieder* bis zu zehn Malen, indem du Danksagungen aufsteigen lässt zu dem, der dich gewürdigt hat, das Geheimnis zu betrachten und zu lesen, das verborgen war vor Zeiten und Generationen (Kol 1,26). [...] Und durch die äußere Anbetung, die du vor ihm vollziehst, entsteht in deinem Herzen die intelligible Anbetung [d.i. geistig-geistliche Anbetung „im Geist und in der Wahrheit", Anm. M. S.] und Danksagung, von der eine Zunge von Fleisch nicht zu sagen vermag, wie sie ist". (RABBAN JAUSEP HAZZAYA, in: GABRIEL BUNGE, *Ostsyrische Mystik,* 1986, 126)

In ähnlicher Weise wird heute liturgisch das Evangeliar durch einen Kuss verehrt, wie auch der Altar – als Symbol Christi – durch tiefe Verneigung und Kuss (Eingangsritus der Messfeier) geehrt wird. Dem Bild des Gekreuzigten wird am Karfreitag die Verehrung durch die Kniebeugung erwiesen. In der liturgischen Praxis der lateinischen Kirche, die mit expressiven Gesten eher sparsam ist, wird die Prostration – mit Ausnahme des Beginns der Karfreitagsliturgie – nur bei der Weihe einer Person (zum Diakon, Priester, Bischof; bzw. bei der Feier der ewigen Gelübde und Jungfrauenweihe) vollzogen: Bekenntnis dessen, dass hier nicht Menschen handeln, sondern Gottes Handeln erbeten wird.

Die tiefe Kniebeuge als Anbetung wird dem Altarssakrament erwiesen (s.o., 125; III. 2: Eucharistische Anbetung). Vielerorts ist es Brauch, anlässlich der Anbetung des ausgesetzten Allerheiligsten, die Kniebeuge mit beiden Knien zu vollziehen, um die reale Gegenwart Christi im Sakrament zu bekennen.

5. Augen und Hände erheben

Neben der Haltung des Körpers sind die Augen und die Hände von besonderer Bedeutung: Man *erhebt die Augen zum Himmel* und auch *die Hände*. Die Augen des Geistes sollen „das Angesicht Gottes suchen“ (Ps 27,8), sie sollen gewissermaßen immer auf ihn gerichtet sein – das ist eine Umschreibung für das immerwährende Gebet (Vgl. Ps 123,2: „Wie die Augen der Magd auf die Hand ihrer Herrin, so schauen unsere Augen auf den Herrn, bis er uns gnädig ist“).

Die Hände erheben verstärkt die bewusste Zuwendung zu Gott: Das Gebet gleicht einem „Pfeil“, der zum Himmel gesandt wird, und diese Form nimmt der Leib des Betenden an. Die Geste ist „Ikone“ dafür, dass man *„das Herz erhebt“:* Ausdruck der Hingabe, des *vollen Vertrauens* und des inständigen *Flehens* (Ps 63,5: „ich will ... in deinem Namen die Hände erheben“; 141,2: „als Abendopfer gelte vor dir, wenn ich meine Hände erhebe“, u.v.a.). Gott ist „in der Höhe“, er ist kein Gegenstand dieser Welt. Seine Erhabenheit wird erkannt und anerkannt, und zugleich seine Barmherzigkeit herabgerufen, mit den erhobenen Händen im Gebet „herabgezogen“ auf die Erde. Von manchen Mönchsvätern wird berichtet, dass sie stundenlang mit erhobenen Armen gebetet haben (*Apophthegmata Patrum*, 858). Da die erhobenen Hände auch die *Sehn-*

sucht ausdrücken, zu Gott zu gelangen, heißt es von ABBAS TITHOE (*Apophthegmata Patrum*, 910), er habe in der Gemeinschaft der Brüder diese Art zu beten vermieden, da sonst „sein Geist nach oben entrückt" wurde.

6. Hände ausbreiten

Hier liegt ein stärkerer Akzent auf dem *inständigen Bittgebet*: „Ich breite die Hände aus (und bete) zu dir; meine Seele dürstet nach dir wie lechzendes Land" (Ps 143,6). Das Ausbreiten der Hände erinnert vor allem an das Beten des Gekreuzigten, dessen ganzes Leben hier in die Hingabe an den Vater zum Heil der Welt einging. Die frühen Christen sahen die Parallele zwischen Mose, durch dessen Gebet mit erhobenen Armen Amalek geschlagen wurde, und Jesus, der mit ausgebreiteten Händen am Kreuz den Satan überwand (s.o., 27f.). Das Gebet mit ausgebreiteten Händen ist für den Christgläubigen Gebet in *Kreuz-Gestalt, d.h. Hingabe an den Willen Gottes, Fürbitte für das Heil der Welt*. TERTULLIAN zieht eben diese Parallele: Die zu Gott ausgebreiteten Hände sind Ausdruck der Bereitschaft, mit Christus den Tod zu erleiden (*Apologeticum* 30).

7. Sich an die Brust schlagen

Sich an die Brust zu schlagen, wird vor allem innerhalb der Liturgie praktiziert: Beim Schuldbekenntnis, beim Agnus-Dei, beim „O Herr ich bin nicht würdig", der Priester bei jener Stelle im 1. Hochgebet, wo er für sich und den Klerus betet: „auch uns, deinen sündigen Dienern".

Manche Menschen vollziehen diese Geste auch im Zusammenhang anderer Gebete.

ROMANO GUARDINI hat ihre tiefe Bedeutung eindringlich nachgezeichnet: Es ist eine ernste Geste der Reue und Buße.

> „Nicht ein wenig mit spitzen Fingern an das Kleid tupfen; die geschlossene Faust soll an die Brust schlagen. [...] Es ist ein Schlag, kein zierliches Getue. Soll wider die Pforten unserer inneren Welt fahren und sie durchschüttern. [...] Voll Leben soll diese Welt sein, voll Licht und Kraft und starker Tätigkeit. Wie

sieht es aber in Wahrheit darin aus? So ernste Forderungen erheben sich vor uns, Pflichten, Nöte, Entscheidungsrufe, aber kaum etwas rührt sich drinnen. So manche Schuld haben wir auf uns geladen, aber sie kümmert uns nicht. ‚Mitten im Leben sind wir vom Tod umfangen', aber wir denken nicht daran. Da ruft Gottes Stimme: ‚Wach auf! Sieh um dich! Besinne dich! Wende deinen Sinn! Tue Buße!' Der Ruf verkörpert sich im Schlag gegen die Brust. [...] Besinnt sie sich aber, dann tritt ihr vor Augen, wie sie das ernste Leben vertändelt, wie sie Gottes Gebot übertreten, wie sie ihre Pflichten versäumt hat, „durch ihre Schuld, durch ihre Schuld, durch ihre allzugroße Schuld". [...] Sie tritt auf Gottes Seite und nimmt Partei für ihn gegen sich selbst. Sie denkt über sich, wie Gott es tut. [...]

Das also bedeutet es, wenn der Mensch an seine Brust schlägt: Er weckt sich auf. Er rüttelt die innere Welt wach, damit sie Gottes Ruf vernehme. Er stellt sich auf Gottes Seite und straft sich selbst." (DERS., *Von heiligen Zeichen,* 1927, 19f.)

8. Konkretes Beispiel aus der Spiritualitätsgeschichte: Dominikus' „Neun Gebetsweisen"

Ein besonders beeindruckendes Zeugnis für die Vielfalt der leiblichen Ausdrucksformen im persönlichen Gebet sind die *Neun Gebetsweisen des hl. Dominikus*: Der mit Darstellungen dieser Gebetshaltungen illustrierte Text vom Ende des 13. Jh.s. beschreibt die einzelnen Körperhaltungen und Gesten des hl. DOMINIKUS, deren biblische Wurzeln und die jeweils besondere „Klangfarbe" des Gebetes, die dadurch zum Ausdruck kommt.

Text (dt.) in: VLADIMIR KOUDELKA, *Dominikus. Gotteserfahrung und Weg in die Welt,* 1983; oder: *Die neun Gebetsweisen des heiligen Dominikus,* hrsg. von Fr. P. BLANCO OP, dt. von P. VIKTOR HOFSTETTER OP, 1987 (Auswahl im Anhang, 244-246).

9. Das Kreuzzeichen

Katholische Christen machen gewöhnlich das Kreuzzeichen zu Beginn und zum Abschluss eines Gebetes. Der Brauch, sich mit dem Kreuz zu bezeichnen, ist bereits im 2. Jh. bezeugt und gilt damals schon als „apostolisch", auf die Zeit der Apostel zurückreichend.

> „Bei jedem Schritt und Tritt, bei jedem Eingehen und Ausgehen, beim Anlegen der Kleider und Schuhe, beim Waschen, Essen, Lichtanzünden, Schlafengehen, beim Niedersetzen und welche Tätigkeit wir auch immer ausüben drücken wir auf unsere Stirn *das kleine Zeichen.*" (TERTULLIAN, *Vom Kranze des Soldaten 3)*

Das „kleine Zeichen", lat.: *signaculum* – womit das deutsche Wort „segnen" = „bezeichnen" zusammenhängt – ist das Kreuzzeichen auf die Stirn. Auch Speisen und Orte segnete man in diesem Zeichen.

Sich zu bekreuzigen ist keineswegs als magischer Ritus zu verstehen, sondern ist eine *Tauferinnerung*. Das Kreuz-Zeichen, das auch heute noch den Täuflingen auf die Stirn gezeichnet wird, ist das Abbild des „inneren Siegels", das der Getaufte empfängt. In der Taufe „auf den Namen des Vaters, des Sohnes und des Heiligen Geistes" wird der Mensch in neuer Weise dem *dreifaltigen Gott zu eigen*, oder umgekehrt: der Mensch wird Wohnung und Tempel des dreifaltigen Gottes. Dieses neue Leben wird durch das *Kreuz Christi* geschenkt. Im Sakrament der Taufe bekommt der Mensch Anteil an dem vollkommen heiligen Sterben Christi, das reine Hingabe an den Vater war: sein Tod wird unser Tod, und sein Leben unser Leben (vgl. Röm 6,3-13; Kol 2,12). Wenn daher die getaufte Person das Kreuzzeichen macht – auf die Stirn, oder auch auf die Augen, den Mund und das Herz –, so erinnert sie sich damit an die Zugehörigkeit zum auferstandenen Christus, die Zugehörigkeit zu der neuen Welt.

Das Tau-Zeichen, das viele Christen vom „Franziskus-Kreuz" her kennen, ist eine besondere Gestalt des Kreuzzeichens. In Ez 9,4 wird von einem Erwählungszeichen, „Tau", gesprochen; dieser Text wird in Offb 7,2ff. aufgenommen: Ein Engel trägt „das Zeichen des lebendigen Gottes", mit dem er die Erwählten bezeichnet. Der hebräische Buchstabe *„Tau"* hatte ganz ursprünglich die Form eines Kreuzes, in der altisraelitischen Schreibweise die Form eines Andreaskreuzes. Daher sahen die Kirchenväter in dem Ezechiel-Text eine prophetische Ankündigung des Kreuzes als Heilszeichen.

Der Brauch, sich mit dem Kreuz zu bezeichnen, erinnert aber noch an einen anderen, sehr bedeutsamen Text des AT: In der Pascha-Nacht, der Nacht der Befreiung aus Ägypten, bestrichen die Israeliten die Türen ihrer Häuser mit dem Blut des geschlachteten Lammes (Ex 12,13) und wurden durch dieses Zeichen gerettet. Ebenso sollten die Christen ihre „Türen", d.h. die Sinne ihres Leibes, mit dem Zeichen des neuen Paschalammes, Christus, bezeichnen.

Das sogenannte „große Kreuzzeichen", mit dem man ausgehend von der Stirn den gesamten Oberkörper bezeichnet, ist seit dem 4. Jh. (Vita des hl. Severin von Noricum) bezeugt.

Bis zum Hochmittelalter wurde es von der rechten zur linken Schulter gemacht, wie es in den Ostkirchen noch heute praktiziert wird. Zum einen wird damit die Handhaltung des Priesters nachgezeichnet, wenn er dem Volk zugewandt den Segen spendet. Zum anderen gab es dafür auch verschiedene geistliche Deutungen: Christus ist vom Himmel (Stirn) auf die Erde (Brust) herabgekommen, er trat von der Seite der Gerechten (rechts) auf die Seite der Sünder (links), um sie zu erlösen. In der Praxis der Ostkirchen hat außerdem auch die Handhaltung beim Kreuzzeichen besondere Bedeutung; man unterscheidet das Kreuz mit drei aneinander gelegten Fingern (als Bekenntnis zur Dreifaltigkeit) vom Zweifinger-Kreuz als Bekenntnis zu den zwei Naturen in Christus, der wahrer Mensch und wahrer Gott ist. Auf Ikonen sieht man oft, dass die Segenshand Christi eine ganz bestimmte Stellung der Finger aufweist, welche die griechischen Anfangsbuchstaben seines Namens: „IC XP" bilden.

Wie alle Gesten soll das Kreuzzeichen einer inneren Haltung Ausdruck verleihen oder diese stärken, des Glaubens, der Hoffnung und der Bereitschaft zur Nachfolge Christi:

> „Wir wollen das Kreuz Christi wie eine Krone [auf der Stirn!] tragen. Denn durch das Kreuz wird ja unser ganzes Heil vollbracht. So oft jemand wiedergeboren wird, ist das Kreuz dabei; so oft er genährt wird mit der geheimnisvollen Speise [der Eucharistie], so oft jemand geweiht wird [...] überall steht dieses Zeichen des Sieges uns zur Seite. Deshalb zeichnen wir es voll Eifer auf die Häuser, Wände und Fenster, auf die Stirn und das Herz. [...]

So oft du dies also mit dem Kreuz bezeichnest, beherzige alles, was im Kreuz liegt, dämpfe den Zorn und alle übrigen Leidenschaften. Wenn du dich bekreuzigst, erfülle deine Stirn mit großer Zuversicht, mache deine Seele frei [...]. *Man darf das Kreuz aber nicht einfach nur mit dem Finger machen, sondern zuerst mit dem Herzen, voll innigen Glaubens.* Wenn du es in dieser Weise auf deine Stirn zeichnest, dann wird dir kein unreiner Geist nahen, weil er die Waffe sieht, die ihm die Wunde geschlagen ..." (JOHANNES CHRYSOSTOMUS, *Kommentar zum Evangelium des hl. Matthäus*, 54,4).

Lit.: GABRIEL BUNGE, *Irdene Gefäße*, 2009; Kap. IV.

Zusammenfassung

Gesten sind wichtig, nicht nur, um die Vorgänge in der Seele auszudrücken, sondern mehr noch dann, wenn Worte ihren Sinn verloren zu haben scheinen, wenn die Seele sich gelähmt, kalt und ohne Freude am Gebet fühlt. Dann ist es wenig hilfreich, den Verstand anzustrengen, sondern eher mit einer einfachen Geste – einer tiefen Verneigung, einem Kniefall oder der bewussten Bezeichnung mit dem Kreuz – Glauben und Hoffnung auf den Herrn zum Ausdruck zu bringen.

Die Haltungen oder Gesten sind also nicht „Technik", um in eine geistige Stimmung zu kommen – würde man sie in dieser Weise einsetzen, könnte die Konzentration auf den Körper das Gebet selbst verhindern! –, sondern Ausdruck ganzer Hingabe, die man ersehnt, auch wenn man dahinter zurückbleibt.

IV. „Sammlung" und Gesammelt-Sein (Andacht)

1. Sammlung

Warum ist es so schwer, sich zu sammeln? Warum muss man während des Gebetes fortwährend mit Zerstreuungen kämpfen?

Eine erste Antwort liegt auf der Hand: Gott ist *kein Gegenstand dieser Welt,* der unsere Wahrnehmung so fesseln könnte wie ein Sinneseindruck. Doch selbst Sinneseindrücke müssen zuweilen „gewollt" werden: Man kann auch offenen Auges etwas „übersehen“, „überhören“ oder eben nicht bemerken. Diese Tatsache weist darauf hin, dass Wahrnehmung auch etwas mit der *seelischen Disposition* des Menschen zu tun hat.

Sich zu sammeln, bedeutet auch, aus der Vielfalt der mehr oder weniger an der Oberfläche sich bewegenden Pläne, Erinnerungen, Gedankenfetzen, Empfindungen, „in das eigene Innere einzukehren“, als „Ich“ da zu sein: als das unverwechselbare, auch unvertretbare Geschöpf Gottes, das berufen ist zum Gespräch mit seinem Schöpfer und Erlöser. Wie „zerstreut“ und zerteilt man ist, erfährt man erst so richtig, wenn man sich sammeln will; es zeigt sich dann: „Sammlung ist kein Einzelakt neben anderen, sondern der richtige Zustand des Innern schlechthin; das, was den Menschen instand setzt, zu Menschen und Dingen in die richtige Beziehung zu kommen.“ (GUARDINI, *Vorschule des Betens,* 22).

Umgekehrt wird der Mensch *im Blick auf Gott „gesammelt“:* seine Personalität wird wach: „Jenes Angesicht, das vor Gott zählt, hat der Mensch von sich aus überhaupt noch nicht, sondern das wird erst von Ihm her. Indem ich zu Ihm spreche, werde ich erst richtig ein Jemand, jener Ich-selbst, den Er gemeint hat, als Er mich schuf und erlöste.“ (EBDA., 31). Das bedeutet auch, dass „Sammlung“ zwar sehr wohl ein Bemühen des Menschen ist, aber auch eine Wirkung der Gnade, der Anziehungskraft Gottes, einschließt. Dementsprechend unterscheidet etwa TERESA VON AVILA zwei Weisen der Sammlung: zunächst die eher mühsame Tätigkeit des menschlichen Willens, und dann die Sammlung, die Gott selbst im Menschen bewirkt.

2. Vorbereitung und Abschluss der Gebetszeit

Insofern die Sammlung menschliche Bemühung bedeutet, haben zahlreiche geistliche Autoren Ratschläge dafür formuliert: solche, die die entferntere Vorbereitung auf die Zeit des Gebetes betreffen, und solche, die der Sammlung zum Gebet im engeren Sinn dienen.

Zur *entfernteren Vorbereitung* gehört z.B. die *Hygiene der Gedanken.* Wenn man nicht von negativen Gedanken (Neid, Gier, selbstgerechtes Urteil über andere Personen, Unversöhnlichkeit, Anhänglichkeit an eine Sünde etc.) zur Zeit des Gebetes behindert werden will, darf man sie nicht außerhalb der Gebetszeit in sich nähren. Es wird also auch darauf ankommen, womit man sich geistig beschäftigt, um die Ausrichtung auf Gott zur Zeit des Gebetes leicht zu finden.

Erst recht gehört zur Praxis des Gebetes das Bemühen um ein Leben entsprechend dem Willen Gottes (Vaterunser-Bitte). Das Gebet soll das Leben formen – und die *Lebensführung* hat Auswirkungen auf das Gebet. Ein mittelalterlicher Meister hat dies in ein sprechendes Gleichnis gefasst: Das Herz des Menschen, in das er sich zum Gebet zurückziehen soll, gleicht einem Haus. Wenn auf den Wänden dieses Hauses Bilder gemalt sind, die eher einem schlechten Wirtshaus als einem Gotteshaus entsprechen, dann wird man diesen Bildern begegnen, sobald man „einkehrt" (DAVID VON AUGSBURG, *Vom äußeren und inneren Menschen,* III. 21).

Zur entfernteren Vorbereitung kann man auch das *Fasten* zählen, welches nach biblischem Zeugnis das Gebet leibhaft unterstützt.

- Es drückt zum einen in besonderer Weise die Gesinnung der *Buße und Umkehr* aus, die auch *Trauer* über die eigenen (oder fremde) Verfehlungen einschließt: Der Ernst der Buße verleiblicht sich, indem man „sich Abbruch tut an Speis und Trank" (Hymnus zum Stundengebet in der Fastenzeit), oder auch an sonstigen erfreulichen Dingen, etwa sozialer Geselligkeit.
- Fasten ist zum andern ein leibhaftes Bekenntnis und *Anerkenntnis der Abhängigkeit von Gott,* der den Menschen sowohl leiblich wie geistlich im Sein erhält.
- Fasten dient auch der *Öffnung des Herzens für den Mitmenschen*: nicht nur im Sinne des leiblichen Wohltuns (das durch Fasten Erübrigte kann anderen zugute kommen), sondern auch zu einer umfassenden Barmherzigkeit: Wer die eigene Bedürftigkeit erkennt, gewinnt Demut und verstehendes Erbarmen (eine Einsicht der Wüstenväter).
- Fasten kann und soll vor allem eine *größere innere Freiheit* bewirken und die Fixierung auf materielle Güter aufbrechen.

Erfahrene geistliche Begleiter (z.B. Teresa, Caffarel, Guardini) weisen immer wieder darauf hin, dass man sich eine bestimmte Zeit des Tages für das persönliche Gebet reservieren soll. Es ist vorher zu überlegen, wann man voraussichtlich am wenigsten gestört sein wird, wann man auch leiblich-geistlich die nötige Spannkraft besitzt, und wie viel Zeit man sich vornimmt. Auf diese Zeit soll man sich freuen – vielleicht die wichtigste Form der „entfernteren Vorbereitung“.

Schließlich wären noch die Umstände zu nennen. Wie man zu einem wichtigen Gespräch, zu einem guten Freund oder zu einem Konzert, dessen Musik einem etwas bedeutet, nicht im letzten Moment geht, sondern sich darauf einstellt, so wird auch beim Gebet jeder Mensch den angemessenen Weg der Vorbereitung finden.

Engere Vorbereitung – Hintreten vor Gott

- „Wisse vor wem du stehst“: Oft wird dies umschrieben als „sich versetzen in die Gegenwart Gottes“. Das heißt, sich klar zu machen, dass Gott „DA IST“, dass er hört; mehr noch, dass man „erwartet wird“ von Jemandem, der mehr Sehnsucht und Freude hat am Gebet des Menschen, als dieser selbst (Caffarel, *Saal der tausend Türen,* 14f.). Die eigentliche „An-dacht“ beim Gebet bezieht sich auf den, zu dem man spricht.
- Anrufung des Heiligen Geistes: da das Gebet des Christen in besonderer Weise durch den Heiligen Geist angeregt, getragen und vollendet wird (s.o.: 1. Teil, B) III), soll der Betende sich dieser „Stütze“ (griech.: *parakletos*) bewusst sein.
- Liebevolles Vertrauen erwecken: indem man sich die Güte Gottes vor Augen stellt, wie sie der christliche Glaube bezeugt – „Bedenke, dass Du deine Bitte im Namen Jesu, des Erlösers, aussprichst.“
- Eine wortlose Geste, wie die Kniebeuge, die Bezeichnung von Stirn (Mund und Herz) mit dem Kreuz, ein bewusstes, ruhiges Atmen, verbunden etwa mit dem Gebet: „Atme in mir, du Heiliger Geist“, können die Gegenwart Gottes in Erinnerung rufen.

- Ein mittelalterlicher Autor (Verfasser der *Wolke des Nichtwissens*) gab einen sehr nüchternen (eschatologischen) Rat: Man solle realisieren, dass man, noch bevor das Gebet, das man beginne, beendet sei, vor Gottes Thron gerufen werden könne.

Abschluss der Gebetszeit

Die Zeit des Gebetes oder der Betrachtung soll auch einen würdigen Abschluss haben.

Sie wird mit einem Dank an Gott für diese Zeit beendet – nicht mit einer Reflexion über den „Wert" oder „Erfolg"!

Um die Sammlung auch über die Gebetszeit hinaus zu bewahren, bzw. das „immerwährende Gottes-Gedenken" als Ziel des regelmäßigen Gebetes im Blick zu behalten, könnte ein „Bild" hilfreich sein, das ein Bischof des 16. Jahrhunderts empfahl: Behalte immer ein kleines Licht im Herzen angezündet – wie das ewige Licht brennt, auch wenn die festliche Gottesdienst-Beleuchtung gelöscht ist. Wenn dann die Zeit des Gebetes gekommen ist, wird es leichter sein, die übrigen Lichter wieder zu entfachen. (Bartholomäus von Braga OP, *Stimulus pastorum*, II,4, Braga 1982)

3. Andacht beim Gebet

Wenn man längere Zeit in Gottes Gegenwart verharren will – und zwar täglich in Treue –, wird man unweigerlich die Erfahrung der „Zerstreutheit", des Abgelenktseins machen. Es kann sogar so scheinen, als sei man gerade in der Zeit des Gebetes ganz besonders „wirren" oder auch versucherischen Gedanken ausgesetzt. Die Wüstenväter, Augustinus, Johannes Cassian, Thomas von Aquin, David von Augsburg, Teresa von Avila … die großen Beter waren alle diesbezüglich realistisch.

So beschreibt Augustinus plastisch, wie „sein Herz" ihm immer wieder davonlaufe und anderswo herumstreune. Aber er beschreibt eben diese Tatsache, seine Hilflosigkeit und Traurigkeit darüber *vor Gott*. Er macht die Situation zum Gegenstand seines Gebetes: indem er über die Geduld und „Menschenfreundlichkeit

Gottes“ nachsinnt, mit der er auch solche Leute erträgt, und um Heilung dieses von seinem Gott entfremdeten Herzens bittet:

> „Wahrhaftig, Brüder, ich will sprechen wie ein Mensch unter Menschen, wie einer, der eben Mensch ist [...] Ein jeder soll aufmerksam hinsehen, was sich so alles im menschlichen Herzen abspielt – wie selbst das Gebet sehr oft von nichtigen Gedanken behindert wird, so dass das Herz kaum vor seinem Gott still zu stehen vermag. [...] Wenn ich also, meine Brüder, aufmerksam lese, was David hier sagt: „Du bist voll Süße und Freundlichkeit“, dann scheint mir, dass ich sehe, was er meint. Es scheint mir, er will sagen, Gott sei voll Freundlichkeit, weil er diese unsere Armseligkeiten erträgt, und dennoch auf unser Gebet wartet, damit er uns vollenden kann. Und wenn wir ihm ein Gebet darbringen, dann nimmt er es erfreut an *(grate accipit)* und erhört es. Und er denkt nicht mehr an die vielen wirren Gebete, sondern nimmt das eine an, das wir kaum zustande gebracht haben. [...] „Weil du voll Süße und Freundlichkeit bist, o Herr“, bist du freundlich und erträgst mich. Ich bin krank, daher zerfließe ich in alle Richtungen. Heile mich, und ich werde fest stehen, stärke mich, und ich werde stark sein. Bis du das bewirkst, erträgst du mich. „Denn du bist voll Süße, Herr, und voll Freundlichkeit“ (Augustinus, *En. in ps. 85*, n.7; siehe Anhang, 249-252).

Gregor d. Gr. und ähnlich Caterina von Siena geben zu bedenken, dass gerade die *Traurigkeit* darüber, dass so wenig inneres Feuer beim Gebet spürbar sei und man das Verweilen vor Gott als beschwerlich empfinde, das Anzeichen der anwesenden Gnade sei: Tiefer als die konfusen Bewegungen im Bereich der Gedanken ist die Sehnsucht nach Gott im Bereich des Willens:

> „Bedenke, dass unpassende Gedanken oder Anfechtungen zwar die Süße des Gebetes stören, nicht aber das Gebet sinn- und nutzlos machen. [...] Oft besetzen uns so viele Gedanken, dass wir der Verzweiflung nahe sind; aber die Traurigkeit, die wir empfinden, dass unser Mühen um das Gebet so beschwerlich ist, ist unser Anwalt beim barmherzigen Richter.“ (Gregor d. Gr., *zitiert bei* Albertus Magnus, *De forma orandi*, II, 8).

Teresa von Avila mahnt, sich nicht dazu verleiten zu lassen, den Gedanken „hinterherzulaufen“, sondern bei der Absicht des

Willens zu bleiben, diese Zeit Gott zu schenken. THOMAS VON AQUIN betont, dass Zerstreutheit dem Gebet nicht seine Würde, auch nicht seine Wirksamkeit nimmt, sondern „nur die Süße" (*Sth* II II q.83 a.13, siehe Anhang, 252f.).

Der Versuchung, am Wert des eigenen Gebetes zu zweifeln, weil man zerstreut oder schläfrig war, darf ein Christ nicht nachgeben:

> „Der Wert meines Gebetes hängt nicht nur von meinem Tun ab. Ich habe nämlich die Gewissheit, dass Gott während der gesamten Gebetszeit an mir und in mir gehandelt hat, dass Christus in mir gebetet hat – von dem Augenblick an, da ich einen guten Anfang gesetzt habe." (CAFFAREL, *Weil du Gott bist,* 65; vgl. THOMAS VON AQUIN, *Sth* II II q.83 a.13, siehe Anhang).

4. „Trockenheit" und Treue – Gebet als Akt des Glaubens

> „Für den, der sich ernstlich Mühe gibt, werden freilich Zeiten kommen, da es ihm scheint, er würde in einer Wüste umherirren und trotz aller Anstrengungen nichts mehr von Gott ‚spüren'. Dann muss er wissen, dass diese Prüfungen niemandem, der das Gebet ernst nimmt, erspart bleiben. [... hier verweist das Schreiben darauf, dass diese Erfahrungen nicht rasch mit der ‚dunklen Nacht' identisch gesetzt werden dürfen ...]. In solchen Zeiten kann ihm das Gebet, das er entschlossen fortzusetzen sucht, auf jeden Fall den Eindruck einer gewissen ‚Künstlichkeit' machen, obwohl es sich in Wirklichkeit um etwas ganz anderes handelt: Es ist nämlich gerade dann Ausdruck seiner Treue zu Gott, in dessen Gegenwart er bleiben will, auch wenn er nicht mit einem subjektiven Trost belohnt wird." (GLAUBENSKONGREGATION, *Schreiben über einige Aspekte der christlichen Meditation,* n.30)

Viele große Beter und Beterinnen kannten Zeiten und Situationen, wo das Gebet zur Last zu werden oder „sinnlos" zu sein scheint, wo Gott sein Angesicht zu verbergen scheint, wie z.B. bei Ijob oder Jeremia. Und alle geben den gleichen Rat: in Treue auszuhalten. Das muss nicht heißen, dass die gleichen Formen, das gleiche Maß an Zeit durchgehalten werden müsse; wenn nichts anderes möglich ist, so solle man (wie ein Mönchsvater des

8. Jh.s empfahl), nur eine einfache Geste der Ehrerbietung vor dem Kreuzbild machen und „den Namen der geliebten Heiligsten Dreifaltigkeit aussprechen“, also das kurze Lobgebet: „Ehre sei dem Vater und dem Sohn und dem Heiligen Geist ...“.

In dieser Situation auszuhalten vermag nur der Glaube, der sich nicht auf die Bestätigung durch die eigene Erfahrung stützt, sondern auf die *Offenbarung Gottes* selbst, im Zeugnis der Heiligen Schrift:

> „Darum heißt es im Korintherbrief (1Kor 10,13): ‚Treu ist Gott, der nicht dulden wird, dass ihr angefochten werdet über euer Vermögen hinaus; vielmehr wird er euch in der Anfechtung ein Vorwärtskommen (*proventum*) schaffen, so dass ihr standhalten könnt.‘ Man wird belehrt, sein Vertrauen auf Gott und die Gewissheit im Glauben nicht nur auf die Erfahrung des göttlichen Trostes zu stützen, so wie es manche tun, die auf dem Wege Gottes noch unerfahren (*rudes*) sind: Wenn sie fühlen, dass ihnen die Trosterfahrung entzogen wird, bricht sofort ihr Mut zusammen, weil sie glauben, Gott habe sich von ihnen abgewandt, oder sie beginnen gar im Glauben zu wanken, ob es denn wahr sei, was sie von Gott gedacht hatten (*senserunt*), wie im Buch Exodus (17,7): ‚Ist Gott unter uns oder nicht?‘ – Der Herr will uns durch den Entzug der Tröstung belehren, uns auf die Wahrheit der Hl. Schrift und des Glaubens mehr zu verlassen als auf irgendeine unserer Erfahrungen – wäre doch das Glauben kein Verdienst, wenn es nur in der Erfahrung gründete (*consisteret*), und die Hoffnung, die in der Erfahrung bereits das Erhoffte besitzt, wäre keine Hoffnung mehr (Röm 8,24). ‚Durch die Geduld und die Tröstung der hl. Schriften haben wir Hoffnung‘ (Röm 15,4) – mehr als aufgrund von Trosterfahrungen –, wenn wir glauben, dass Gott in der Gnade sich niemals von uns abwenden wird, solange sich unser Wille nicht von Gott abwendet durch Zustimmung zur Sünde oder durch starre Gleichgültigkeit. [...] Verzage also nicht, wenn dir die Tröstung durch innere Süßigkeit entzogen wird, als ob Gott dich verlassen hätte, oder er deine guten Taten nicht mit Wohlgefallen annähme, sondern kehre zurück zu jenen wahren Zeugnissen und finde Trost in ihnen: dass Gottes Huld dich nicht verlässt [...]. Denn nicht wir haben ihn erwählt, sondern er uns (Joh 15,16), und ‚er hat uns zuerst geliebt‘ (1 Joh 4,10). Er verlässt nicht die, welche ihn nicht verlassen, hat er uns doch bereits geliebt, als wir

noch nicht waren, ja er hat uns sogar geliebt, als wir ihm durch die Sünde Widerstand leisteten. Der tiefste Grund, warum er uns geliebt und erwählt hat, sind nicht wir selbst, sondern er selbst in seiner lauteren Gutheit. Darum hat er uns auch gerettet." (DAVID VON AUGSBURG, *Vom äußeren und inneren Menschen* III. 3).

Lit.: s. Texte von HENRI CAFFAREL, JEAN DANIÉLOU und FRANZ VON SALES, im Anhang, 254-263.

Text-Anhang

Johannes Cassian
Collationes patrum IX 9-14 (übers. von Marianne Schlosser)

„Flehen, Gebete, Bitten, Dank"

Wir haben über die Beschaffenheit des Gebetes nicht so ausführlich gesprochen wie es die Wichtigkeit des Themas eigentlich erforderte, sondern nur so viel, wie es die Kürze der Zeit erlaubte und es unser schmaler Verstand und unseres Herzens Schwerfälligkeit vermochte. Nun warten noch größere Schwierigkeiten auf uns: die Auslegung der einzelnen Arten von Gebeten, die der Apostel als vier verschiedene benennt: Ich bitte euch, sagt er, vor allen Dingen, dass Flehen, Gebete, Bitten, Danksagungen dargebracht werden (1 Tim 2,1). Diese Unterscheidung wird vom Apostel bestimmt nicht ohne Grund vorgenommen. Wir wollen also erforschen, was „Flehen" *(obsecrationes)*, „Gebete" *(orationes)*, „inständige Bitten" *(postulationes)* und „Danksagungen" *(gratiarum actiones)* bedeuten. Dann wollen wir fragen, ob diese vier Arten von einem Beter in gleichem Maß geübt werden sollen, das heißt: alle zugleich und miteinander verbunden, oder abwechselnd jede Gebetsart für sich [...] beziehungsweise der eine Beter Flehen, der andere Gebete, wieder ein anderer inständige Bitten, und wieder ein anderer Danksagungen darbringen solle [...]. 10. Es ist also drittens auch danach zu fragen, ob die durch die Autorität des Apostels vorgelegte Reihenfolge der Gebetsarten noch eine tiefere Erkenntnis für uns bereit hält [...]

11. „Obsecratio" ist das flehentliche Gebet bzw. die Bitte, mit der jemand mit Reueschmerz um die Vergebung seiner Sünden fleht – der gegenwärtigen wie der vergangenen.

12. Wenn wir „orationes“ darbringen, geloben wir Gott etwas bzw. bringen ihm eine Gabe. Im Griechischen heißt das Wort „euche“, das bedeutet „Gelübde“. Wo im Griechischen steht: „Ich will meine Gebete dem Herrn bringen“, heißt es im Lateinischen: „Ich will dem Herrn meine Gelübde erfüllen“, was der eigentlichen Wortbedeutung nach auch so übersetzt werden kann: „Ich will dem Herrn meine Gebete geben“ [...]. Wir „beten“ also *(oramus)*, wenn wir dieser Welt entsagen und geloben, für die Taten und den Wandel dieser Welt tot sein und mit ganzem Herzen dem Herrn dienen zu wollen. Wir „beten“, wenn wir versprechen, weltliche Ehrungen zu verachten und Reichtum zu verschmähen, in Zerknirschung des Herzens und Armut im Geist aber dem Herrn anzuhangen. Wir „beten“, wenn wir uns für immer zu lauterer Keuschheit des Leibes und beständiger Geduld verpflichten, oder wenn wir geloben, die Wurzeln des Zornes und der „Traurigkeit, die den Tod bewirkt“, ganz und gar aus unserem Herzen herauszureißen. [...]

13. An dritter Stelle kommen die „inständigen Bitten“, die wir oft auch für andere vorbringen, wenn wir uns in der Glut des Geistes befinden; wir bitten dann für die Menschen, die uns lieb sind oder um den Frieden für die ganze Welt. [...]

14. An vierter Stelle steht die Danksagung. Der Geist *(mens)* dankt Gott in unaussprechlicher Weise, voller Überschwang, wenn er sich die Wohltaten Gottes in der Vergangenheit in Erinnerung ruft oder seine gegenwärtigen Wohltaten betrachtet, oder wenn er seinen Blick darauf richtet, welch große Güter Gott denen verheißen hat, die ihn lieben. [...]

Zum 1. Hauptteil
Psalmen

THOMAS VON AQUIN
Einleitung zum Psalmenkommentar (übers. von M. Schlosser)

Die herausragende Bedeutung des Psalters

Die Psalmen: Kurzfassung der Heilsgeschichte

Während die einzelnen Bücher der kanonischen Schriften jeweils spezifischen Inhalt haben, findet sich im Buch der Psalmen der Inhalt der gesamten Theologie *(generalis materia totius theologiae)*, wie Dionysius im III. Buch der *Himmlischen Hierarchie* schreibt. [...] Es geht in diesem Buch um das gesamte Werk Gottes; und sein Wirken ist vierfach: das Werk der Schöpfung *(creatio)*, der Lenkung *(gubernatio)*, der Erlösung *(reparatio)*, und der Verherrlichung *(glorificatio)*. [Es folgen Beispiele: Pss 8, 77, 3, 149].

Alles, was sich auf den Glauben an die Menschwerdung bezieht, wird in diesem Buch derart klar übermittelt, dass der Psalter beinahe ein Evangelium zu sein scheint, und nicht ein prophetischer Text (*Omnia enim quae ad fidem incarnationis pertinent, sic dilucide traduntur in hoc opere, ut fere videatur Evangelium, et non prophetia)*. [...] Und das ist der Grund, warum der Psalter in der Kirche so oft gelesen wird: er enthält die ganze Schrift *(quia continet totam Scripturam)*. [...].

Der Inhalt des Buches ist also umfassend, denn es behandelt *das ganze Werk Gottes*. Dieses aber bezieht sich auf Christus, wie es Kol 1 heißt: „in ihm wollte Gott in der ganzen Fülle wohnen". Und darum ist der Inhalt dieses Buches *Christus und seine Glieder*.

Die Gattung der Psalmen: Preisendes Bekenntnis (confessio)

Die Heilige Schrift spricht auf viele verschiedene Weisen. Es gibt die Gattung der Erzählung in den Geschichtsbüchern, die Gattung der Ermahnung, der Aufforderung oder des Gebotes, die Gattung des Gesprächs bzw. der Begründung, und die Gattung des Bitt- bzw. Lobgebetes. Diese Gattung finden wir im Psalter. Denn alles, was in den anderen Büchern der Schrift auf verschiedene Weise ausgesprochen wird, findet sich hier *im Modus des Gebetes.*

Von hierher erklärt sich der Titel des Buches: *Liber hymnorum,* bzw. *Soliloquiorum prophetae David de Christo.* Ein „Hymnus" ist Gotteslob in Lied-Form: *laus Dei cum cantico.* Ein Lied *(canticum)* ist Jubel im Geist *(exsultatio mentis)* über die ewigen Güter, der in die Stimme ausbricht *(prorumpens in vocem).*

Der Psalter lehrt also, Gott mit Jubel zu loben. „Soliloquium" – „Allein-Gespräch" – bedeutet ein Gespräch ganz besonders und einzigartig mit Gott, oder ein Reden im eigenen Inneren, wie es einem Lobenden und Bittenden ansteht.

Zielsetzung der Psalmen: Erhebung des Herzens

Die Zielsetzung dieses Buches ist das Gebet. Gebet ist Erhebung des Geistes zu Gott *(elevatio mentis in Deum),* wie Johannes Damascenus sagt. Nun erhebt sich die Seele aber auf vier Weisen zu Gott: Erstens, indem sie die Erhabenheit seiner Macht bestaunt. Ps. 103: „Wie wunderbar sind deine Werke, o Herr ..." Das ist die Erhebung des *Glaubens.* Zweitens erhebt sich der Geist, indem er sich ausstreckt zu den erhabenen Gütern der ewigen Seligkeit: Das ist die Erhebung der *Hoffnung.* Drittens erhebt er sich, indem er der Gutheit und Heiligkeit Gottes anhangt: Das ist die Erhebung der *Liebe.* Viertens erhebt er sich, indem er die Gerechtigkeit Gottes im Werk nachahmt: Das ist die Erhebung der *Gerechtigkeit.*

Darum schreibt Gregor d. Gr. (*Hom. in Ez.* I, 1): Durch den Psalmengesang, sofern er mit Aufmerksamkeit des Herzens vollzogen wird, werde dem Allmächtigen Gott ein Weg zum Herzen bereitet, so dass er der aufmerksamen Seele entweder Geheimnisse der Prophetie oder die Gnade der inneren Ergriffenheit eingießt.

Das Ziel des Psalters ist also, dass *die Seele mit Gott verbunden werde,* mit Gott, dem Heiligen und Erhabenen.

Die Psalmen sind inspiriert vom Heiligen Geist, sind „Prophetie“

Beachte den Unterschied zwischen der Heiligen Schrift [als Grundlage der theologischen Wissenschaft] und den anderen Wissenschaften. Die anderen Wissenschaften beruhen auf der menschlichen Vernunft, diese Schrift aber auf dem Antrieb der göttlichen Inspiration: *per instinctum inspirationis divinae (cf. 2 Petr 1).* [...]

Auslegungsprinzipien

[negative Regel:] Was die Auslegung anbetrifft, so müssen wir sowohl in Bezug auf den Psalter wie auf andere prophetische Texte einen Irrtum meiden, der auf dem 5. Konzil verurteilt wurde. Theodor von Mopsuestia hatte behauptet, dass in der Hl. Schrift und den Prophetien nichts ausdrücklich über Christus gesagt sei, sondern über andere Angelegenheiten; dass man diese aber auf Christus bezogen habe. Etwa sei die Stelle in Ps 21 „Sie haben meine Kleider unter sich geteilt“, nicht von Christus gesagt, sondern dem wörtlichen Sinn nach *(ad literam)* von David.

Diese Aussage ist auf dem Konzil verurteilt worden. Wer also behauptet, die Heiligen Schriften seien so auszulegen, ist ein Häretiker.

[positive Regel:] Der hl. Hieronymus hat uns in seinem Kommentar zu Ezechiel eine Regel überliefert, an die wir uns auch hinsichtlich der Psalmen halten wollen: Die dort beschriebenen Taten oder Ereignisse sind so auszulegen, dass sie in irgendeiner Weise ein Vorausbild Christi oder der Kirche sind *(sic exponendi sunt de rebus gestis, ut figurantibus aliquid de Christo vel Ecclesia).* Wie es in 1 Kor 10 heißt: „All das geschah als Vorausbild *(in figura)*“.

[Fazit:] Manchmal betrifft eine Prophetie Ereignisse der damaligen Zeit, jedoch nicht so, dass darin ihre Sinnspitze läge *(non principaliter)*, sondern insofern diese Ereignisse Vorausbild künftiger Geschehnisse sind. Darum hat es der Heilige Geist so eingerichtet, dass in einem solchen Fall bestimmte Aspekte eingefügt sind, welche die damalige Situation übersteigen. Auf diese Weise soll der menschliche Geist dazu erhoben werden, den weiteren Sinn zu erfassen. So steht beispielsweise im Buch Daniel vieles

über Antiochus als Vorausbild des Antichristen, doch manches liest man dort, was mit Antiochus nicht erfüllt ist, sondern sich erst im Antichristen erfüllen wird. Ein anderes Beispiel: Man kann mancherlei lesen über das Königreich des David und Salomo, was sich nicht erfüllen sollte in der Herrschaft dieser Menschen, sondern erst in der Herrschaft Christi, als dessen Vorausbild von diesem Königtum geschrieben wurde – etwa Psalm 71 Vg, der seiner Überschrift zufolge vom Königtum Davids und Salomos handelt; aber da steht auch etwas, was dessen Möglichkeiten übersteigt: „In seinen Tagen wird Gerechtigkeit aufblühen und ein überfließendes Maß des Friedens, bis der Mond nicht mehr da ist"!, und: „er wird herrschen von Meer zu Meer, vom Strom bis an die Enden der Erde" usf. Der Psalm wird ausgelegt vom Königtum Salomos, insofern dieses ein Vorausbild des Königreichs Christi ist, in dem dann all das Gesagte erfüllt sein wird.

Neues Testament: Jesus als Lehrer des Gebetes

Johannes Cassian

Collationes Patrum IX, 35 (übers. von M. Schlosser)

„Die Kammer des Herzens"

Vor allem ist jenes Gebot des Evangeliums sorgsam zu beobachten: Wir sollen in unsere Kammer *(cubiculum: Schlafkammer)* eintreten, die Tür schließen, und dann zu unserem Vater beten. Wir erfüllen die Vorschrift, „innerhalb der Kammer" zu beten, wenn wir unser Herz gänzlich abziehen vom Lärm aller Gedanken und Besorgnisse und auf verborgene und vertraute Weise dem Herrn unsere Bitten eröffnen. „Mit geschlossener Tür" beten wir, wenn wir die Lippen geschlossen halten und schweigend zu Dem beten, der die Herzen erforscht, nicht die Worte. „Im Verborgenen" beten wir, wenn wir nur mit dem Herzen und dem aufmerksam auf Gott gerichteten Geist (*intenta mente*) Ihm allein unsere Anliegen vortragen, so dass auch die feindlichen Mächte die Art unseres

Gebetes nicht erkennen können. Wir sollen im Schweigen beten, nicht nur um die anwesenden Brüder nicht durch unser Flüstern oder Rufen abzulenken oder sie beim Gebet zu stören, sondern auch, damit unseren Feinden, die uns gerade zur Zeit des Gebetes erbittert nachstellen, die Absicht unseres Gebetes verborgen bleibt.

Johannes Chrysostomus

Aus den Homilien zum Matthäus-Evangelium, 19. Homilie, zu Mt 6, 1-15 (BKV)

„Nicht wie die Heuchler"

Mt 6,5-6: „Und wenn ihr betet, so sollt ihr nicht sein, wie die Heuchler; die gehen gerne in die Synagogen und stehen an den Straßenecken, um zu beten. Wahrlich sage ich euch, sie haben ihren Lohn bereits empfangen. Du aber gehe zum Gebet in dein Kämmerlein, schließ die Türe zu und bete zu deinem Vater, der im Verborgenen [sieht]."

Auch diese Leute nennt Christus wiederum Heuchler, und ganz mit Recht. Sie geben sich ja den Anschein, als beteten sie zu Gott, während sie sich doch nach Leuten umsehen und nicht das Schauspiel von Betern, sondern das von lächerlichen Menschen bieten. Wer um eine Gabe flehen will, der achtet auf niemand, sondern sieht nur auf den, der die Macht hat, seine Bitte zu gewähren. Wenn du den aber nicht beachtest, planlos umhergehst und deine Augen überall umherschweifen lässt, so wirst du mit leeren Händen ausgehen. So hast du es selbst gewollt. Darum sagte der Herr nicht: solche Beter werden keinen Lohn empfangen, sondern: sie werden fortgehen, das heißt, sie werden zwar etwas empfangen, aber von denen, von denen sie es selbst verlangten. Nicht Gott wollte es so; er war vielmehr bereit, seinerseits den Bittenden die Gabe zu gewähren. Da aber diese ihren Lohn bei den Menschen suchen, so wäre es doch wohl nicht gerecht, dass sie einen solchen auch von dem erhielten, für den sie gar nichts getan haben. Du aber betrachte, wie groß die Liebe Gottes zu den Menschen ist, da er uns sogar dafür Lohn verheißt, dass wir ihn um Gaben für uns bitten. Nachdem also Christus diejenigen getadelt hat, die sich beim Gebete ungeziemender Weise benehmen, die nicht am rechten Ort und nicht in der rechten Weise beten, und nachdem er gezeigt hat, wie töricht sie sind, so gibt er auch die beste Art zu beten an, verheißt auch dafür wieder seinen Lohn und sagt: „Geh hinein in dein Kämmerlein."

(3) Wie nun, fragst du, soll man also nicht in der Kirche beten? Ganz gewiss, aber gerade mit solcher Gesinnung. Gott sieht ja überall auf die Absicht unserer Handlungen. Du könntest ja auch in deine Kammer gehen und sie abschließen, und dies doch nur aus Eitelkeit tun, und so würden dir die geschlossenen Türen gar nichts nützen. Beachte darum, wie genau der Herr auch hier unterscheidet, indem er sagt: „Damit sie von den Menschen gesehen werden." Wenn du also auch die Türen zuschließest, so will er doch, dass du zuvor auch die Türen deines Herzens verschließest. Von Eitelkeit frei zu sein, ist zwar immer gut, am meisten aber beim Gebet. Denn wenn wir ohnedies schon oft zerstreut sind und unsere Gedanken frei umherschweifen lassen, wie sollen wir da auf unser Gebet achten, wenn wir auch noch mit diesem Fehler in unsere Kammer hineingehen? Wenn aber wir selbst unser Bitten und Flehen nicht hören, wie können wir da von Gott verlangen, dass er es höre?

Gleichwohl gibt es Leute, die trotz all dieser vielen und eindringlichen Ermahnungen sich beim Gebete so ungeziemend benehmen, dass sie, wenn man sie auch nicht sehen kann, sich doch durch ihre Stimme und ihr rohes Geschrei allen bemerkbar machen und sich selbst durch ihre Haltung und ihre Stimme der Lächerlichkeit preisgeben. Oder siehst du nicht, dass ein solcher Mensch, schon wenn er auf offener Straße unter lautem Geschrei um etwas bittet, denjenigen abstößt, von dem er etwas haben will? Benimmt er sich dagegen ruhig und anständig, so gewinnt er eher die Gunst dessen, der ihm ein Almosen geben kann. Verrichten wir also unsere Gebete nicht in ungeziemender Haltung, nicht mit schreiender Stimme, sondern mit Innigkeit des Herzens; nicht mit einem Schwall von Worten und Lärm und in der Absicht, die Aufmerksamkeit auf uns zu lenken, so dass wir auch die Nachbarn stören, sondern in Ruhe und Stille, mit zerknirschtem Herzen und mit innerlichen Reuetränen. [...] Auch Hanna hat, ohne ihre Stimme hören zu lassen, alles erlangt, was sie wollte, da sie eben im Herzen zu Gott rief (1 Sam 1,12 f.). Ja, Abel hat nicht bloß durch sein Schweigen, sondern selbst durch sein Sterben gebetet, und sein Blut rief lauter zum Himmel, als eine Trompete es vermöchte. Seufze also auch du so, wie jener Heilige; daran hindere ich dich nicht. Zerreiße nach des Propheten Geheiß dein Herz und nicht deine Kleider (Joel 2,13). Aus der Tiefe deiner Seele rufe zu Gott; denn: „Aus der Tiefe habe ich zu Dir gerufen, Herr" (Ps 130,1) . Von dem Grunde deines Herzens lass dein Flehen aufsteigen; ein Geheimnis mach aus deinem Gebete. Oder siehst du nicht, dass auch in Königspalästen aller Lärm verbannt ist und überall tiefes Schweigen herrscht? Auch du trittst ja gleichsam in einen Königspalast, nicht in einen irdischen, sondern in einen viel ehrfurchtgebietenderen, in den Palast des himmlischen Königs; benimm dich darum mit größter Bescheidenheit. Du stehst ja da mitten im Chore der Engel, bist der Genosse von Erzengeln und singst mit den Seraphim. Alle diese Engelchöre zeigen aber die größte Ehrfurcht in ihrer Haltung und singen mit heiligem Schauer vor Gott, dem König des Weltalls, ihr geheimnisvolles Lied und die heiligen Hymnen. Ihnen also geselle dich bei, wenn du betest, und suche ihr geheimnisvolles Leben nachzuahmen. Du betest ja auch nicht zu Menschen, sondern zu Gott, der überall zugegen ist, der dich hört, bevor du etwas sagst, der die Geheimnisse deines Herzens kennt. Wenn du so betest, wirst du großen Lohn dafür empfangen. „Denn" heißt es, „dein Vater, der im Verborgenen sieht, wird es dir vor aller Welt zurückerstatten." Der Herr sagte nicht: Er wird dir ein Geschenk machen, sondern: er wird es dir zurückerstatten. Er hat sich ja selbst zu deinem Schuldner gemacht und dir auch damit hohe Ehre erwiesen. Und weil er selbst unsichtbar ist, so will er, dass auch dein Gebet verborgen sei.

Daraufhin teilt er auch den Wortlaut des Gebetes mit (v. 7): „Wenn ihr betet", sagt er, „machet nicht viele Worte, wie die Heiden tun."

[…] Beim Gebete fügte er aber außerdem noch hinzu, man solle nicht viele Worte machen. Und wie er oben die Heuchler brandmarkte, so hier die Heiden […] indem er das überflüssige Gerede Wortdrescherei nennt; so z.B., wenn wir Gott um ungehörige Dinge bitten, um Macht und Ruhm, um Sieg über unsere Feinde, um Reichtum, mit einem Wort, um Dinge, die uns keinerlei Nutzen bringen. Gott „weiß ja", sagt er, „wessen wir bedürfen".

(4) Damit scheint mir Christus sagen zu wollen, man solle die Gebete nicht lang machen – „lang" nicht hinsichtlich der Zeit, sondern wegen der Menge und Länge der Worte. Wir sollen ja auch bei unserem Gebete Beharrlichkeit zeigen. „Im Gebete", heißt es, „verharrend" (Röm 12,12) Der Herr selbst führt ja jenes Gleichnis von der Witwe an, die den unbarmherzigen, grausamen Richter durch beharrliches Bitten umstimmte, sowie das andere Beispiel von dem Freund, der zu unzeitiger Nachtstunde daherkommt und den Schläfer von seinem Lager aufscheucht, so dass dieser nicht wegen seiner Freundschaft aufsteht, sondern wegen seiner Beharrlichkeit. Mit beiden Gleichnissen wollte er uns aber keine andere Lehre geben, als die, dass wir alle mit Beharrlichkeit uns an ihn wenden sollen. Dagegen will er ganz und gar nicht, dass wir mit ellenlangen Gebeten zu ihm kommen, sondern dass wir unsere Anliegen mit aller *Einfachheit* vorbringen. Eben das hat er mit den Worten angedeutet: „Sie glauben, sie würden ob ihrer vielen Worte Erhörung finden." […]

Das Vaterunser

Johannes Chrysostomus

Homilien zum Matthäus-Evangelium, 19. Homilie (zu Mt 6, 1-15)

Mt 6,9: „Ihr also" sagt Christus, „sollt so beten: *Vater unser, der du bist in dem Himmel.*"

Beachte, wie er zuallererst den Zuhörer aufrichtet, und ihn schon durch das erste Wort an alle erdenklichen Wohltaten erinnert. Wer nämlich Gott den Namen Vater gibt, bekennt durch diese Anrede allein schon auch seinen Glauben an die Verzeihung der Sünde, Nachlass der Strafe, Rechtschaffenheit, Heiligung, Erlösung, Gotteskindschaft, Erbschaft und Bruderschaft mit dem Eingeborenen, sowie die Gemeinschaft des Heiligen Geistes. Es ist ja nicht möglich, Gott den Namen Vater zu geben, ohne all dieser Gnadengaben teilhaft geworden zu sein. Durch ein Zweifaches regt er also ihre Aufmerksamkeit an: durch die Würde dessen, den er nennt, und durch die Größe der Gaben, die sie empfangen hatten. Wenn er aber sagt: in dem Himmel, so tut er dies, nicht um Gott gleichsam in den Himmel einzuschließen, sondern um den Betenden von der Erde abzuziehen, ihn in die höheren Regionen und zu den himmlischen Dingen zu erheben.

Er lehrt uns aber auch, gemeinsam für unsere Brüder zu beten. Er sagt nämlich nicht: Mein Vater, der du im Himmel bist, sondern: „Unser Vater"; er will damit unsere Gebete zu einer Bitte für den Leib [der Kirche] erheben und uns lehren, nie den eigenen Vorteil im Auge zu haben, sondern immer und überall den des Nächsten. Dadurch macht er aber auch die Feindschaften unmöglich, unterdrückt den Stolz, verbannt den Neid und öffnet der Quelle alles Guten, der Liebe, den Zugang, beseitigt die Ungleichheit unter den Menschen und zeigt, dass der König nicht viel höher stehe als der Bettler, da wir ja [...] der höheren, geistigen Geburt nach auf gleicher Stufe stehen, und keiner etwas vor dem anderen voraus hat. [...]

Sehen wir nunmehr, um was er uns sonst noch bitten heißt. Eigentlich genügt ja dieses Wort „Vater" allein schon, um die Forderung jeglicher Tugend daraus abzuleiten. Wer nämlich Gott einen Vater nennt, und zwar den gemeinsamen Vater aller, der sollte billigerweise ein solches Leben führen, dass er solch edler Abstammung nicht unwürdig erscheint, und sollte einen dieser Gabe entsprechenden Eifer im Guten an den Tag legen.

Indes begnügt sich der Herr damit nicht. Er fügt noch eine andere Bitte hinzu und sagt: *„Geheiligt werde dein Name."* Das ist ein Gebet, würdig dessen, der Gott seinen Vater nennt; ein Gebet, in dem man jeder anderen Bitte die Ehre des Vaters voranstellt und alles andere seinem Lobpreis unterordnet. Der Ausdruck: „Es werde geheiligt" hat nämlich den Sinn: Es werde verherrlicht. Gott besitzt zwar schon von sich aus die Fülle aller Herrlichkeit, die ihm auch immerdar bleibt; gleichwohl befiehlt er beim Gebete, darum zu bitten, dass er auch durch unser Leben verherrlicht werde. So hat er auch früher gesagt: „Euer Licht soll leuchten vor den Menschen, damit sie eure guten Werke sehen und euren Vater loben, der im Himmel ist!" Auch die Seraphim, die Gott verherrlichen wollten, riefen: „Heilig, heilig, heilig" (Jes 6,3) [...] Christus wollte damit sagen: Gewähre, dass wir so rein leben, dass unseretwegen alle Dich verherrlichen. Auch das ist wieder eine Frucht vollkommener Lebensweisheit, allen gegenüber ein so tadelloses Leben zu führen, dass ein jeder, der es sieht, Gott dafür lobt und preist.

V. 10: *„Es komme Dein Reich"*: Gerade so redet wieder ein gutgesinntes Kind Gottes. Es hängt nicht am Sichtbaren, hält die irdischen Dinge nicht für etwas Großes, sondern fühlt sich hingezogen zum Vater und sehnt sich nach den zukünftigen Dingen. Das ist die Wirkung eines guten Gewissens und einer Seele, die von allen irdischen Dingen losgeschält ist.

(5) Eben darnach verlangte auch der hl. Paulus Tag für Tag; darum sagte er: „Auch wir, die wir den Anfang des Heiligen Geistes besitzen, wir seufzen in der Erwartung der Gotteskindschaft und der Befreiung unseres Leibes" (Röm 8,23). Wer nämlich eine solche Liebe besitzt, der kann weder von dem Glück dieses Lebens aufgeblasen, noch vom Unglück niedergebeugt werden; vielmehr hält er sich von beiden Extremen fern, wie einer, der schon im Himmel weilt.

„Dein Wille geschehe, wie im Himmel, also auch auf Erden!" Siehst du, wie folgerichtig dies ist? Der Herr hieß uns nach den zukünftigen Dingen Verlangen tragen und nach dem Heimgang in die andere Welt uns sehnen. Solange aber der Zeitpunkt hierfür noch nicht gekommen ist, sollen wir uns bemühen, auch hienieden schon das gleiche Leben zu führen wie die Himmelsbewohner. Wir sollen, sagt er, uns nach dem Himmel sehnen und nach dem, was im Himmel ist; wir sollen aber auch schon vorher, bevor wir in den Himmel kommen, die Erde zum Himmel machen und hienieden so leben, als befänden wir uns schon drüben, sollen alles so tun und so reden und auch in dieser Absicht zum Herrn beten. [...]; gib, dass auch wir Menschen Deinen Willen nicht halb

tun, sondern alles beobachten, so wie Du es willst. Siehst du, wie Christus uns auch Bescheidenheit lehrte, indem er uns zu verstehen gab, dass die Tugend nicht nur ein Werk unseres Eifers ist, sondern auch der Gnade von oben. Und auch hier hieß er wieder einen jeden von uns im Gebete für das Wohl der ganzen Welt bedacht zu sein. Er sagte nämlich nicht: Es geschehe Dein Wille an mir, oder an uns, sondern: Auf der ganzen Welt, auf dass aller Irrtum verschwinde, die Wahrheit erscheine, jegliches Böse ausgerottet werde, die Tugend ihren Einzug halte und so kein Unterschied mehr bestehe zwischen Himmel und Erde. [...]

V. 11: „Gib uns heute unser tägliches Brot."

Was heißt das: Unser tägliches Brot? Das ist das Brot, das für je einen Tag ausreicht. [...] Du aber beachte, wie auch in den materiellen Dingen viel geistiger Inhalt verborgen liegt. Der Herr hieß uns ja nicht um Reichtum bitten, nicht um üppiges Leben, nicht um kostbare Kleider, um nichts dergleichen; nur um Brot, und zwar um so viel Brot, als für einen Tag genügt, so dass wir uns nicht um den nächsten Tag kümmern sollen. Darum fügt er hinzu: das tägliche Brot, d.h. soviel, als für den Tag genügt. Aber auch dieser Ausdruck genügte ihm noch nicht. Er setzte noch ein zweites Wort hinzu, und sagte: „Gib uns heute", damit wir uns nicht unnötigerweise mit der Sorge um den nächstfolgenden Tag beunruhigen. Da du nämlich gar nicht weißt, ob du den kommenden Tag erleben wirst, was bist du in Sorge um ihn? Die gleiche Weisung schärfte der Herr später noch mehr ein, indem er sagte: „Seid nicht in Sorge um den folgenden Tag" (v.14). Auch will er, dass wir jederzeit gegürtet und marschbereit seien, und der Natur nur so viel zugestehen, als die notwendigen Bedürfnisse von uns erheischen.

Da es aber sodann vorkommt, dass man auch nach dem Bade der Wiedergeburt Sünden begeht, so gibt er auch da wieder einen Beweis seiner Liebe, indem er uns befiehlt, uns um Nachlass unserer Sünden an den liebenden Gott zu wenden, und also zu beten (v.12): *„Vergib uns unsere Schulden, wie auch wir vergeben unseren Schuldigern."* Siehst du da das Übermaß der Liebe? Nachdem er uns von so vielen Übeln befreit und uns ein unaussprechlich hohes Geschenk verliehen, gewährt er den Sündern noch einmal Verzeihung! Dass nämlich diese Bitte die Gläubigen betrifft, lehren uns sowohl die Satzungen der Kirche, als auch der Anfang des Gebetes. Ein Ungetaufter kann ja doch Gott noch nicht seinen Vater nennen. Wenn also dieses Gebet die Getauften im Auge hat, und diese um Nachlass ihrer Sünden bitten sollen, so ist es klar, dass die Wohltat der Buße auch dem Getauften nicht entzogen ist. [...] Durch die Erinnerung an die Sünde leitete er uns zur Bescheidenheit an; durch den Befehl, anderen zu verzeihen, befreite er uns von jeglicher Rachsucht; dadurch endlich, dass er dafür auch uns Verzeihung verheißt, erfüllt er uns mit froher Hoffnung und veranlasst uns, über die unaussprechliche Liebe Gottes zu uns nachzudenken.

(6) [...] Um zu zeigen, wieviel ihm an dieser Sache [d.i.: allem Hass zu entsagen] liege, hat er sie auch ausdrücklich erwähnt, und nächst dem Gebet kommt er auf kein anderes Gebot häufiger zurück als gerade auf dieses; er sagt da: „Wenn ihr den Menschen ihre Sünden verzeiht, so wird euch auch euer Vater verzeihen, der im Himmel ist." Der Anfang steht also bei uns, und in unserer Hand liegt unser eigenes Gericht. Damit nämlich keiner, auch von den Roheren nicht, sich irgendwie über das Urteil beklagen könne, sei es in Kleinem oder in Großem, so macht er dich zum verantwortlichen Herrn über das Gericht und sagt: So, wie du dich selber gerichtet hast, so richte auch ich dich. Wenn du deinem Mitmenschen verzeihst, so wirst du auch von mir die gleiche Gnade erlangen, obwohl zwischen beiden ein großer Unterschied besteht. Denn du verzeihst, weil du selbst der Verzeihung bedarfst; Gott hingegen hat niemandes Verzeihung nötig. [...]

V. 13: „Und führe uns nicht in Versuchung, sondern erlöse uns von dem Bösen. Denn Dein ist die Herrschaft und die Macht und die Ehre in Ewigkeit. Amen."

Hier belehrt uns Christus in klarer Weise über unsere eigene Armseligkeit und vernichtet unseren Hochmut durch die Weisung, dem Kampfe aus dem Wege zu gehen, nicht aber ihn zu suchen. So wird nämlich der Sieg auch für uns ehrenvoller sein, die Niederlage für den Teufel demütigender. Wenn wir zum Kampf genötigt werden, dann müssen wir ihn tapfer annehmen; wo wir nicht gerufen sind, ruhig bleiben, die rechte Zeit zum Kampfe abwarten und dadurch zeigen, dass wir nicht ruhmsüchtig sind und dennoch Mut besitzen. Wenn aber der Herr den Teufel hier den Bösen nennt, so will er uns damit gebieten, einen unerbittlichen Kampf gegen ihn zu führen, und will zeigen, dass der Teufel nicht von Natur aus so böse ist. Schlechtigkeit ist ja nicht ein Ergebnis der Natur, sondern des freien Willens. Der Teufel wird aber so recht eigentlich der Böse genannt wegen des Übermaßes seiner Bosheit, und weil er gegen uns einen unversöhnlichen Krieg führt, obwohl wir ihm gar nichts zuleid getan haben. Darum, sagte der Herr auch nicht: Erlöse uns von den Übeln, sondern: Von dem Übel. Er gibt uns damit die Lehre, niemals unwillig gegen unsere Nächsten zu sein, wenn wir etwa etwas Böses von ihnen zu ertragen haben, sondern unsere Feindschaft von diesen auf jenen zu verlagern, da ja er an allem Übel schuld ist.

Nachdem uns also der Herr durch die Erwähnung des Feindes zum Kampfe gerüstet und alle Trägheit aus uns ausgetrieben hat, so macht er uns auch wieder Mut, und rüstet uns geistig durch den Hinweis auf den König, unter dem wir streiten, und der mächtiger ist als alles. „Denn", sagt er, „dein ist die Herrschaft und die Macht und die Ehre." Wenn also er die Herrschaft besitzt, so brauchen wir niemand zu fürchten, da es ja keinen gibt, der ihm zu widerstehen vermöchte und die Herrschaft mit ihm teilen könnte. Durch den Ausdruck: „Dein ist die Herrschaft", zeigt er eben, dass auch jener unser Widersacher ihm unterworfen ist, wenn es auch den Anschein hat, als könne er ihm Widerstand leisten. Das lässt eben Gott vorläufig so zu. Auch er gehört ja zu den Dienern Gottes, freilich zu den entehrten und verstoßenen. Auch würde er es nicht wagen, irgendeinen seiner Mitdiener anzugreifen, hätte er nicht vorher von oben die Macht dazu erhalten. Und was rede ich von den Mitdienern? Nicht einmal gegen Schweine vermochte er etwas auszurichten, bis der Herr es ihm erlaubte; auch gegen Schafe und Rinderherden kann er nichts, ohne dass er die Macht dazu von oben erhält. „Und die Macht", heißt es. Wenn du also auch unendlich schwach wärest, du dürftest doch mit Recht Zuversicht hegen im Bewusstsein, einen solchen König zu besitzen, der imstande ist, auch durch dich alles ohne Mühe zurechtzubringen. „Und die Ehre in Ewigkeit. Amen."

FRANZISKUS VON ASSISI

Vaterunser-Auslegung (übers. M. Schlosser)

O heiligster *Vater unser:* Unser Schöpfer, unser Erlöser, unser Tröster und Heiland!

Der du bist in den Himmeln: In den Engeln und den Heiligen.
Der du sie erleuchtest, so dass sie erkennen;
denn du, o Herr bist Licht.
Der du sie entflammst, so dass sie lieben;
denn du, o Herr, bist Liebe.
Der du in ihnen wohnst und sie erfüllst, so dass sie selig sind;
denn du, o Herr, bist das höchste Gut, das ewige Gut,
von dem alles Gute kommt, und ohne den es nichts Gutes gibt.

Geheiligt werde dein Name:
Aufleuchten möge in uns die Erkenntnis von dir, damit wir verstehen: die Weite und Breite deiner Wohltaten (vgl. Eph 3,18), die Länge deiner Verheißung, die Höhe deiner Erhabenheit, und die Tiefe deiner gerechten Urteile.

Dein Reich komme: Auf dass du herrschest in uns durch die Gnade und bewirkst, dass wir in dein Reich eintreten – wo wir dich offen schauen, vollkommen lieben, selige Gemeinschaft mit dir und ewige Freude an dir haben werden.

Dein Wille geschehe, wie im Himmel so auf Erden:
Dass wir dich lieben aus ganzem Herzen *(ex toto corde),*
so dass wir immer an dich denken,
aus ganzer Seele *(tota anima),*
so dass wir uns immerzu nach dir sehnen,
aus unserem ganzen geistigen Vermögen *(tota mente),*
so dass wir alle unsere Pläne auf dich hin ausrichten,
deine Ehre in allem suchen und so sehr wir können,
alle unsere Kräfte, alle Sinne der Seele und des Leibes

einzig und allein in den Dienst deiner Liebe stellen.

Und dass wir den Nächsten lieben wie uns selbst, und nach Kräften alle dazu ziehen, dich zu lieben, über das Gut der anderen uns freuen, wie über unser eigenes Gut, und Mitleid haben mit dem Unglück der anderen, und niemand einen Anstoß geben (2 Kor 6,3).

Unser tägliches Brot: deinen geliebten Sohn, unseren Herrn Jesus Christus, *gib uns heute:*

Dass wir der Liebe, die er zu uns hatte, und all dessen, was er uns gesagt, für uns getan und erlitten hat, eingedenk sind, es verstehen und innig verehren.

Und vergib uns unsere Schuld:

Durch deine unaussprechliche Barmherzigkeit, durch die Kraft des Leidens deines geliebten Sohnes, und durch die Verdienste und Fürsprache der seligen Jungfrau und aller deiner Erwählten.

Wie auch wir vergeben unseren Schuldigern:

Und was wir nicht vollkommen vergeben – mach, o Herr, dass wir es vollkommen vergeben, damit wir unsere Feinde um deinetwillen wahrhaft lieben und für sie vor deinem Angesicht eintreten, damit wir keinem Böses für Böses vergelten (1 Thess 5,15), sondern danach streben, allen in dir nützlich zu sein [d.i. zum Heile zu nützen].

Und führe uns nicht in Versuchung:

Nicht in eine versteckte, noch in eine ganz offenkundige, nicht in eine, die uns plötzlich überfällt *(subita)* und nicht in eine, die uns zudringlich zu schaffen macht *(importuna)*.

Sondern erlöse uns von dem Bösen:

Vom Bösen der Vergangenheit, der Gegenwart und der Zukunft.

Ehre sei dem Vater, dem Sohn und dem Heiligen Geist,
wie im Anfang so auch jetzt und allezeit in Ewigkeit. Amen.

Thomas von Aquin
Predigten über das Vaterunser
Einleitung und Auslegung der Anrede (übers. von M. Schlosser)

Was ein Gebet auszeichnet

Unter allen Gebeten hat dieses den Vorrang. Denn es hat fünf hervorragende Eigenschaften, die ein Gebet haben sollte: Ein Gebet muss mit *innerer Sicherheit vorgebracht werden können, es muss „richtig" sein – den rechten Inhalt haben, es muss die rechte Ordnung haben, und voll Hingabe und Demut sein.*

Jedes Gebet soll mit innerer *Sicherheit* vorgebracht werden, weil wir mit Vertrauen und Zuversicht zum Thron der Gnade hinzutreten (Hebr 4; vgl. Jak 1,6: man „soll voll Glauben bitten und nicht zweifeln"). Nun ist aber dieses Gebet, das Vaterunser, das allersicherste: Es stammt von unserem *Fürsprecher [Christus],* er weiß besser als alle anderen, wie man bitten soll, Er, „in dem alle Schätze der Weisheit sind" (Kol 2). Von ihm sagt Johannes (1 Joh 2): „Wir haben einen Beistand beim Vater, Jesus Christus, den Gerechten." Daher schreibt Cyprian (in seinem Buch über das Herrengebet): Da wir Christus als unseren Beistand beim Vater haben, sprechen wir jedesmal, wenn wir wegen unserer Vergehen um Vergebung bitten, *mit Seinen Worten, mit den Worten unseres Anwalts!* Noch größere Sicherheit erlangt dieses Gebet dadurch, dass es ja von Dem gelehrt wurde, der selbst zusammen mit dem Vater *die Gebete der Menschen erhört.* Darum kann Cyprian schreiben: Ein Gebet in Freundschaft, Vertrautheit, inniger Hingabe: Gott mit dem Seinigen zu bitten [um das Seine, mit Seinen Worten!]. Von diesem Gebet kehrt man niemals ohne Frucht zurück; denn durch dieses Gebet werden die lässlichen Sünden vergeben.

Das Gebet muss auch *„recht"* sein; das heißt: der Beter soll von Gott das erbitten, was für ihn gut und nützlich ist. „Beten heißt, von Gott das erbitten, was recht ist", sagte Johannes Damascenus. Oftmals wird ein Gebet deswegen nicht erhört, weil Dinge erbeten werden, die unpassend, ungehörig sind, Jak 4,3: „Ihr bittet und empfangt nicht, weil Ihr in böser Absicht bittet". Nun ist es aber überhaupt nicht leicht, sondern sehr schwierig, zu wissen, worum man bitten soll; und das hängt damit zusammen, dass es schwierig ist, zu wissen, was man (sich) wünschen soll. Worum man erlaubterweise beten kann, das kann man auch wünschen. Darum schreibt Paulus im Römerbrief (8,26): „Wir wissen nicht, worum wir in rechter Weise beten sollen." – Doch Christus ist unser Lehrer, denn er kann uns lehren, worum wir beten sollen. Daher sagten die Jünger zu ihm: „Herr lehre uns beten" (Lk 11,1). Und die Bitten, die er uns lehrte, sind wirklich die, die man mit vollem Recht aussprechen soll. Darum schließt Augustinus: Auch wenn wir mit anderen Worten [als im Vaterunser] beten, sagen wir dennoch nichts anderes als was im Vaterunser enthalten ist, solange wir überhaupt in rechter Weise beten.

Ein Gebet muss auch *„geordnet"* sein, entsprechend auch unsere Wünsche, unsere Sehnsucht: *Denn das Gebet ist die Übersetzung unserer Sehnsucht in Worte.* Die rechte Ordnung besteht darin, dass Geistliches dem Fleischlichen, himmlische Güter den irdischen Gütern vorgezogen werden – das gilt für die Ordnung in unserem Wünschen wie in unserem Beten. Dem entsprechend sagt der Herr in Mt 6,33: „Sucht zuerst das Reich Gottes und seine Gerechtigkeit, und alles übrige wird euch dazugegeben!" Genau diese Ordnung wollte der Herr auch im Vaterunser wahren: Zuerst werden himmlische Güter erbeten, dann irdische.

Sodann muss unser Beten von *inniger Hingabe* getragen sein: das „Fett" der inneren Hinneigung zu Gott und seinem Willen bewirkt, dass das „Opfer des Gebetes" von Gott gern angenommen wird: Ps 63, 5f: „In deinem Namen erhebe ich meine Hände. Wie von Fett und Mark wird meine Seele erfüllt". [...]

Auch muss das Gebet *demütig* sein, wie es im Psalm 102,18 geschrieben steht: „Er schaut auf das Beten der Demütigen"; denke auch an Lk 18, die Geschichte vom Pharisäer und Zöllner, und Judith 9,16: „Das Gebet der Demütigen und Sanftmütigen hat dir immer gefallen". Eben diese Demut ist im Vaterunser gewahrt: Wahre Demut ist es nämlich, wenn jemand sich nicht auf eigene Kräfte verlässt, sondern alles von der Kraft Gottes zu erlangen hofft.

Drei Güter, die das Gebet erwirkt

Bedenke auch, dass das Gebet dreifach Gutes bewirkt:

Erstens ist es ein wirksames, nützliches Heilmittel gegen das Böse. Es befreit uns von Sünden, die wir begangen haben: Ps 32,5f: „Du hast mir meine Missetat vergeben, darum wird jeder Fromme zu dir beten". So betete der Schächer am Kreuz – und erlangte Vergebung: „Heute wirst du mit mir im Paradies sein" (Lk 23,43). So betete der Zöllner – und ging gerechtfertigt nach Hause (Lk 13). Das Gebet befreit aber auch von der Furcht vor dem, was mit Sünde zusammenhängt, von Trübsal und Traurigkeit. Am Ende des Jakobusbriefes: „Ist einer von euch traurig? Dann soll er (ruhigen Herzens) beten." Und es befreit von Verfolgungen und Feinden, Ps 109,4: „statt dass sie mich geliebt hätten, schmähten sie mich; ich aber betete."

Das Gebet kann, zweitens, all unsere Sehnsucht stillen. Mk 11,24: „‚Worum immer ihr im Gebet bittet, glaubt, dass ihr es empfangen werdet'. Und wenn wir nicht erhört werden, dann deswegen, weil wir nicht inständig beten: „Man muss nämlich immer beten, und darf nicht nachlassen" (Lk 18,1). Oder weil wir nicht um das bitten, was uns mehr zum Heil dient. Darum schreibt Augustinus: „Gut ist der Herr, der oftmals nicht das gibt, was wir wollen, um uns geben zu können, was wir lieber wollen würden." So war es bei Paulus, der dreimal darum bat, er möge von dem Stachel befreit werden, und nicht erhört wurde. (2 Kor 12)

Drittens bewirkt das Gebet, dass wir mit Gott in eine vertraute Beziehung kommen. Ps 141,2: „Mein Beten steige zu dir auf, wie Weihrauch, Herr, vor deinem Angesicht."

Die Anrede „Vater unser in den Himmeln"

Hier sollst du zwei Dinge verstehen: Auf welche Weise Gott „Vater" ist, und was wir ihm schuldig sind, weil er unser Vater ist.

Man nennt Gott „*Vater*" aufgrund eines *besonderen Schöpfungsaktes:* Er schuf uns nämlich „zu seinem Bild und Gleichnis" – eine Ähnlichkeit, die er anderen Geschöpfen nicht mitgab! Dtn 32,6: „Er selbst ist dein Vater, der dich gemacht und erschaffen hat". Sodann heißt Gott „Vater“ aufgrund einer [wiederum: besonderen!] *Lenkung:* Alles lenkt er, doch *uns lenkt er wie Herren,* die anderen Geschöpfe wie Sklaven: „Du, Vater, lenkst in deiner Vorsehung alles“ (Weish 14,3), „mit großer Ehrfurcht (!) triffst du Vorsorge für uns“ (Weish 12,18, Vg.). Und schließlich heißt er „Vater“, weil er uns *an Kindesstatt angenommen* hat: Anderen Geschöpfen gab er kleine Geschenke, uns aber gibt er das Erbe, und zwar, weil wir „Söhne“ sind, „Söhne, und darum Erben“ (Röm 8,15): „Ihr habt nicht den Geist der Knechtschaft in Furcht empfangen, sondern den Geist der Annahme an Kindesstatt, und in diesem Geist rufen wir: Abba, Vater!“ [...]

„Unser“: Hieran zeigt sich, was wir den Mitmenschen schulden. Zuerst die Liebe; denn sie sind unsere Brüder, da sie Söhne Gottes sind: 1 Joh 4,20: „Wer seinen Bruder nicht liebt, den er sieht, wie kann er Gott lieben, den er nicht sieht?“ Auch Ehrfurcht schulden wir den Mitmenschen, weil sie Kinder Gottes sind. (Mal 2,10); Röm 12,10: „Kommt einander an Ehrerbietung zuvor“. [...]

„Der du bist in den Himmeln“. Unter all dem, was jemand zum Gebet nötig hat, ist am wichtigsten das zuversichtliche Vertrauen *(fiducia)*: Jak 1,6 [...]. – Deswegen sagt uns der Herr, wenn er uns das Beten lehrt, zuerst zwei Dinge, woraus wir Zuversicht schöpfen können: Er verweist auf die *Güte des Vaters,* indem er die Anrede *„Vater unser“* lehrt. Und das steht in Zusammenhang mit Lk 11,13: „Wenn schon ihr, die ihr böse seid, euren Kindern Gutes zu geben wisst, wie viel mehr wird dann *euer himmlischer Vater* den guten Geist vom Himmel her denen geben, die ihn bitten?“ Und zweitens verweist er auf die *Größe der Macht* des Vaters, indem er ihn nennt „in den Himmeln“. Vgl. Ps 123, 1: „Ich erhebe meine Augen zu dir, der du in den Himmeln wohnst“.

Zuerst kann man dies auf die Vorbereitung zum Gebet beziehen – den Blick zum Himmel richten, auf die Betrachtung der himmlischen Dinge. Menschen lenken ja häufig den inneren Blick dorthin, wo sie ihren Vater oder sonst etwas Liebes haben. (Vgl. Mt 6,21: „Wo dein Schatz ist, da ist dein Herz“; und Phil 3,20: „Unser Wandel ist in den Himmeln“!). Dann aber auch auf die Absicht beim Bittgebet: Wir wollen von dem, der in den Himmeln ist, nichts anderes als die himmlischen Güter erbitten, Kol 3,1: „Sucht, was droben ist, wo Christus ist zur Rechten des Vaters...".

Zweitens kann man das verstehen als Hinweis auf die Leichtigkeit, mit der Gott uns hört, denn er ist uns nahe. Denn „in den Himmeln" kann verstanden werden als „in den Heiligen", weil Jer 14,9 gesagt wird: „Du bist in uns, o Herr". Die Heiligen werden „Himmel" genannt, in denen Gott durch den Glauben wohnt (Eph 3,17) und durch die Liebe (1 Joh 4,16): „Wer in der Liebe bleibt, der bleibt in Gott und Gott in ihm"; Joh 14,23: „Wenn einer mich liebt, dann wird er mein Wort bewahren, mein Vater wird ihn lieben und wir werden zu ihm kommen und Wohnung bei ihm nehmen."

Drittens kann man das auch verstehen als Hinweis auf die Macht des Vaters, der erhören kann. [...]

Wir bekommen also durch diese Worte „der du bist in den Himmeln" Zuversicht im Gebet eingeflößt: wegen Gottes Macht, wegen unseres vertrauten Verhältnisses zu ihm, an den wir Bitten richten, und wegen der Angemessenheit unserer Bitte.

Denkt man bei den „Himmeln" an den *körperlichen Himmel,* so nicht in dem Sinn, dass Gott von irgendeinem körperlichen Ort eingeschlossen werden könnte („Himmel und Erde erfülle ich": Jer 23,24). Vielmehr sollten damit Gottes Macht und Kraft, und die Erhabenheit seines Wesens ausgedrückt werden, was sich gegen zwei Irrtümer richtet: Es gab nämlich Leute, die behaupteten, alle Geschehnisse hingen vom „Spruch der Himmelskörper", dem Schicksal ab, und alles geschähe eben notwendig [determiniert]. Wer das vertritt, für den ist ein an Gott gerichtetes Bittgebet freilich nutzlos. Aber diese Auffassung ist töricht; denn Gott „ist" in den Himmeln als Herr der Himmel und der Gestirne (Ps 103,19). Der andere Irrtum besteht darin, sich beim Gebet irgendwelche körperlichen Vorstellungsbilder von Gott zusammenzubasteln. Dagegen wird gesagt, „in den Himmeln" – damit durch „die Himmel", die das Höchste im Bereich der sichtbaren Dinge sind, erkannt werde, dass Gottes Erhabenheit noch viel höher ist, und der Menschen Sehnsucht wie auch ihre Erkenntnis überragt.

Auf die Nähe und Vertrautheit mit Gott wird hingewiesen, wenn unter den „Himmeln" die Heiligen verstanden werden. Einige Leute behaupteten, dass sich Gott wegen seiner Erhabenheit nicht um die Angelegenheiten der Menschen kümmere. Da müssen wir aber bedenken, dass Gott uns ganz nahe, ja sogar in unserem Innersten ist. Denn die Worte „in den Himmeln", können bedeuten: „in den Heiligen" – die eben „Himmel genannt werden", etwa im Ps. 19,2: „Die Himmel künden die Herrlichkeit Gottes"; Jer 14,9: „Du bist in uns, o Herr". Das bewirkt für den Betenden Zuversicht, und zwar in zweierlei Hinsicht: Erstens weil Gott nahe ist. „Nahe ist der Herr allen, die ihn rufen" (Ps 145,18) [...]. Zweitens, weil wir mit Hilfe der Unterstützung anderer Heiliger erlangen können, was wir erbitten. [...]

Auch wird unser Verlangen und Wünschen zum Himmel gelenkt, dorthin muss es ja streben, wo wir unseren Vater haben; denn dort ist unser Erbe. [...] „Das makellose, unvergängliche Erbe ist im Himmel für euch aufbewahrt" (1 Petr 1,4). Und schließlich werden wir auch belehrt, dass unser Wandel im Himmel sein muss: wir sollen unserem Vater im Himmel ähnlich sein – „wie er himmlisch ist, so auch Ihr" (1 Kor 15).

David von Augsburg

Vom äußeren und inneren Menschen III, 54 (226-230)

Die einzelnen Bitten des Vaterunsers als Spiegel innerer Situationen

2. Je nach dem Anlass des Gebetes formen sich in den verschiedenen Betern die Empfindungen und Worte: Manchmal sieht sich der Mensch in der Rolle des Schuldigen, der vor Gott als dem Richter steht, und bittet mit Zittern und Furcht: „Verurteile mich nicht" (Ijob 10,2), oder: „Geh nicht ins Gericht mit deinem Knecht" (Ps 142,2), oder „Herr, schilt mich nicht in deinem Zorn" (Ps 37,1).

Das erbitten wir, wenn wir sprechen: „Erlöse uns von dem Bösen", das heißt von der ewigen Strafe.

3. Manchmal fühlt sich der Beter von Feinden bedrängt – Anfechtungen und Verfolgung oder Schwierigkeiten, denen er aus eigener Kraft nicht entkommen kann. Darüber hinaus fürchtet er, Gott vielleicht beleidigt und aufgrund seiner Sünden verdient

zu haben, dass er den Feinden überlassen wird. Dann ruft er den Allmächtigen um Hilfe an: Er solle nicht mehr an die Sünden denken und ihn nicht verlassen: „Denk nicht mehr an unsere Verfehlungen, mit deiner Barmherzigkeit komm uns schnell zuvor, um des Ruhmes deines Namens willen, errette uns“ (Ps 78,8 Vg.). „Verwirf mich nicht von deinem Angesicht“ (Ps 51,13). [...] Dass Gott einen nicht mehr vor der Sünde bewahrt, ist hauptsächlich Folge des Hochmuts, der Undankbarkeit und der Sorglosigkeit. – Beschützt zu bleiben vor einem tieferen Fall, das ist es, worum wir bitten mit den Worten: „Führe uns nicht in Versuchung“. „Führen“ heißt hier: uns nicht davor bewahren, dass wir hineingeführt werden. [...]

4. Zuweilen bittet der Mensch wie ein Knecht, der durch seine Sünde die Gnade des Herrn verscherzt hat. Er bittet, dass seine Sünden und Nachlässigkeiten verziehen werden, das Böse, das er begangen, und das Gute, das er unterlassen oder wenig sorgfältig ausgeführt hat: „Nach der Größe deiner Barmherzigkeit, o Herr, tilge meine Frevel“ (Ps 51,3) oder „Um deines Namens willen, Herr, vergib mir“ (Ps 24,11 Vg). – Dem entspricht die Bitte: „Vergib uns unsere Schuld, wie auch wir vergeben unseren Schuldigern“ – denn wir müssen mit der gleichen Güte denen vergeben, die sich gegen uns verfehlt haben, wie wir die Vergebung von Gott ersehnen.

5. Manchmal bittet der Mensch auch wie ein armer Bettler, der sich dem Hausherrn und Vater zu Füßen wirft und ihm seine Not offenlegt: Er fleht um das Brot einer reicheren Gnade, durch die er gestärkt und getröstet wird, durch die er die Kraft erhält, dem Bösen Widerstand zu leisten, im Guten ausdauernd zu bleiben und Unglück zu ertragen. – Drei Brote haben wir nötig (vgl. Lk 11,5), und wir sollen sie von unserem Freund ohne Unterlass erbitten: das himmlische Brot, das geistliche Brot und das irdische Brot. Das Brot vom Himmel ist der Leib Christi – wie es heißt (Joh 6,32): „Mein Vater gibt euch das wahre Brot vom Himmel“. Das geistliche Brot ist das Wort Gottes und die innere Gnade, welche die Unterernährung des inneren Menschen an Tugend und Gaben des Geistes behebt: „Brot stärke des Menschen Herz“ (Ps 104,15). Das irdische Brot ist das, was unser Leib zum Leben nötig

hat. – Darum bitten wir mit den Worten: „Unser tägliches Brot gib uns heute" – das Brot, ohne das wir keinen Tag überleben würden. Denn zu jeder Stunde brauchen wir die Gnade Gottes.

6. Manchmal bittet der Beter auch so innig wie ein Sohn, der seinem Vater in allem gehorchen und gefallen will: der Vater soll nicht zulassen, dass er von seinem Wohlgefallen irgendwie abweiche, sondern er möge ihn in Tat, Wille und Verhalten solchermaßen sich selbst gleichgestalten, dass nichts das väterliche Auge betrübe. Der ganze Trost, alles, was der Beter ersehnt, besteht darin, dass der himmlische Vater Seinen Willen an ihm vollende – ob er ihm nun Kampf zumutet oder Tröstung schenkt [...] Diese glaubensvolle Haltung eines Sohnes „sucht nicht das Ihre" (Phil 2,21), nicht Vorteil, nicht Ehre, nicht Tröstung, sondern nur das Wohlgefallen des liebreichen Vaters *(pii patris)*. [...] Darum bitten wir mit den Worten: „Dein Wille geschehe, wie im Himmel so auf Erden".

7. Zuweilen bittet die Seele wie die Braut Gottes: Sie sehnt sich danach, in ihrem einzig Geliebten zu ruhen und dürstet nach seiner Umarmung. Im Vergleich zu seiner Liebe sind ihr alle anderen, niedrigeren Dinge nichts wert; denn sie hat keine Hoffnung, ihren Durst lindern zu können, außer indem sie ganz dort hinübergeht *(transeat)*, wo sie ihn „von Angesicht zu Angesicht sehen" (1 Kor 13,12) darf, ohne dass ihr Blick zurückgestoßen wird *(irrepercussa acie)*. So bittet sie flehentlich, dass sich schnell erfülle, was der Apostel wünschte: „aufgelöst und mit Christus zu sein"(Phil 1,23) [...] denn „solange wir in diesem sterblichen Leibe wohnen, wandern wir fern vom Herrn" (2 Kor 5,6), „verfehlen wir uns alle oftmals" (Jak 3,2) und „wenn wir sagen: wir haben keine Sünde, führen wir uns selbst in die Irre, und die Wahrheit ist nicht in uns" (1 Joh 1,8). Sündigen bedeutet, sich vom Höchsten Gut abwenden und einem untergeordneten Gut zuwenden [...] Überhaupt keinerlei derartige Abwendung zu kennen, ist nicht den Pilgern, sondern den Heimgekehrten eigen. Denn auch wenn der Wille den Blick auf Gott gerichtet hat und ihm anhangt, so schweift doch die Neigung *(affectus)* oftmals hier und dort herum, das Gedächtnis ist mit vielen anderen Dingen besetzt, die Einsicht ist schwachsichtig und kann das Licht der Wahrheit nicht in seiner Reinheit schauen.

[…] So bitten wir: „Dein Reich komme“, das heißt: Wir sind von der Last unserer Sünden und dem Gewicht unseres Leibes beschwert und können nicht zum Reich Gottes fliegen; so komme dieses Reich zu uns und nehme uns schnell von hier weg, auf dass wir aus der Verbannung *(miseria)* befreit werden. In der Zwischenzeit aber, o Herr, wirke in uns dein Reich: „in Gerechtigkeit, Frieden und Freude des Heiligen Geistes“ (Röm 14,17).

8. Zuweilen betet der Gott hingegebene Mensch, der ihm in Liebe anhangt, trunken vom Geist, ohne noch an sich selbst zu denken. Er ersehnt, dass Gottes Lob und Ehre vermehrt werden, dass alle Menschen ihn kennen sollten, und er bittet den himmlischen Vater um Seiner Ehre willen ebenso wie um des Heiles der Menschen willen, dass die Kenntnis seines heiligenden Wirkens allen offenbar werde – dass er die Ungläubigen durch den Glauben zum Licht der Erkenntnis rufe, die Gläubigen durch die Liebe tiefer bekehre und heilige, die Widerstrebenden durch den Erweis seiner Macht heilsam zuschanden werden lasse. Ein solcher Mensch verlangt brennend danach und tut, was er vermag, dass er noch viele andere Menschen mit sich ziehe – als könne oder wolle er nicht ohne die anderen die himmlische Freude genießen. Er betet, lehrt, geht mit gutem Beispiel voran und müht sich auf jede Weise, die Ehre Gottes und das Heil seiner Mitmenschen zu fördern. Das scheint die leidenschaftliche Empfindung *(affectus)* des Apostels Paulus gewesen zu sein, als er schrieb: „Eine große Traurigkeit und fortdauernder Schmerz für mein Herz ist dies. Ich wünschte, selbst von Christus wegverstoßen zu sein um meiner Brüder willen“ (Röm 9,2f.). Auch Mose scheint in der gleichen Empfindung gebetet zu haben: „Entweder vergib deinem Volk diese Schuld, oder aber tilge mich aus dem Buch des Lebens“ (Ex 32,31f.) – nicht als ob der Apostel von Christus wörtlich getrennt sein wollte oder Mose ausgelöscht sein wollte, sondern weil sie ihr tiefes Verlangen nach dem Heil ihrer Mitmenschen nicht deutlicher ausdrücken konnten. Sie konnten sich nicht vorstellen, zum himmlischen Hochzeitsmahl einzugehen, während diejenigen, die sie liebten und für die sie zu sterben wünschten, von Hunger gemartert würden. – Darum bitten wir, wenn wir sprechen: „Geheiligt werde dein Name“. […]

9. Diese Grundform des Gebetes lehrte uns Christus. In den sieben Bitten ist alles einbeschlossen, was man erbitten kann und soll, und alle unterschiedlichen Empfindungen der Betenden.

Im Leib Christi

Henri Caffarel

Saal der tausend Türen, 72-73

Nicht mehr ich bete

Sehr gut verstehe ich das Gefühl, das Sie hat schreiben lassen: „Mein tägliches Beten kommt mir vor wie ein Hohn. Ich kann mir nicht vorstellen, dass dieses stammelnde Gebet eines winzigen Geschöpfes den vollkommenen Gott interessiert.“ Sie haben ein ausgeprägtes Bewusstsein vom Elend des Geschöpfes und von der Majestät Gottes: dies ist eine wichtige und wesentliche Einsicht des Glaubens, bei der sicherlich Gnade mitgewirkt hat. Aber Sie sollten heute noch eine andere Glaubenswahrheit erkennen, damit Sie von Ihrem täglichen Gebet, so armselig es Ihnen erscheinen mag, eine hohe Auffassung bekommen.

Nehmen wir doch zuerst einmal ein wenig Abstand. Bevor wir von Ihrem Gebet handeln, wollen wir vom Gebet Christi reden. An einer Stelle, die mir teuer ist, rühmt Bérulle das einzigartige Gebet Jesu Christi. „Von Ewigkeit her gab es wohl einen unendlich anbetungswürdigen Gott, aber es gab noch keinen unendlichen Anbeter; es gab wohl einen Gott, der würdig war, dass man ihn unendlich liebte und ihm diente; aber es gab keinen unendlichen Menschen oder Diener, der geeignet gewesen wäre, auch unendlich zu dienen und zu lieben. Jetzt bist du, Jesus, dieser Anbeter, dieser Mensch, dieser Diener, unendlich an Macht, Wert, Würde, um dieser Pflicht völlig Genüge zu tun und diese göttliche Huldigung zu erweisen. Du bist dieser liebende, anbetende Mensch, der der höchsten Majestät so dient, wie sie würdig ist, geliebt, angebetet und verehrt zu werden.“

Dieser Text lässt uns an Jesus denken, wie er sich in die Einsamkeit der Berge zurückzieht, um nächtens zu beten; und vor allem an Golgotha, wo der vollkommene Anbeter Gott einen vollkommenen Kult dargebracht hat.

Man wird sich fragen: Hat dieser vollkommene Gottesdienst des Sohnes, das Gebet Jesu, nicht das Gebet der Menschen überflüssig gemacht, es endgültig ersetzt?

Wir können vorerst antworten, dass dieses Gebet Christi keineswegs die menschlichen Gebete beseitigt, all die stammelnden Gebete seit dem Ursprung der Menschheit, all die Opfer aller Religionen und Zeiten – es zieht sie an sich, nimmt sie in sich auf, bietet sie Gott dar und lässt sie in sich, in Jesu Gebet, einen Sinn und eine wunderbare Auswirkung finden.

Doch es gibt eine Antwort, die noch herrlicher ist. Christus will, dass sein Gebet überall im Weltall von den Urwäldern am Äquator bis zum Polarkreis, vom äußersten Orient bis zum äußersten Okzident widerhallt. Er will, dass der bescheidenste Christ im Gebet weit Besseres zu bieten habe als zögernde Worte und unbeholfene Regungen, er soll über das Gebet des Gottessohnes verfügen. Er will, dass alle Menschen sich sein Gebet aneignen, es zu dem ihren machen und Gott darbringen.

Damit nicht genug. Jesus Christus will nicht bloß, dass sein Gebet uns gehöre wie ein Vermögen in unseren Händen, über das wir verfügen können; er will, dass es eingepflanzt, einverleibt werde in die tiefste Tiefe unseres Selbst, in die Wurzel unseres Seins, als Seele unserer Seele, damit wir in aller Wahrheit mit dem hl. Paulus sprechen können: *„Ich lebe, doch nicht mehr ich…“;* ich bete, doch nicht ich bin es, der betet; es ist Christus, der in mir betet; es ist der Geist des Sohnes, der Heilige Geist, der in mir den Ruf der Kindesliebe widerklingen lässt: *Abba,* Vater! So verdrängt Christi Gebet das des Menschen keineswegs, sondern steigert es auf wunderbare Weise.

Henri Caffarel
Saal der tausend Türen, 76-77

Im ganzen Christus – in der Kirche

Ich fürchte, dass Sie von einem gewissen spirituellen Individualismus versucht werden und dies der Grund Ihrer Entmutigung ist. Beten Sie doch innerhalb der Kirche, geistig mit all Ihren Brüdern vereint.

Beten Sie *mitten unter ihnen,* vereinigen Sie Ihre Stimme mit den ihren, mit dem Gebet der Priester und der Gläubigen, der Menschen von gestern, von heute und von morgen.

Beten Sie auch *in ihrem Namen,* betrachten Sie sich als einen zum Dienst Bestellten, leihen Sie Ihre Stimme und Ihre Seele der ganzen Gemeinschaft, die sich durch Sie an den Vater wenden will. Hat Christus uns nicht aufgefordert zu sagen: „Vater *unser*... gib *uns*?" Der Christ darf nicht bloß in seinem eigenen Namen beten, nicht für sich allein bitten.

Das ist noch nicht alles. Sie müssen auch *durch* all ihre Brüder beten. Bedenken Sie, dass Sie in der großen brüderlichen Gemeinschaft über sie verfügen dürfen. Claudel hat das in *Un poète regarde la Croix* (Ein Dichter betrachtet das Kreuz) unnachahmlich ausgesprochen. Hören Sie zu: „Wir verfügen nicht allein über unsere eigenen Kräfte, um Gott zu lieben, zu verstehen und ihm zu dienen, sondern über alles zusammen, angefangen von der seligsten Jungfrau im höchsten Himmel bis zu dem armen afrikanischen Aussätzigen, der, sein Glöcklein in der Hand, mit halbzerfressenem Mund die Antworten der heiligen Messe stammelt; die ganze sichtbare und unsichtbare Schöpfung, die ganze Weltgeschichte, die ganze Vergangenheit, die ganze Gegenwart und die ganze Zukunft, die ganze Natur, der ganze Schatz der Heiligen, vervielfacht durch die Gnade: alles das steht zu unserer Verfügung, alles das ist unsere ‚verlängerte' Hilfe, unsere wunderbare Ausrüstung. Alle Heiligen, alle Engel gehören uns. Wir können uns der Einsicht des hl. Thomas, des Armes des Erzengels Michael, des Herzens der hl. Jeanne d'Arc und der hl. Katharina von Siena und all der verborgenen Quellen bedienen, die wir nur zu berühren brauchen, damit ihre Wasser aufbrausen. Alles, was es an Gutem gibt, an Großem und Schönem von einem Ende der Erde zum anderen, alles, was es an Heiligkeit gibt, ist so, als wäre es unser Werk. Das Heldentum der Missionare, die Inspiration der Kirchenlehrer, der Opfermut der Martyrer, das Genie der Künstler, das glühende Gebet der Klarissen und Karmeliten ist so, als wären wir es; wir sind es! Vom Norden zum Süden, vom Alpha bis zum Omega, vom Morgen- bis zum Abendland: alles ist eins mit uns, wir bekleiden uns damit, wir setzen es in Bewegung."

Lassen Sie sich somit schlicht und hochherzig auf das Spiel ein. Beginnen Sie Ihr Gebet nie, ohne sich mit dem „ganzen Christus" zu vereinen, mit der großen Schar der den Vater anbetenden Gläubigen, nie ohne sich Schulter an Schulter zu fühlen mit den Brüdern von überallher.

Und dann beten Sie mit ihnen zusammen, durch sie, für sie. Wie oft werden Sie überrascht entdecken, dass Sie, der Sie niedergedrückt von Ihrer Schwachheit, Ihrer Armut und Ihrer Einsamkeit zum Gebet gekommen waren, reich und stark sind.

Romano Guardini
Vom Sinn der Kirche, 91f.

persönliches Gebet – Gebet in Gemeinschaft

Jedem schenkt er [Gott] sich, und jedem ganz. Aber jedem schenkt er sich in einmaliger, einziger Weise, so wie es dessen Persönlichkeit entspricht. In Gott sind wir alle eins und haben unaussprechliche Gemeinschaft. Zugleich darf aber jeder wissen, dass Gott so, wie ihm, keinem anderen gehört; dass er darin mit Gott allein ist. Der Wert einer Freundschaft sinkt, wenn sie vielen geschenkt wird. Von Gott aber weiß ich – und das ist das Wunder seiner unendlichen Lebensfülle – dass er allen gehört, doch jedem in einer einzig einmaligen Weise. [...] Tiefe Gemeinschaftlichkeit verbindet alle Glieder der Kirche, aber nirgendwo formloses Sichverlieren.

Zum 2. Hauptteil

Lob und Dank

Augustinus (zugeschrieben)
Predigt 365 n. 1 (übers. von M. Schlosser)

Das Lob Gottes soll mit dem Herzen und mit der Liebe dargebracht werden (*Deus corde laudandus et amore*). Ein Lob ohne Liebe ist kein wirkliches, wahres Lob; es zählt in den Augen Gottes nicht. Lasst uns also Gott preisen mit dem Herzen, nicht bloß mit dem Mund [...]. Schaut, Brüder: Die Liebe *(caritas)* ist keine Tugend des Mundes. Sie nimmt ihren Wohnsitz dort, wo die Schönheit der Freundin des Bräutigams zu finden ist (Ps 45,14). Wo ist diese Schönheit? Der „herrliche Schmuck der Königstochter ist ganz im Innern", dieser herrliche Glanz und Schmuck ist nichts anderes als ihre Schönheit. Diese Schönheit aber ist nichts anderes als die Liebe *(caritas)*, die Liebe aber nichts anderes als das Leben. Willst du leben, so liebe. Wenn du liebst, bist du schön."

Thomas von Aquin
Summa theologiae II II q.91 a.1 (übers. von M. Schlosser)

Die Anrufung des Namens Gottes im Lobpreis

Ob Gott mit Mund und Zunge gelobt werden soll?

Erster Einwand: Gott ist größer als unser Lobpreis; dieser kann ihn sozusagen gar nicht erreichen; so steht es im Buch Jesus Sirach (Sir 43, 33: *„maior est enim omni laude"*)

Zweiter Einwand: Das Lob Gottes wird mehr vom Herzen als vom Mund dargebracht. In Mt 15 zitiert der Herr selbst das Jesajawort: „Dieses Volk ehrt mich mit den Lippen, doch sein Herz ist weit entfernt von mir."

Dritter Einwand: Wir loben Menschen, um sie zu besseren Handlungen zu motivieren. Schlechte Menschen werden hochmütig, wenn sie gelobt werden, umgekehrt fühlen sich gute Menschen herausgefordert, noch besser zu werden. Darum heißt es in Spr 27,21: „Wie das Silber im Feuer geprüft wird, so wird der Mensch erprobt, wenn er im Mund der anderen gelobt wird." – Aber bei Gott kommt das nicht in Frage. Er wird nicht zu Besserem motiviert; denn erstens ist er unwandelbar, und zweitens ist er vollkommen und in höchstem Maße gut, er kann nicht im Guten wachsen.

Gegenargument: Im Psalm 63,6 heißt es: „Meine Lippen sollen jubeln im Lobpreis"!

Antwort: Wir loben Menschen aus einem anderen Grund als wir Gott loben. Wenn wir zu einem Menschen sprechen, gebrauchen wir Worte, um unseres Herzens Gedanken auszudrücken, die der andere Mensch nicht erkennen kann. Wir loben also jemanden mit Worten, damit ihm selbst oder auch anderen Personen deutlich wird, welch gute Meinung wir von ihm haben. Dadurch soll derjenige, der gelobt wird, motiviert werden, noch besser zu werden; und die anderen, die das Lob hören, sollen eine gute Meinung und Hochachtung vor ihm bekommen und zur Nachahmung angeregt werden.

Aber wenn wir Gott loben, gebrauchen wir Worte nicht zu dem Zweck, ihm unsere Gedanken kundzutun – Ihm, der in unsere Herzen blickt! Vielmehr möchten wir uns selbst – und andere, die das Lob hören – zur Hochachtung *(reverentia)* vor Ihm führen. Mündlich zu lobpreisen ist also nicht Gottes wegen nötig, sondern wegen des Beters selbst: sein Empfinden, seine innere Ausrichtung, wird durch die Worte des Lobes geweckt und auf Gott hin geneigt. So heißt es in einem Psalm (50,23): „[Wer Opfer des Lobes bringt, ehrt mich; dem Rechtschaffenen zeige ich mein Heil (EÜ)]. Das Opfer des Lobes ehrt mich; das ist der Weg, wie ich ihm mein Heil zeige (Vg.)." Und noch etwas: In dem Maß, wie der Mensch, wenn er Gott lobt, sich mit seiner inneren Neigung „in Gott hinein erhebt" *(in Deum ascendit)*, in dem Maß nimmt sein Inneres auch Abstand von allem, was Gott entgegengesetzt ist. [...]

Zudem trägt das mit dem Munde ausgedrückte Lob dazu bei, dass auch andere sich innerlich auf Gott hin ausrichten. Darum sagt der Psalmist: „Immer sei Sein Lob in meinem Mund. Die

Armen sollen es hören und sich freuen. Lobpreist mit mir den Herrn!"

Zu 1: Wir können von Gott unter zwei Gesichtspunkten sprechen: Zum einen von seinem *Wesen* – und da ist er unbegreiflich, unaussprechlich, und überragt alles Lob. Es gebührt ihm jedoch, gerade wenn man das bedenkt, die Ehrerbietung und Anbetung *(latria)*, die einzig und allein Gott gehört. Im Psalter des Hieronymus steht daher die Formulierung: „Vor dir verstummt das Lob, o Gott" (oder: „schweigend wirst du gepriesen") – was sich auf die Unaussprechlichkeit bezieht; und dann folgt: „Dir macht man Gelübde" – was sich auf den zweiten Aspekt, die Anbetung, bezieht. – Zum andern von seinen *Taten*, die er zu unserem Heil und Nutzen vollbringt. Und dafür gebührt Gott unser Lobpreis. So spricht Jesaja (63,7): „Ich trage die Erbarmungen des Herrn in meinem Herzen, das Lob des Herrn für alles, was er uns Gutes getan hat". [...]

Zu 2: Gott allein mit den Lippen zu loben, bringt dem Beter keinen Nutzen, wenn nicht das Lob des Herzens den Lobpreis begleitet; denn *das Herz spricht zu Gott*, wenn es sich Seiner großen Taten mit inniger Zuneigung erinnert. Doch hilft das mündlich gesprochene Lob dem Beter durchaus, seine Zuneigung zu Gott aufzuwecken – und auch dazu, andere zum Lob Gottes anzuregen.

Zu 3: Dazu haben wir schon geantwortet: Wir loben Gott nicht, weil er einen Nutzen davon hätte, sondern weil es uns nützt.

Bitte und Fürbitte

SIGISMUND VON STORCHENAU

Geistliche Reden auff alle Sonntage des Jahres, Bd. 2, 269

Aufmerksamkeit des Geistes und Aufrichtigkeit des Herzens

Jesus Christus will, dass wir bitten sollen. Der echte Begriff einer Bitte schließt notwendig zwei Eigenschaften ein: die Aufmerksamkeit des Geistes und die Aufrichtigkeit des Herzens. Denn eine wahre Bitte besteht nicht nur in gewissen Worten, die der

Mund spricht, es müssen auch Geist und Herz einstimmen Der Geist muss es verstehen, und das Herz muss es wollen, um was gebetet wird. Sonst erhalten wir von Gott nichts.

Wir haben gewisse Gebete, die wir täglich lesen oder aus dem Gedächtnis hersagen. Was geschieht dabei? Die Lippen bewegen sich, aber die Seele denkt nicht daran. Sie denkt an ganz andere Sachen. Wir würden uns ein Gewissen machen, eins dieser Gebete auszulassen; aber ohne Gewissensbisse bleiben wir in der bösen Gewohnheit, stets unaufmerksam zu beten. Warum also gewöhnen wir uns nicht mehr an das Gebet des Herzens? Warum muss immer das, was wir unserem Herrgott sagen wollen, geschrieben oder gedruckt vor uns liegen? Haben wir ihm wirklich nie etwas anderes zu sagen, als was wir im Gebetbuch lesen? Aber „ob wir laut oder still beten, das Herz soll schreien", sagt der heilige Augustinus. Aber ich weiß nichts so aus dem Herzen auswendig zu beten. Sonderbar! Es weiß doch der Kranke mit seinem Arzt, das Kind mit seinem Vater, die Braut mit ihrem Bräutigam immer etwas zu reden; und die christliche Seele soll nicht wissen mit ihrem Gott zu reden, der ihr Arzt, ihr Vater, ihr Bräutigam, ihr alles ist? Sie kennt ja ihre Krankheiten und Schwachheiten, ihre Dürftigkeit, ihr Unvermögen. Unterhalte sie sich also darüber mit ihrem göttlichen Arzt, ihrem göttlichen Vater. Es braucht dazu keine ausgesuchten Worte. „O Gott, sei mir armen Sünder gnädig", sprach der Zöllner (Lk 18,13). „Herr, wenn du willst, kannst du machen, dass ich rein werde", rief der Aussätzige (Mt 8,2). „Sohn Davids, hab Erbarmen mit mir!" schrie der Blinde (Mk 10,47). Und ihnen wurden sogleich ihre Wünsche gewährt.

Wenn das Herz also zu Gott redet, muss es auch mit Aufrichtigkeit reden. Ich will sagen, wir müssen aufrichtig wollen, was wir im Gebet begehren. Es scheint zwar das Gegenteil unmöglich zu sein; indessen es geschieht leider. Man betet zum Beispiel um die Gesundheit, meidet aber schädliche Gewohnheiten nicht. Man betet um Befreiung von einer Versuchung, beseitigt aber deren Quelle nicht. Man betet um Verhütung und Bewahrung von der Sünde und entzieht sich der nächsten Gelegenheit nicht. Mit einem Wort, man betet und verlässt sich in stolzem Vertrauen darauf, als dürfe Gott von uns keine Mitwirkung fordern und als müsste er nur immer Mirakel wirken. So betende Christen haben in der Tat den Fluch des Psalmisten zu fürchten. „Sein Gebet werde ihm zur Sünde!" (Ps 109,7)

Seien wir beharrlich im Gebet, wie Lukas (11,8) von dem ungestümen Freund berichtet. So, gleichsam bis zum Ungestüm, müssen wir im Gebet anhalten. Manchmal lässt uns Gott lange warten. Aber klopfen wir nur unermüdet an, es wird uns endlich aufgetan werden (11,9), wenn nicht dann, wenn wir es wollen, gewiss aber dann, wenn es für uns am besten sein wird.

C.S. Lewis
Dienstanweisung für einen Unterteufel ([22]2013, 118f.)

Erhörung von Bittgebeten

Da sich dein Patient aber der üblen Gewohnheit des Gehorsams verpflichtet hat, wird er sehr wahrscheinlich mit diesen „primitiven" Gebeten [d.h. Bitt-Gebeten] weiterfahren, allem was du unternehmen magst, zum Trotz. Du kannst ihn aber dadurch quälen, dass er den nagenden Verdacht nie ganz los wird, diese Gebetsübung sei sinnwidrig und führe zu keinem objektiven Ergebnis. Vergiss nicht, den Spruch zu gebrauchen: „Bin ich zuerst da, habe ich gewonnen; bist du zuerst da, hast du verloren!" Wenn die Dinge, um die er bittet, nicht geschehen, dann ist das ein Beweis dafür, dass Bittgebete wirkungslos sind. Wenn aber geschieht, was er erbeten hat, dann wird er natürlich einige der physikalischen Ursachen angeben können, die dazu geführt haben, und darum wäre es ohnehin geschehen! Damit wird ein erhörtes geradeso wie ein unerhörtes Gebet zum Beweis dafür, dass das Beten fruchtlos ist.

Dir als Geist mag es unbegreiflich erscheinen, dass er solch einer Verirrung verfallen könnte. Du darfst aber nicht vergessen, dass er die Zeit als die letzte Wirklichkeit betrachtet. Er meint, der Feind sehe, wie er selbst, gewisse Dinge als gegenwärtig, erinnere sich an andere als vergangen, und sehe andere als zukünftig voraus. Aber selbst wenn er glaubt, dass der Feind die Dinge nicht auf diese Weise sieht, so betrachtet er das im Grund seines Herzens noch als Eigentümlichkeit des Wahrnehmungsvermögens des Feindes. Er glaubt nicht wirklich (obwohl er das natürlich behauptet), dass der Feind die Dinge sieht, wie sie in Wirklichkeit sind! Versuchst du es ihm zu erklären, dass die Gebete der Menschen heute eine der zahllosen Koordinaten sind, mit denen der Feind das Wetter von morgen in Einklang bringt, so würde er erwidern, der Feind habe in diesem Fall ja immer gewusst, um was die Menschen beten würden, und sei dem so, dann beteten sie eben nicht aus freiem Willen, sondern seien zu solchem Beten vorausbestimmt. Auch würde er hinzufügen, das Wetter eines bestimmten Tages lasse sich auf seine Ursachen zurückführen, bis zu der ursprünglichen Schöpfung des Stoffes selbst – so dass das ganze Geschehen auf der menschlichen wie auf der stofflichen Seite zum voraus gegeben sei durch das Wort „Es werde“. Was er hätte sagen sollen, ist uns natürlich klar: Das Problem der Anpassung des besonderen Wetters an die besonderen Gebete sei nur die Erscheinung des Gesamtproblems der Anpassung der ganzen geistigen an die ganze stoffliche Welt an zwei verschiedenen Punkten seines zeitlichen Wahrnehmungsvermögens, und die Schöpfung in ihrer Gesamtheit sei an jedem Punkt des Raumes und der Zeit tätig, oder besser, die menschliche Art des Bewusstseins zwinge den Menschen, dem gesamten, gleichzeitigen schöpferischen Akt als einer Reihe aufeinanderfolgender Ereignisse zu begegnen. Warum dieser schöpferische Akt Raum lässt für den freien Willen, ist die Frage der Fragen, das Geheimnis hinter jenem Unsinn von der „Liebe“ des Feindes. Die Weise seines Vorgehens ist nicht im geringsten problematisch, denn der Feind sieht den freiwilligen Beitrag des Menschen nicht in einer Zukunft voraus, sondern sieht ihn in seinem unbegrenzten Jetzt. Und einen Menschen in seinem Tun beobachten, heißt selbstverständlich nicht, ihn zu diesem Tun zu veranlassen.

Albertus Magnus (zugeschrieben)
Über das rechte Beten, II. Kap. 9 (übers. von M. Schlosser)

Hindernisse beim Gebet; bzw. warum man nicht erhört wird

Zuweilen erhört Gott ein Gebet ziemlich schnell, und zwar manchmal so, dass es dem Heil des Beters nützt, manchmal auch [nur] entsprechend dessen Wunsch und Willen.

Ein Gebet kann aber auch aus zahlreichen Gründen zurückgewiesen werden.

Erstens, weil die Person, die bittet, unwürdig ist, da sie Gott mit ihren Sünden beleidigt. So heißt es beim Propheten Jesja (59,2): „Eure Sünden haben das Antlitz Gottes vor euch verborgen, so dass er euch nicht erhört". Oder im Psalm 66,18: „Wenn ich in meinem Herzen Unrecht erblicke, dann wird der Herr mich nicht erhören".

Gott weist ein Gebet auch zurück, wenn es mit gespaltenem Herzen (d.i.: mit Zweifel) vorgebracht wird: „Wer zweifelt, gleicht einer Welle, die vom Wind hin und hergeworfen wird. Ein solcher Mensch bilde sich nicht ein, dass er etwas vom Herrn erhalten wird." (Jak 1,6f.)

Oder es wird nicht erhört, weil um eine Nichtigkeit gebeten wird – zum Beispiel um ein irdisches Gut, das nichts nützt. Darum heißt es bei Joh 16,24: „Bis jetzt habt ihr noch nichts in meinem Namen erbeten" – das heißt: im Namen des Erlösers, zum Heil. Darum erhielten auch die Söhne des Zebedäus, die um eine Ehrenstellung gebeten hatten, die Antwort: „Ihr wisst nicht, worum ihr bittet." (Mt 20,22).

Manchmal wird das Gebet nicht erhört, weil jemand um etwas bittet, was ihm gar nicht gut tun würde – so wie wenn ein Kleinkind seinen Vater um ein Messer bäte, um sich zu schneiden. Ambrosius schreibt dazu: Gott gewährt uns manches nicht, weil er ein besseres Urteil hat und weiß, dass das Erbetene nicht gut für uns wäre, auch wenn wir davon überzeugt sind. Der Apostel Paulus hat den Herrn dreimal gebeten, den Stachel von ihm zu nehmen, doch die Antwort lautete: Meine Gnade genügt dir. (2 Kor 12,9).

Zurückgewiesen wird auch dann ein Gebet, wenn der Beter selbst die Gebote Gottes nicht hören will: „Wer seine Ohren abwendet, um das Gesetz nicht zu hören, dessen Gebet ist ein Greuel" (Spr 28,9). Oder wenn jemand seinerseits arme Bittsteller nicht erhört: „Wer seine Ohren vor dem Schreien des Armen verschließt, der wird ebenfalls nicht erhört werden, wenn er schreit" (Spr 21,13).

Manchmal will Gott das Gebet nicht erhören, weil es für einen Unwürdigen ist: „Bete nicht für dieses Volk; fang nicht an, für sie zu flehen und zu bitten; denn ich werde nicht erhören." (Jer 11,14) „Selbst wenn Mose und Samuel vor mir stünden, würde mein Herz sich diesem Volk nicht mehr zuneigen" (15,1).

Manchmal ist der Grund, dass die Bitte im Widerspruch zur Gerechtigkeit steht: Wenn etwa jemand von seinem Herrn Vergebung erbittet, aber selbst seinem Mitknecht nicht vergeben will (Mt 6,15): „Wenn ihr den Menschen ihre Verfehlungen nicht vergebt, dann wird euer himmlischer Vater auch euch die Sünden nicht vergeben", und ähnlich Mt 18,32f.: „Du böser Knecht, all deine Schuld habe ich dir erlassen, weil du mich so angefleht hast; hättest nicht auch du Erbarmen haben müssen mit deinem Mitknecht, wie ich Erbarmen hatte mit dir?" „Der Mensch hegt und pflegt den Zorn gegen seine Mitmenschen, und von Gott will er Heilung?!" (Sir 28,3).

Ein Gebet wird auch dann nicht angenommen, wenn es gegen die Barmherzigkeit Gottes ist, etwa wenn ein Mensch von Gott Rache verlangt: „Herr, willst du, dass wir sprechen: Feuer soll vom Himmel fallen und sie verzehren?" (Lk 9,54).

All diese Umstände fasst Jak 4,3 zusammen: „Ihr bittet und empfangt nicht, weil ihr in böser Absicht bittet, um es entsprechend eurer Begier [Leidenschaft/ Selbstsucht] zu gebrauchen".

Abgesehen von diesen Gründen sind auch bestimmte Haltungen des Betenden für das Gebet hinderlich, zum ersten die Kleingläubigkeit oder Kleinmut *(pusillanimitas)*, wenn der Mensch nur seine eigene Unwürdigkeit betrachtet und sein Auge nicht auch auf die Güte Gottes richtet. Der Abgrund des Elends ruft doch gerade den Abgrund des Erbarmens herbei! (vgl. Ps 42,8: *Abyssus abysssum invocat* – „Flut ruft der Flut zu beim Tosen deiner Wasser", EÜ).

Manchmal ist auch verwegenes Selbstvertrauen *(temeritas)* ein Hindernis – wenn nämlich ein Mensch „mit großen und wunderbaren Dingen umgeht" (Ps 131,1), obwohl er im Gewissen weiß, dass in ihm ein Laster herrscht, und er die Gefahr für seine Seele unbekümmert ausblendet.

Ein anderes Hindernis ist Lauheit *(tepiditas)*; das Gebet kommt aus keiner Begeisterung. „Wärest du doch kalt oder heiß; weil du aber lau bist, werde ich dich aus meinem Munde ausspeien" (Offb 3,16).

Daher schreibt Gregor d. Gr.: „Eine maßlose Furchtsamkeit (das ist: Kleinmütigkeit) schnürt die Seele ein, so dass das Gebet – ich sage nicht einmal: nicht aufsteigen – sondern: keinen Schritt vorwärts tun kann. Das laue Gebet dagegen wird beim Aufstieg matt und gibt auf; denn es hat keine Kraft. Das verwegene Gebet steigt zwar auf, aber es fällt zurück: denn es trifft auf den Widerstand [Gottes, der den Stolzen widersteht]. Das Gebet voll Glut des Glaubens und der Demut aber durchdringt die Himmel. Es ist gewiss, dass es nicht leer zurückkehren kann."

Beharrlichkeit

Der Herr schiebt die Erfüllung unserer Bitten auch oft auf [...] auch beim Gebet eines gerechten Menschen. Gott will, dass dessen Sehnsucht wachse; und eine wirklich reine Sehnsucht wächst durch Aufschub, stellt Gregor fest [wie auch Augustinus].

Ein passendes Beispiel haben wir in der kanaanäischen Frau: Sie wird vom Herrn zurückgewiesen, und sogar mit einem Hund verglichen – doch sie bleibt demütig bei ihrer Bitte, und erhält die Erfüllung! (Mt 15,27). Über sie schreibt Johannes Chrysostomus: Geradezu gewalttätig ist diese Frau *(o violentia mulieris)!* Was für eine Entschlossenheit, was für ein Fortschritt im Glauben *(o intentio animi et profectus fidei)!* Der Arzt sagt: Nein, und sie sagt: Doch. Also weiche auch du nicht, bis du empfängst, worum du bittest. Und auch danach gehe nicht fort! Sondern bleibe, und sag Dank für das, was du erhalten hast – damit es dir auch erhalten bleibt.

Der Herr verzögert also die Erfüllung, damit die Sehnsucht wachse, oder damit jemand die erbetene Gnade oder Tröstung mehr schätze und sorgsamer bewahre. Es gibt ja schier nichts in diesem Leben, was nicht aufgrund von dauernder Gegebenheit an Wertschätzung verlöre [...] „Eine Seele, die satt ist, tritt den Honig mit Füßen; eine hungernde nimmt sogar Bitteres an, als sei es wohlschmeckend" (Spr 27,7).

Manchmal schiebt der Herr die Erfüllung auch auf, damit der Mensch erkenne, dass er nichts Gutes aus sich selbst hat, sondern alles vom Herrn kommt.

Aus all diesen Gründen darf man also vom Gebet nicht ablassen, sondern man muss zudringlich und anhaltend bitten *(importune instandum)*, bis man erhört wird. „Denn wenn er ihm schon nicht gibt, weil er sein Freund ist, so wird er ihm doch wegen seiner Zudringlichkeit geben" (Lk 11,8).

Denke an das Wort des hl. Bernhard [?]: Viele sagen: Schau, wir haben nicht abgelassen vom Gebet, und doch haben wir so gut wie nie seine Früchte erfahren. Wie wir zum Gebet kamen, so sind wir wieder weggegangen: leer. Doch die Hl. Schrift sagt: „Urteilt nicht nach dem Augenschein, sondern nach Gerechtigkeit und Recht" (Joh 7,24). Folge dem Urteil des Glaubens und nicht deiner Erfahrung; denn der Glaube ist wahr, die Erfahrung kann trügen. Was ist die Wahrheit des Glaubens anderes, als was der Sohn Gottes verheißen hat? Und er sagt: „Worum immer ihr bittet, glaubt nur, dass ihr empfangen werdet, und so wird euch geschehen" (Mk 11,24).

Niemand von euch soll sein Gebet geringschätzen; denn ich sage euch: Er, den wir bitten, schätzt es nicht gering. Noch bevor das Gebet aus unserem Mund kommt, befiehlt der Herr, dass es in seinem Buch aufgeschrieben werde. Und eines von zwei Dingen dürfen wir ohne Zweifel hoffen: dass er uns geben wird, was wir erbitten, oder das, was er für besser erachtet.

JOSEPH RATZINGER

Die Kraft des Gebetes, zum 17. So. im Jahreskreis – C (Gen 18,20-32; Lk 11,1-13), in: Gottes Angesicht suchen (1979), 39.

Denn wenn gesagt wird „Wer bittet, der erhält“, so erscheint dies von unserer Erfahrung her geradezu wie Hohn. Aber man muss eben genau zuhören. Gott gibt nicht irgendetwas. Er ist nicht ein Götze, der dem Menschen das Menschsein abnimmt und die Welt in ein Schlaraffenland umwandelt. Gott gibt das Gottgemäße, das nur er geben kann: Er gibt den Heiligen Geist (v.13). Dieser ist die Gabe des Vaters an seine Kinder, das Brot Gottes, wovon die Menschen leben. Ihn müssen wir von Gott erbitten, weil wir ihn brauchen und weil er nur von Gott gegeben werden kann. So wird aber auch das Gleichnis vom zudringlichen Freund verständlich: Nur wer in Geduld vor dem schweigenden Gott aushält, betet überhaupt. Das Ausharren mit dem schweigenden Gott, vielleicht über lange Zeit hin, das ist erst Gebet. Wie man einen Menschen nur kennenlernen kann, wenn man ein Stück seines Lebens teilt, so kann es Gebet nicht geben, indem man schnell bei irgendeinem Bedürfnis zu Gott läuft, sondern allein im Stehenbleiben und Anklopfen bei ihm, gerade wenn er nicht zu hören scheint. Nur so werden wir fähig, die Gabe aller Gaben, *seine* Gabe, überhaupt zu erkennen: den Heiligen Geist; nur so werden wir fähig, nach dem zu fragen, was Gott gibt, und es zu empfangen: die Gabe, von der in Wahrheit unser Leben und das der ganzen Welt abhängt.

ROMANO GUARDINI

Das Bitten, 89-93. 96f.

Die Welt des Neuen Testaments ist von der Gesinnung des Betens und Bittens so erfüllt: Die Worte des Herrn, seine Gleichnisse, seine eigene Haltung bringen es uns so nahe, dass es uns ganz selbstverständlich scheint; eine schöne, innige, tiefe, mit Notwendigkeit aus dem Wesen kommende Sache. Wenn wir aber länger in der richtigen Weise über christliche Dinge nachdenken, dann fühlen wir uns immer deutlicher gewarnt, einen solchen Eindruck der Vertrautheit und Selbstverständlichkeit leicht anzunehmen, und immer wieder zeigt es sich, dass gerade die scheinbar selbstverständlichsten Dinge es am wenigsten sind.

Fragen wir einmal verschiedene, nicht im Christlichen stehende Menschen, was sie vom Beten und Bitten halten. Ein Gelehrter zum Beispiel, der ganz im naturwissenschaftlichen Denken lebte, und zugleich ein ernster, nachdenklicher Mann wäre. Wenn wir einen solchen fragten: Was hältst du vom Beten? – dann würde er wohl sagen: Nichts geschieht ohne hinreichenden Grund. In allem liegt Sinn und Folgerichtigkeit. Alles Sein und Geschehen bildet jenen großen Zusammenhang, den wir „Natur" nennen, und in dem alles ist, wie es sein muss. Fromm aber ist der Mensch, der diesen Zusammenhang mit Ehrfurcht annimmt und sich hineinstellt, und Beten wird heißen, sich sinnend hineinzuversenken: sich ins Notwendige zu schicken; hinter dem Äußeren und Zufälligen ins Tiefe vorzufühlen, kurzum, sich als Glied des großen Ganzen zu verstehn ... Das ist tief gedacht; ist auch fromm. Mit dem Beten im christlichen Sinne, gar mit dem Bitten des Evangeliums, hat es nicht viel zu tun.

Oder einen Arzt, sagen wir einen Psychiater: Was hältst du vom Beten? Er wird sagen: Viele Störungen des seelischen Lebens kommen von der Unruhe und vom Krampf des Wollens; vom Machen-, Erreichen-, Erzwingenwollen. Gerade diese Unruhe und Gewalttätigkeit macht zum rechten Wollen unfähig. Wenn man darin steckt, sieht man nichts richtig, weil man sich nicht klar wird, was man eigentlich will; weil man nicht aus der rechten Tiefe heraus will; weil man nicht in der Linie des möglichen Wollens bleibt. Bitten heißt also zunächst und vor allem, den Willen abzuschirren. Nicht Dies und Jenes und alles Mögliche zu wollen, sondern sich zu lösen. Bitten heißt, in der Hingabe an das große Dasein, im Vertrauen auf seine Weisheit und Sinnfülle, absichtslos zu werden. Ebendarin wird der Blick für die rechte Sinnfülle klar; der Mensch in seinem Wollen mit sich selber einig. Das ist die Gnade des Gebetes ... Edel gedacht und voll Lebensweisheit. Aber christliches Bitten bedeutet etwas anderes.

Und noch könnte man einen Menschen von großer Tiefe fragen, der aber kein Christ wäre; ein sehr vergeistigter Mystiker, wie es sie in allen Religionen gibt. Was ist rechtes Bitten? Er würde wohl antworten: seinen Willen in den göttlichen Willen zu lassen. Nichts von sich aus zu wollen – nur, dass der heilige Wille geschehe. Und im übrigen verehren, danken, anbeten ... Das ist eine wunderbare Gesinnung; ist auch wahr. Soll sie aber christlich wahr sein, dann muss etwas anderes gesehen und gesichert sein.

In allem, was da gesagt worden ist, fehlt geradezu das, worauf es im Neuen Testament zuerst ankommt, und wohin die Gleichnisse Jesu den Ton legen: dass der gläubige Mensch zu einer echten Initiative gerufen wird.

Das Bitten des Neuen Testaments ist ein wirkliches Bitten, kein nur scheinbares. Darin erhebt sich das eigene Bedürfen und Verlangen des Menschen, fasst sich ins Wort und tritt vor Gott. Gewiss alles seiner heiligen Weisheit anheimgebend und gehorsam gegen seinen Willen. Jede christliche Bitte hat die immer mitgemeinte Vorbedingung: Wenn es so recht ist vor Dir – sonst würde sie ja den eigenen Willen durchzusetzen suchen gegen den Willen Gottes und ins Un-heil geraten. Innerhalb der unendlichen Weite des Gotteswillens aber wird wirklich gebeten: Gib mir das ... bewahre mich davor ... hilf mir dazu ...!

Dieses Bitten ist nichts Selbstverständliches, macht vielmehr sehr weitgehende Voraussetzungen, die von der Welt her nicht gegeben sind. Wir wollen sie sorgsam herausholen. Dabei wird manches sichtbar werden, was für das Verständnis des christlichen Daseins wesentlich ist.

Vor allem: Wie muss Gott denn sein, damit eine Bitte möglich wird?

Solange man unter „Gott" den Grund der Welt, den Sinn des Daseins, das höchste Wahre und Gute, den allmächtigen Urheber aller Dinge, mit anderen Worten „das absolute Wesen" versteht, ist für Bitten im eigentlichen Sinne kein Raum. Sie gleiten ab, ein solches Wesen weiß alles; seine Augen ruhen aber nicht herblickend auf meinem besonderen Dasein. Es wirkt alles; aber es handelt nicht auf mich, den Einzelnen, hin. Es ist alles in allem, aber nicht „mein Gott“. Bei einem solchen Wesen ist eine Bitte fehl am Ort. Sie hat da – wie sollen wir es ausdrücken? – etwas geradezu Peinliches an sich.

Soll ich sinnvoll bittend an Gott herantreten können, so dass ich fühle, es ist vor ihm und in meinem inneren Empfinden richtig, dann muss er anders sein. Aber er ist auch anders! Der Gott, von dem Jesus spricht und zu dem er mich mit meiner Bitte hinweist, ist und verhält sich ja durchaus anders, als das „absolute Wesen“ der Philosophen! Dieser Gott ratschließt, erhebt sich und handelt ... Er zürnt und straft; wenn aber dann die Menschen sich bekehren, bereut Gott sein Strenge und wird versöhnt ... Er ist fern und kommt nahe. Er blickt auf den Menschen, steigt herab und tritt bei ihm ein ... Hier wird anders gesprochen als in der Philosophie!

Nun könnte man sagen, das sei ein bildlicher Ausdruck; kindlich fromme oder geschichtlich unentwickelte Redeweise. Durchaus nicht! Es ist genau gesprochen. So genau, dass gerade an dem, was der nicht mehr „kindlich“ und „volkstümlich“, sondern „ernsthaft“ und „wissenschaftlich“ denkende Verstand wegstreichen müsste, das Eigentliche hängt. Denn der Gott, von dem hier geredet wird, ist gerade nicht das „höchste Wesen“ der Philosophen, sondern „der Gott Jesu Christi“ und so, wie er sich in der Heiligen Schrift, und auch gerade in ihrer Redeweise, offenbart. Diesen kann man bitten. Vor ihm ist die Bitte ein wahrhaft menschliches Verhalten. In den Evangelien gehen die Dinge so, und der Gott, der hinter ihrem Geschehen steht, ist so, dass die Menschen mit ihren Bitten bei ihm Stätte finden – wie Kinder beim Vater. Und Gott ist ja auch der „Vater im Himmel“, aber nicht nur bildhaft, sondern wahrhaft und wirklich.

Wie muss aber der Mensch sein, damit die Bitte möglich werde? Kein Wurm, kein nichtiges Wesen. Das Bitten, um das es sich hier handelt, ist kein Betteln, kein schwächliches Nicht-Selber-Können. Die christliche Bitte hat Würde, und Würde vor Gott. Der Mensch muss also etwas sein, was Gott selbst in Ehren hält. Er darf auch nicht nur ein Stück Natur, ein Glied im Getriebe der Welt sein. Das kann auch nicht im christlichen Sinne bitten. Er muss Initiative haben, und zwar Initiative im Raume Gottes. So ist es auch. Den Menschen, von dem Jesus redet, hat Gott als Lebendigen gewollt. Er hat ihn nicht als bloßen Gegenstand seines Wirkens vor sich hingebaut, sondern als schlagendes Herz mitten in der nicht-fühlenden Welt gebildet; als frei wollenden Willen mitten in der Notwendigkeit des Daseins. Gott hat ihn als Beauftragten und Helfer in die Schöpfung gestellt und zieht ihn in ein heiliges Einvernehmen des Wirkens. Das Einvernehmen soll lebendig werden. Seine Initiative, seine Anfangskraft soll aufstehen. Der Mensch soll wollen, sein Wollen vor Gott tragen, und Gott nimmt den Willen seines Geschöpfes ins Gefüge seines eigenen Handelns auf.

Vielleicht erwiderst du, Gott schaffe auch dieses Wollen und Bitten. Das ist allerdings richtig; aber damit stehen wir am Geheimnis der Schöpfung überhaupt, und vor allem des freien Wesens in ihr. Das werden wir nie verstehen; wir müssen aber dafür sorgen, dass es uns nicht die Wahrheiten und Unterschiede wegsauge, auf denen unser Dasein ruht. Wir sind verpflichtet, vor Gott verpflichtet, das Geheimnis seiner Allwirksamkeit nicht zu einer Macht werden zu lassen, die uns das eigene Handeln und Wollen auslöscht. Alles wirkt Gott; aber innerhalb seines Allwirkens bleibt bestehen, dass der Mensch Initiative hat. Dass wir zum eigenen Wirken gerufen sind, und unser Wirken und Bitten vor Gott gilt. Von hier aus wird deutlich, was das „Kind Gottes“ ist. Nicht Knecht, sondern Kind. Aber „Kind“ nicht als schwächliches, wehrloses Wesen, sondern Sohn, Tochter Gottes, mündig und verantwortungsfähig. [...]

Wie ist es von diesem Verhältnis aus gesehen mit der Bitte? Ja, wie steht darin die Welt? Denn Bitten heißt doch, dass etwas in der Welt geschehe? Die alte Philosophie hat einen merkwürdigen Begriff; sie spricht von der „potentia oboedientialis“, von der Fähigkeit, durch einen Anruf von oben, durch eine höhere Macht in Dienst genommen zu werden. Diese Fähigkeit hat die Welt in einem unabschätzbaren Maße. Es kommt nur darauf an, dass sie gerufen wird. [...]

Gott ist der in freier Bewegung Kommende. Der Mensch ist von Gott zur Initiative des Einvernehmens gerufen. Zwischen Gott und dem Menschen vollzieht sich das heilige Begebnis ihrer

Liebe. Dahinein wird die Welt gezogen. Die Bitte aber ist die Form, wie der Mensch sich an Gott wendet, dass Er die Welt seiner Liebe dienstbar mache.

Nicht aus sich ist die Welt so. Von der bloßen Welt her gibt es keine Bitte. Christus hat uns gesagt, dass sie so ist, und uns aufgefordert, daraufhin zu leben. Er hat den Gott geoffenbart, von dem her das möglich ist, den Vater im Himmel. Er hat uns gesagt, was wir selbst sind und was wir werden sollen, als er uns „Macht gab, Kinder Gottes zu werden". Er hat uns gesagt, was zwischen Gott und dem Menschen ist: die Liebe, die wirkliche. Und er hat uns gesagt, dass von ihr her, im Geheimnis der Vorsehung, die Welt in Dienst genommen werden kann. Freilich hat er auch zugleich gesagt, dass der Glaube „der Sieg ist, der die Welt überwindet". Von selbst geht das alles nicht. [...]

Johannes Cassian

Collationes Patrum IX, 32-34 (übers. von M. Schlosser)

Erhörungsgewissheit – Zudringliches Beten

Abbas Isaak: Wenn uns beim Gebet keinerlei Zweifel befällt, der das Vertrauen unseres Bittgebetes durch Verzagtheit aus der Bahn würfe, wir vielmehr, während wir unser Gebet vorbringen, fühlen, dass wir erhalten haben, worum wir bitten, dann zweifeln wir überhaupt nicht, dass unsere Bitten Gott wirklich erreicht haben. Denn in dem Maß verdient jemand erhört zu werden bzw. das Erbetene zu erhalten, wie er glaubend gewiss ist, dass er von Gott angeblickt wird, oder dass Gott ihm [das Erbetene] geben kann. Unwiderleglich ist das Wort unseres Herrn: „Was immer ihr im Gebet erbittet, glaubt, dass ihr es empfangen werdet, und es wird euch zuteil werden" (Mk 11,24).

Germanus: Nicht verwunderlich, dass diese Erhörungsgewissheit aus der Reinheit des Gewissens erwächst, das glauben wir. Was aber ist mit uns, deren Herz noch von den Dornen der Sünden zerstochen wird? Wie können wir solche Zuversicht haben, da uns keine Verdienste hilfreich zur Seite stehen, so dass wir mit kühnem Vertrauen annehmen dürften, unsere Gebete verdienten Erhörung?

Isaak: Die Worte des Evangeliums und der Propheten bezeugen, dass es unterschiedliche Gründe für Erhörung gibt – je nach dem inneren Zustand der Beter, der ja vielfältig ist. Durch das Wort des Herrn selbst wird dir angegeben, dass die Einmütigkeit von zwei Personen die Frucht der Erhörung trägt: „Wenn zwei von euch auf Erden einmütig sind im Hinblick auf jede Sache, was immer sie erbitten, es wird ihnen zuteil werden von meinem Vater, der in den Himmeln ist" (Mt 18,19). Ein anderer Grund für Erhörung besteht in der Fülle des Glaubens, der mit einem Senfkorn verglichen wird: „Wenn ihr einen Glauben hättet wie ein Senfkorn, würdet ihr zu dem Berg hier sagen: Geh weg von hier, und er würde gehen. Und nichts wäre euch unmöglich." (Mt 17,19). Einen weiteren Grund findest du in der Beharrlichkeit des Gebetes; der Herr nennt in seiner Unterweisung solche unermüdliche Ausdauer „Zudringlichkeit": „Amen, ich sage euch: Wenn er nicht aus Freundschaft aufsteht und dem Bittsteller gibt, was dieser braucht, so doch wegen dessen Zudringlichkeit." (Lk 11,8) Erhörung erlangt man auch durch Almosen: „Deponiere das Almosen im Herzen des Armen, und es wird für dich Fürbitte leisten zur Zeit der Not" (Sir 29,15). Auch aufgrund der Besserung des eigenen Lebens und aufgrund von Werken der Barmherzigkeit: „Löse die Fesseln des Unrechts, die drückenden Lasten!" (Jes 58,6). Und nachdem mit kurzen Worten das unfruchtbare Fasten gegeißelt worden ist, heißt es: „Dann wirst du rufen, und der Herr wird dich erhören; du wirst schreien, und er wird sagen: Hier bin ich." (Jes 58,9). Manchmal erwirkt auch das Übermaß an Trübsal Erhörung: „Ich rief zum Herrn in meiner Not, und er erhörte mich" (Ps 119,1,Vg.). Und wiederum: „Unterdrücke den Fremden im Land nicht; denn wenn er zu mir schreit, werde ich ihn erhören, weil ich Mitleid habe." (Ex 22,21.27).

Da seht ihr also, auf wie viele Weisen man die Gnade des Erhörtwerdens erlangt, so dass niemand im Gewissen zu verzweifeln braucht, all das zu erlangen, was ihm zum ewigen Heil nützt. Und selbst wenn ich mir unser Elend vor Augen führe und einräumen muss, dass wir alle bar jener oben genannten Tugenden dastehen und weder jene lobenswerte Einmütigkeit besitzen noch die Glaubenskraft von der Größe eines Senfkorns, noch die Werke der Barmherzigkeit vorweisen können, von denen der Prophet schreibt, können wir dann nicht doch zumindest die Zudringlichkeit besitzen, die jeden unterstützt, der wirklich etwas will, und aufgrund derer allein der Herr selbst versprochen hat, zu geben, worum er gebeten wird?

Darum müssen wir beharrlich beim Bitten bleiben, ohne dem glaubensschwachen Zagen und Schwanken Raum zu geben, und nicht im geringsten zweifeln, dass wir alles erhalten werden, was wir *Gott-entsprechend* erbitten *(cuncta quae secundum Deum poposcerimus)*. Der Herr, der willens ist, uns die ewigen, himmlischen Güter zu geben, fordert uns auf, ihm durch unsere Zudringlichkeit gewissermaßen zuzusetzen: Er verachtet die Zudringlichen nicht, noch weist er sie zurück, vielmehr lädt er sie ein und lobt sie, und er verspricht mit so gütigen Worten, ihnen zu geben, was sie mit Ausdauer erbitten: „Bittet, und ihr werdet empfangen; sucht, dann werdet ihr finden; klopft an, dann wird euch geöffnet [...]" (Lk 11,9).

Selbst wenn wir für uns keinen der oben genannten Gründe, erhört zu werden, geltend machen können, so soll doch diese beharrliche Zudringlichkeit in uns lebendig sein: Sie zu haben, setzt keine großen Verdienste oder schwierige Tugendübungen voraus; sie liegt in der Macht eines jeden, der will. [...]

Dass wir aber unermüdlich den Herrn bitten sollen, lernen wir am Beispiel des Propheten Daniel, der vom ersten Tag seines Betens an erhört war, aber die Wirkung seines Betens erst einundzwanzig Tage später erlangte. So sollen auch wir vom einmal begonnenen Beten nicht ablassen, wenn wir das Empfinden haben, Gott zögere die Erhörung hinaus. [...] Wir wollen uns die glaubende Zuversicht in keiner Weise durch Hoffnungslosigkeit brechen lassen, wenn wir nicht spüren, dass wir das Erbetene erhalten haben! Und wir wollen nicht bezweifeln, was der Herr mit einem Eid versprochen hat: „Alles, worum ihr im Gebet bittet, glaubt, dass ihr empfangen werdet" (Mt 21,22). Hier sollten wir uns auch noch einmal vor Augen stellen, was der hl. Evangelist Johannes schrieb – und damit sind alle Unsicherheiten in dieser

Frage offenkundig gelöst: „Wir haben Zuversicht in ihn, dass er uns hört in allem, was wir seinem Willen entsprechend erbitten." (1 Joh 5,14). Er heißt uns also nur in den Dingen eine volle Erhörungszuversicht ohne jeden Zweifel zu haben, die nicht unserem zeitlichen Wohlergehen oder irdischen Tröstungen entsprechen, sondern dem Willen des Herrn.

David von Augsburg

Vom äußeren und inneren Menschen, III cap. 67 n. 3 (262 f.)

Erhörungsgewissheit?

3. Es gibt aber noch eine andere Art der Enthüllung durch den Heiligen Geist: wenn der Mensch, auf Anregung Gottes hin, Gott in einer besonderen, eigenen oder fremden, Angelegenheit bittet, und im Empfinden der geistlichen Innigkeit und in der Zuversicht auf Erhörung erkennt, dass er mit seiner Bitte erhört sei. Doch selbst wenn er festes Vertrauen hat, dass die Angelegenheit, in der er gebetet hat, einen guten Ausgang nehmen wird, so weiß er doch oft nicht, auf welchem Weg dies geschehen wird. Und im anderen Fall, wenn er nicht das Empfinden des Vertrauens in die Erhörung hat, versteht er, dass er die Wirkung seines Gebetes nicht erhält, auch wenn er darin nicht völlig sicher sein kann – denn er weiß nicht, ob dies den Grund in seinem mangelhaften Gottvertrauen (*devotio:* Hingabe an Gott) hat, oder ob es ein Anzeichen ist, dass die Bitte selbst abgeschlagen wird.

Diese Art von „Offenbarung" ist besonders den frommen Menschen sehr bekannt. Dennoch kommt es vor, dass auch fromme Menschen sich täuschen lassen, wie es auch bei der inneren Einsprechung der Fall ist. Und das kommt offenbar so: Nehmen wir an, ein frommer, Gott liebender Mensch richtet seine Aufmerksamkeit auf Gott und in liebender Hingabe hat er inniges Vertrauen, dass Gott ihm gewogen sei. Nun erbittet er das eine oder andere für sich oder eine andere Person, wovon er sehr wünscht, dass es eintrete. Und wenn er schon vorher, bevor er diese Bitte äußert, von inniger Hingabe und Vertrauen in Gottes Güte erfüllt war, dann wird durch das Verlangen nach der erbetenen Sache die Liebe noch wärmer und in der Folge dieser Glut das Vertrauen auf Gott auch noch beständiger. Und weil dieser Mensch nun vermutet, dass diese Innigkeit vom Heiligen Geist bewirkt sei – da ein böser Geist niemals den Geist der innigen Liebe eingießen kann, den er ja nicht hat – so vertraut er nun, dass er keiner Täuschung unterliege und in seiner Hoffnung auf die Erfüllung seiner Sehnsucht nicht zuschanden werden könne; denn der Hl. Geist habe diese Hoffnung bereits durch das Anwachsen der Liebe und Wärme bestätigt. Und darin kann man sich täuschen: Denn der menschliche Geist gerät in der Sehnsucht nach einer Sache, die er liebt und an die er voller Eifer denkt, in Hochstimmung *(hilarescit)*, sogar wenn vorher gar keine Innigkeit zu Gott vorhanden war. Diese innere Bewegung des menschlichen Geistes im Verlangen nach einer Sache oder einem Geschehen bringt den Menschen manchmal sogar zum Weinen, besonders dann, wenn es sich um eine Sache handelt, die irgendwie mit der Frömmigkeit zu tun hat *(spectat ad devotionem qualemcumque)*. So kommt es auch häufig vor, dass sich das Herz eines Menschen, der sich aus Ruhmsucht wünscht, ein glänzender Prediger zu sein oder prophetisch zu reden oder Wunder zu tun oder irgendetwas anderes, wodurch er bewundert würde, ganz verblendet durch solche Vorspiegelungen in Hochstimmung befindet und gewissermaßen fett wird durch eine gefühlvolle Gestimmtheit, die ohne Mark ist *(vana affectio)*.

Wieviel mehr gerät das Herz in Hochstimmung und nimmt zu an inniger Liebe, wenn es an Dinge denkt, die es nicht aus Eitelkeit oder Leichtsinn ersehnt, sondern mit reifer geistlicher Liebe; und wenn ein solches Herz immer wieder vom Heiligen Geist Tröstungen erfährt, die sich bei jeder Gelegenheit zu einem neuen Antrieb innigerer Liebe erheben können. Da kann es geschehen, dass man das, was der eigene Geist voll Vertrauen spricht, für die Stimme des Heiligen Geistes hält; denn er entzieht nicht die Gnade, die er gegeben hat, sondern er gießt einem Herzen, das in der Sehnsucht nach ihm weit geworden ist, noch reichere Gnade ein, je nach dem Maß wie ein solches freudiges Herz Raum geschaffen hat für eine größere Gnade. Denn ein freies und von freudigem Wohlwollen erfülltes Herz *(iucundum cor)* ist mehr bereit, die Gnade der vertrauensvollen Hingabe an Gott aufzunehmen als ein Herz, das verstrickt ist in Traurigkeit und Bitternis. Denn der Hl. Geist ist die Liebe und das Wohlwollen und die wonnevolle Freude *(iucunditas)* zwischen Vater und Sohn, und wo Ähnlichkeit besteht, besteht naturgemäß auch mehr Freude. [...]

Anbetung

Romano Guardini

Die Anbetung (in: Glaubenserkenntnis, 1997, 11-19)

[Guardini beginnt mit einer Betrachtung von Offb 4, 1-11: der Anbetung der Geistwesen und der 24 Ältesten vor dem Thron Gottes.]

Was der Seher in den Gestalten der vierundzwanig Ältesten schaut, ist wohl die Schöpfung, aber so wie sie ihrem Sinn nach und vor Gott sein soll und einst, in der Vollendung der Ewigkeit, sein wird. Was einst den Zustand alles Seins bilden wird, ist jetzt verworren, umstritten, dem unsteten Tun des Menschen in die Hand gegeben. Gott hat gewollt, dass das Dasein sich aus der stummen Gesetzlichkeit der Dinge in die Klarheit des Geistes hinaufbaue, über dem Reich der Notwendigkeit sich das der Freiheit erhebe – wenn Er das aber gewollt hat, musste Er dem Geist und der Freiheit auch Raum geben, damit sie wirklich wählen und handeln können. So kann der Anschein entstehen, als sei Gott ohnmächtig und müsse den Menschen, der sich wider Ihn empört, Ihn leugnet, für nicht daseiend erklärt, gewähren lassen. Aber gerade das ist wirkliche Macht, denn sie hält sich in der Wahrheit. [...] Einmal wird die Zeit ein Ende haben und die Ewigkeit übergehen. Dann wird jedes Menschendasein den Sinn haben, den es in der Zeit gewählt, und so viel wirklich sein, als es sich für den Willen Gottes entschieden hat. [...]

Auf die Macht Gottes antworten der ewige Lobruf der Engel und die Huldigung der vierundzwanzig Ältesten. Die Ehre, die sie Ihm geben, ist von besonderer Art: es ist die Anbetung.

Was bedeutet sie? In der Anbetung neigen sich Engel und Menschen vor ihrem göttlichen Herrn; das Geschöpf vor Dem, der es erschaffen. Aber wie und warum? Nicht so, wie etwa ein Mensch, der mit einem schwachen Boot auf dem Meere fährt, vor dem Sturm nachgeben muss; oder wie ein Arzt, der um das Leben eines Kranken gekämpft hat, sich vor der Krankheit machtlos bekennt. Das alles wäre ein bloßes Überwundenwerden, aber keine Anbetung. Falls Gott Macht von dieser Art wäre, müsste der Mensch Ihm um seiner Ehre willen die Huldigung versagen, auch wenn dieser Gott ihn deswegen vernichtete. Die Engel, die Ältesten, das Geschöpf beugen sich anders vor Gott: nicht nur, weil er mächtig ist, sondern weil er würdig ist.

Der Gedanke entscheidet unser Verhältnis zu Gott, so müssen wir ihn wohl verstehen. Wir sind nichts vor Ihm; dennoch haben wir die Würde unserer Person. Nicht aus uns selbst, sondern von Ihm; aber wir haben sie wirklich, und sie verpflichtet uns. Vor einem Gott, der nur Macht wäre, könnten wir uns nicht in Ehren neigen, nur unterliegen. Er ist aber nicht nur Macht, sondern auch Sinn. So groß Gottes Macht, so groß ist auch seine Wahrheit. So vollkommen seine Herrschaft, so vollkommen ist auch seine Gerechtigkeit. So viel Er wirklich ist, so viel ist Er heilig. Gottes Sein und Können und Herrschen sind an jeder Stelle gerechtfertigt durch seine Wahrheit und seine Güte. Wenn der Ausdruck erlaubt ist: Gott ist nicht nur einfach Gott, sondern er verdient es zu sein. [...] Hier wurzelt die Anbetung. Sie ist jenes Sich-Neigen des Geschöpfes, das nicht nur deswegen geschieht, weil er mächtig, sondern weil er würdig ist.

[...] In ihr [der Anbetung] vollzieht der Mensch seine letzte Pflicht, aber auch die Gewähr seines eigensten Heils, denn in ihr geschieht Wahrheit. Er vollzieht sie nicht nur durch Erkenntnis und Ausspruch, sondern durch die Bewegung des ganzen Seins. [...] Sie ist die Gewähr unseres Heils, unserer innersten geistigen Gesundheit.

Aber was soll das heißen? Kann denn der Geist auch krank werden? Ich glaube wohl. Der Körper wird krank, wenn er schädliche Stoffe in sich aufnimmt [...]. Das Gemüt wird krank, wenn die Triebe aus ihren Geleisen kommen; die Kräfte der Lenkung und der Beherrschung nachlassen, einzelne Gedanken oder Motive derart die Oberhand gewinnen, dass sie die anderen hindern.

Soll es wieder gesunden, dann muss die Ordnung hergestellt werden. Wie soll aber der Geist erkranken? Was man im allgemeinen so nennt, ist keine Erkrankung des Geistes, sondern der Nerven oder des Gemütes. Eine Erkrankung des Geistes als solche kann nur von dorther eintreten, woher seine Gesundheit besteht: aus der Wahrheit und Gerechtigkeit. Der Geist erkrankt, wenn er von der Wahrheit lässt. Nicht schon, wenn er lügt, selbst öfters lügt. [...] Wohl aber, wenn er innerlich von der Wahrheit abfällt. Wenn er von ihr nichts mehr hält; sie verachtet, sie zum Mittel für seine Zwecke braucht. Wenn in seiner inneren Haltung die Wahrheit nicht mehr jenes Erste und Wichtigste ist, das sie sein soll. Dann braucht er nicht im üblichen Sinne krank zu erscheinen, er kann sogar sehr tüchtig und erfolgreich sein; aber die Ordnung seines Daseins ist erschüttert. Die Gewichte sind falsch geworden, mit denen er die Dinge wägt. Er sieht nicht mehr, was Zweck und was Mittel ist. [...] Auf die letzten Fragen des „Warum" und „Wofür" fehlt ihm die Antwort.

Was hat das mit der Anbetung zu tun? Alles, denn der Mensch, der Gott anbetet, kann nie vollständig aus der Ordnung kommen. Wer – seiner innersten Gesinnung nach und auch, sobald es dafür Zeit ist, wirklich, im lebendigen Akt – Gott anbetet, der ist in der Wahrheit behütet. [...]

Wir tun gut, uns das ganz klar zu machen und danach zu handeln – wirklich zu handeln; die Anbetung wirklich zu üben. Das ist kein Vorsatz unter anderen, so wie man etwa sagt: „Ich will mein Wort halten" [...]. Davon, ob in unserem Leben die Anbetung ist, hängt irgendwie alles ab. Sooft wir anbeten, geschieht etwas; in uns selbst und um uns her. Die Dinge werden richtig. Wir kommen in die Wahrheit. Der Blick schärft sich. So manches, was uns bedrückt, löst sich. Wir unterscheiden besser zwischen Wichtig und Unwichtig [...].

[...] die Anbetung üben. Das ist wichtig. Nicht warten, bis es uns dazu drängt. [...] Wenn möglich wollen wir dazu niederknien. Das Knien ist die Anbetung des Leibes. [...] Dann still werden, die Unrast des Körpers und der Seele wegtun; ruhig werden mit unserem ganzen Wesen. Im Augenblick der Anbetung sind wir nur für Gott da, für nichts sonst [...].

Und nun sich sagen: „Gott ist hier. Ich bin vor Ihm. So vor Ihm wie die Gestalten der Vision [Offb 4] vor dem Throne. Ich sehe Ihn nicht, denn alles ist ja noch irdisch und steht in der Verschlossenheit der Zeit; im Glauben aber weiß ich, dass Er da ist. [...] Er hat mich geschaffen ..." Und nun braucht wohl nicht weitergeschrieben zu werden. Nun muss der, den es angeht, Gott ins Angesicht schauen, seinem Gott, und Ihm sagen, was sein Herz aus der Wahrheit des inneren Gegenüberstehens ihm eingibt. [...]

Die Anbetung Gottes mitten in der Verschlossenheit der Zeit hat eine besondere Schönheit. Sie eilt der kommenden Offenheit voraus. Wo immer ein Mensch anbetet, dringt die neue Schöpfung durch. Ist es nicht wunderbar, das zu vermögen? Und ist nicht auch das wunderbar, sich sagen zu dürfen, dass man Gott die Ehre gibt, während Er sich selbst in den Schein der Schwachheit bescheidet? Dass man Ihm, der um der Wahrheit willen es auf sich nimmt, vom Willen des Menschen entehrt zu werden, die Treue hält und bekennt, auch jetzt sei Er „würdig, zu empfangen den Ruhm und die Ehre und die Macht"? Es ist vielleicht das Größte, was der Mensch empfinden kann: zu wissen, dass er, der Vergängliche und in der irdischen Wirrnis Verfangene, dem sich bescheidenden Gott gibt, was Ihm gebührt. Dass er diesem Gott in seinem Herzen den Thron aufrichtet, und so für seinen Teil die Dinge richtigstellt.

Zum 3. Hauptteil
Ostung des Gebetes

JOHANNES VON DAMASKUS
Genaue Darlegung des orthodoxen Glaubens, IV, 12 (BKV)

Nicht zufällig und grundlos beten wir gegen Aufgang an. Nein. Weil wir aus einer sichtbaren und unsichtbaren oder geistigen und sinnlichen Natur zusammengesetzt sind, bringen wir dem Schöpfer auch eine doppelte Anbetung dar, gleichwie wir sowohl mit dem Geist als mit den leiblichen Lippen psallieren, mit Wasser und Geist getauft werden und uns auf doppelte Weise mit dem Herrn vereinigen, indem wir an den Mysterien (Sakramenten) und an der Gnade des Geistes teilhaben.

Weil Gott ein geistiges Licht ist, und Christus in den Schriften „Sonne der Gerechtigkeit" und „Aufgang" heißt, darum gilt es, ihm den Aufgang zur Anbetung zu weihen. Denn alles Schöne muss man Gott weihen. Durch ihn ist alles Gute gut. Es sagt auch der göttliche David: „Ihr Reiche der Erde, singet Gott, lobsinget dem Herrn, der über dem höchsten Himmel einherfährt gegen Aufgang." Ferner sagt die Hl. Schrift: „Gott hatte einen Garten gepflanzt, in Eden gegen Aufgang; dorthin versetzte er den Menschen, den er gebildet." Nach der Übertretung vertrieb er ihn und siedelte ihn gegenüber dem Garten der Wonne an, natürlich gegen Untergang. Wir suchen also das alte Vaterland und blicken zu ihm auf, wenn wir Gott anbeten. Auch das mosaische Zelt hatte den Vorhang und den Sühnedeckel [der Bundeslade] gegen Aufgang. Der Stamm Juda schlug sein Lager gegen Aufgang auf, da er einen Ehrenvorzug besaß. In dem berühmten salomonischen Tempel war die Pforte des Herrn gegen Aufgang gelegen. Ja, auch der Herr sah gegen Untergang, als er am Kreuze war, und so sehen wir auf ihn hin und beten an. Und als er [in den Himmel] aufgenommen wurde, schwebte er gegen Aufgang, und so beteten ihn die Apostel an, und „er wird genau so wiederkommen, wie sie ihn zum Himmel hinauffahren sahen", wie der Herr selbst sagte: „Gleichwie der Blitz gegen Aufgang ausgeht und bis Untergang leuchtet, so wird es mit der Ankunft des Menschensohnes sein." Darum beten wir, weil wir ihn erwarten, gegen Aufgang an. Diese Überlieferung der Apostel ist nicht aufgeschrieben. Denn vieles haben sie uns ungeschrieben überliefert.

Heiligung der Zeit

ROMANO GUARDINI
In Spiegel und Gleichnis, 93

Der letzte Gedanke des Tages

In unserer Kinderzeit hat man uns gesagt, wer in der Schule seiner Aufgabe sicher sein wolle, müsse abends das Buch unters Kopfkissen legen und darauf schlafen. Später lächelten wir darüber. Wir waren gescheit geworden. Dann legten wir die Gescheitheit wieder ab und verstanden, was damit gemeint war.

Von dem großen unglücklichen Liedermeister Hugo Wolf wird erzählt, er habe die Gewohnheit gehabt, mit reiner Hinwendung des schöpferischen Innern abends ein Gedicht zu lesen. Dann sei ihm morgens die Weise im Geiste gestanden; zuweilen sogar mehrere; und einmal seien die Melodien wie ein Schwarm weißer Tauben über ihn niedergefallen. Freilich hat er es büßen müssen, als schon in jungen Jahren seine Nerven zerrüttet waren.

Wir schlafen in der Nacht. Doch nicht mit allem; vieles in uns wacht und arbeitet weiter. Je tiefer der Schlaf, desto tiefer hinunter in unser Wesen reicht die Ruhe. Ganz aber „schlafen" wir nie. Immer wacht und wirkt es in uns. Die Kunst des Schlafens besteht zunächst darin, sich möglichst tief in die Ruhe hinunter sinken zu lassen; aber wohl auch darin, zu sorgen, dass, wenn schon immer etwas in uns arbeitet, es wenigstens etwas Gutes sei. So sagen die geistlichen Meister: Sorge dafür, dass Du mit einem Gedanken aus Gottes Nähe einschläfst. Nicht gewaltsam, mit mühsamer Konzentration, sondern in einem ruhigen, leisen Darandenken.

Dann lebt der Gedanke in Dir, wächst, dringt in die anderen Gedanken ein, wird ein Stück Deines Lebens.

Gerhard Tersteegen
Abendlied 1745 (aus: EG 480)

Nun schläfet man;
und wer nicht schlafen kann,
der bete mit mir an
den großen Namen,
dem Tag und Nacht
wird von der Himmelswacht
Preis, Lob und Ehr gebracht:
o Jesu, Amen.

Weg, Phantasie!
Mein Herr und Gott ist hie;
du schläfst, mein Wächter, nie,
dir will ich wachen.
Ich liebe Dich,
ich geb zum Opfer mich
und lasse ewiglich
dich mit mir machen.

Es leuchte Dir
der Himmelslichter Zier;
ich sei dein Sternlein, hier
und dort zu funkeln.
Nun kehr ich ein,
Herr, rede Du allein
beim tiefsten Stillesein
zu mir im Dunkeln.

Antonios der Grosse

Aus der Philokalia (H. Hanakam, Antonios der Große, 150)

Wachend im Schlafen

Wenn du dankbar zu Bett gehst, die Gnaden Gottes und seine umfassende Vorsehung für dich erwägst, und so von guten Gedanken erfüllt bist, dann nimmt deine Freude noch zu, und deines Leibes Schlaf wird zur Wachsamkeit der Seele, das Schließen deiner Augen zur wahrhaftigen Anschauung Gottes, und dein Schweigen, welches das empfangene Gute in sich birgt, bringt aus ganzer Seele und ganzer Kraft aufsteigenden und angenehmen Lobpreis dar.

Denn wenn das Böse dem Menschen fern ist, dann gefällt schon Danksagung allein mehr als jede kostbare Opfergabe Gott.

Mechthild von Hakeborn

Liber specialis gratiae IV, 9 (übers. von M. Schlosser)

Der erste Gedanke des Tages

Wenn der Mensch wüsste, wie viele Verdienste er an einem einzigen Tag erwerben kann! Dann würde sich sein Herz, sobald er erwacht, mit großer Freude füllen, dass der Tag angebrochen ist, an dem er für Gott leben darf und seine Verdienste zum Lob Gottes mehren kann. Und die Freude würde sein Herz so weit machen, dass er den ganzen Tag über zu allen Dingen, die er zu tun oder zu ertragen hat, größeren Eifer und mehr Stärke hätte!

Immerwährendes Gebet

THOMAS VON AQUIN
Summa theologiae II II q.83 a.14

Es scheint zunächst, als müsse und könne das Gebet nicht „immerwährend" sein *(diuturna)*. [...]

Aber dem steht das Wort des Herrn (Lk 18,1) entgegen, es sei nötig, allezeit zu beten und nicht nachzulassen; und auch im 1. Brief an die Thessalonicher (5,19) liest man, man solle ohne Unterlass beten.

Antwort: Man kann „Gebet" auf zweierlei Weise auffassen: zum einen *an sich*, zum andern im Hinblick auf seine *Grundlage (causa)*. Grundlage des Gebetes ist die Sehnsucht, die aus der Liebe stammt *(desiderium caritatis)*; daraus soll das Gebet hervorgehen. Diese Sehnsucht soll ununterbrochen in uns sein, sei es als bewusst gewollt, sei es im Verborgenen wirkend *(vel actu vel virtute)*; denn die Kraft dieser Sehnsucht ist anwesend in all den Akten, die wir aus Liebe vollbringen. Wir sollen ja alles zur Ehre Gottes tun, wie es 1 Kor 10,31 heißt. Und in diesem Sinn soll das Gebet „ununterbrochen" sein. Daher schreibt Augustinus an Proba (ep. 130, 9): „Wenn wir in Glaube, Hoffnung und Liebe beständige Sehnsucht nach Gott haben, beten wir immer."

Doch das Gebet als spezifischer Akt, für sich betrachtet, kann nicht „immerwährend" oder anhaltend *(assidua)* sein; denn wir müssen auch andere Dinge tun. Daher schreibt wiederum Augustinus – in der gleichen Schrift –, dass wir in bestimmten Abständen, zu bestimmten Stunden oder Tageszeiten, Gott auch mit Worten bitten; diese Worte seien für uns Zeichen, mit denen wir uns erinnern [...].

Die Länge der Gebetszeit

Das Maß einer Sache muss ihrem Ziel entsprechen, zum Beispiel muss das Maß der Getränke der Gesundheit entsprechen. Daher sollte auch das Gebet so lange dauern, wie es nötig ist, um die Glut innerer Sehnsucht zu entfachen. Wenn es das Maß überschreitet, also nicht ohne Überdruss fortgesetzt werden kann, soll man es nicht weiter ausdehnen. Weswegen wiederum Augustinus an Proba schreibt: „Die Brüder in Ägypten praktizieren, wie man hört, häufige Gebete, diese sind aber ganz kurz; sie werden gleichsam blitzschnell [zum Himmel] geschossen, damit nicht die hellwache und gespannte Aufmerksamkeit, die ja für den Beter am meisten nötig ist, durch länger hingezogenes Verweilen sich verflüchtigt oder abstumpft. – Durch diese Praxis wird hinreichend deutlich, dass die Ausrichtung auf das Gebet nicht in die Länge gezogen werden soll, wenn sie nicht andauern kann, und ebensowenig rasch abgebrochen werden soll, wenn sie Dauer besitzt.“ (ep. 130, 10).

Hinsichtlich des persönlichen Gebetes gilt es also die Ausrichtung auf das Gebet im Blick zu haben, hinsichtlich des Gebetes in Gemeinschaft aber die Andacht des Volkes. [...]

Franz von Sales
Philothea II, 13

Stoßgebete und fromme Gedanken

[...] Erhebe dich also oft zu Gott durch *kurze, feurige Herzensgebete.* Bewundere seine Schönheit, bitte ihn um Hilfe, wirf dich im Geiste am Fuß des Kreuzes nieder, bete seine Güte an, befrage ihn oft über dein Seelenheil, schenke ihm deine Seele von neuem, richte deine Augen auf seine Liebe. Reiche ihm die Hand, wie ein Kind dem Vater, dass er dich führe; lege ihn auf dein Herz wie einen Blumenstrauß; richte ihn in deiner Seele auf wie eine Standarte und halte dein Herz in Bewegung, so gut du nur kannst, damit du ihm die Liebe zu Gott einflößen und eine lebhafte, zärtliche Liebe zum göttlichen Bräutigam in ihm zu wecken vermagst.

In solcher Weise übe die Stoßgebete, die der große hl. Augustinus so eindringlich der frommen Frau Proba empfahl. Wenn unser Geist ständig vertraulich und innig mit Gott verkehrt, dann wird er ganz vom Duft göttlicher Vollkommenheit durchdrungen werden.

Diese Übung ist bestimmt nicht schwer. Man kann sie *in alle Arbeiten und Beschäftigungen einflechten*, ohne diesen irgendwie zu schaden; denn wie bei der geistlichen Einsamkeit wendet man sich bei diesen Stoßgebeten nur kurz von seiner Arbeit ab; sie wird dadurch nicht gestört, sondern vielmehr gefördert. Der Wanderer bleibt wohl einen Augenblick stehen, wenn er einen Schluck Wein nimmt, um Herz und Mund zu erfrischen; dadurch unterbricht er aber keineswegs seine Reise, sondern holt sich nur Kraft, um rascher und besser ausschreiten zu können.

Manche haben eine Anzahl von Stoßgebeten gesammelt, die sehr nützlich sind. Wenn ich dir aber einen Rat geben darf, so lege dich nicht auf bestimmte Worte fest, sondern sprich im Herzen oder mit dem Mund diejenigen aus, die dir im Augenblick die Liebe eingibt. Sie wird dich die richtigen Worte finden lassen. Allerdings haben gewisse Worte eine besondere Eignung, das Herz zu stärken, so die häufigen Ausrufe in den Psalmen Davids, die verschiedenen Anrufungen des heiligen Namens Jesu, die Liebesworte des Hoheliedes. Auch geistliche Lieder können dazu dienen, wenn du sie andächtig singst.

Wer von menschlicher, natürlicher Liebe erfasst ist, hat seine Gedanken fast immer beim Gegenstand seiner Liebe, sein Herz strömt über von Zärtlichkeit gegen ihn und sein Mund ist voll des Lobes für ihn; ist das geliebte Wesen fern, so versäumt er keine Gelegenheit, seiner Neigung durch Briefe Ausdruck zu geben, er sieht keinen Baum, ohne in dessen Rinde den Namen des Geliebten zu schneiden. So können auch jene, die Gott lieben, nicht aufhören, an ihn zu denken, für ihn zu atmen, nach ihm zu streben, von ihm zu sprechen; sie möchten den hochheiligen Namen Jesus nach Möglichkeit in die Herzen aller Menschen schreiben. Alles dient ihnen als Anregung dazu; es gibt kein Geschöpf, das ihnen nicht das Lob des Geliebten verkündet. Wie Augustinus nach einem Wort des hl. Antonius sagt, spricht alles auf der Welt eine stumme, aber sehr verständliche Sprache im Dienste ihrer Liebe. Alles regt sie zu guten Gedanken an, die wieder eine Erhebung zu Gott zur Folge haben. [...]

Franz von Sales
Philothea II, 12

Die geistliche Einkehr

Hier will ich dich recht besorgt wissen, meinen Ratschlägen zu folgen; denn in diesem Kapitel findest du eines der sichersten Mittel zum geistlichen Fortschritt.

Sooft es dir tagsüber möglich ist, *rufe deinen Geist in die Gegenwart Gottes zurück* auf eine der vier Arten, die ich dir angegeben habe. Denke an das, was Gott tut und womit du dich beschäftigst. Du wirst sein Auge auf dir ruhen sehen, das mit unbeschreiblicher Liebe ständig auf dich gerichtet ist. Warum, mein Gott, wirst du sagen, blicke ich nicht ständig auf Dich, wie Du immer auf mich schaust? Warum denkst Du so oft an mich, Herr, und ich denke so selten an Dich? Wo bist du, meine Seele? Deine wahre Heimat ist Gott; wo aber sind wir tatsächlich?

Die Vögel haben ihre Nester auf den Bäumen, um sich dorthin zurückzuziehen, wenn sie dessen bedürfen; der Hirsch hat sein Gebüsch und sein Dickicht, in dem er sich verbirgt und vergräbt und im Sommer sich der Kühle des Schattens erfreut. So muss auch unser Herz sich jeden Tag *irgendeinen Platz suchen*, den Kalvarienberg, die Wunden des Herrn oder einen Ort nahe bei ihm, *um sich dorthin inmitten der äußeren Arbeit bei jeder Gelegenheit zurückzuziehen*, sich dort zu stärken und zu erholen und sich wie in einer Festung gegen die Versuchung zu verteidigen. Glücklich eine Seele, die in Wahrheit zum Herrn sagen kann: „Du bist meine Zuflucht, mein Schutzwall, mein Dach gegen den Regen, mein Schatten gegen die Hitze“ (Ps 31,3; Sir 34,19).

Führe also dein Herz immer wieder in die Einsamkeit, *während du nach außen hin im Gespräch oder bei Geschäften bist.* Diese geistige Einkehr kann in keiner Weise durch die Gegenwart vieler Menschen verhindert werden; sie umgeben dich ja nur äußerlich, während dein Herz ausschließlich in der Gegenwart des alleinigen Gottes bleibt.

Wie die Psalmen zeigen, verfuhr David so bei all seinen Beschäftigungen: „Herr, ich bin immer bei Dir“ (Ps 73,23). „Ich sehe meinen Gott immer vor mir“ (Ps 15,8). „Ich habe meine Augen zu Dir erhoben, o Gott, der Du im Himmel thronst“ (Ps 123,1). „Meine Augen sind immer auf Gott gerichtet“ (Ps 25,15). – Gespräche sind ja gewöhnlich nicht so wichtig, dass man nicht von Zeit zu Zeit sein Herz davon zurückziehen könnte, um es in diese göttliche Einsamkeit zu führen.

Die Eltern der hl. Katharina von Siena hatten dieser jede äußere Möglichkeit zu beten genommen. Da lehrte sie der Herr, in ihrem Herzen ein kleines Heiligtum zu errichten, wohin sie sich im Geist zurückziehen und dadurch mitten in äußeren Beschäftigungen der heiligen Herzenseinsamkeit obliegen könnte. Wenn die Welt sie angriff, dann lag ihr nichts daran; sie schloss sich in ihr Heiligtum ein, wo der göttliche Bräutigam sie tröstete. Deshalb riet sie auch allen geistlichen Kindern, sich im Herzen ein solches Gemach einzurichten und darin zu verweilen.

Zieh dich also zuweilen von allen Gedanken zurück in dein Herz, damit deine Seele fern von allen Menschen innigste *Zwiesprache mit ihrem Gott halten* und mit David sagen kann: „Gleich dem einsamen Falken habe ich gewacht, wie Nachtkauz und Eule mich in alten Mauern verborgen und war dem einsamen Sperling auf dem Dache gleich“ (Ps 102,7). Diese Worte zeigen uns in ihrer ursprünglichen Bedeutung, dass dieser große König manche Stunde einsam in der Betrachtung göttlicher Dinge verbrachte; im mystischen Sinn weisen sie uns auf drei vorzügliche Zufluchtsorte hin, gleichsam drei Einsiedeleien, wo wir uns in der Einsamkeit bemühen können, dem Heiland ähnlich zu werden. Er war ja auf dem Kalvarienberg dem „einsamen Pelikan“ gleich, der durch sein Blut seine Jungen wieder ins Leben zurückruft; er war bei seiner Geburt im verlassenen Stall gleich der „Eule im alten Gemäuer“, als er weinend unsere Fehler und Sünden beklagte; und am Tage der Himmelfahrt war er dem „Sperling“ gleich, als er zum Himmel emporstieg, der das Dach der Welt ist. Zu jeder dieser drei Stätten können wir aus dem Trubel unserer Geschäfte unsere Zuflucht nehmen.

Betrachtung und Gebet

Henri Caffarel
Saal der tausend Türen, 44-45

Man liebt, was man kennt

Ich muss gestehen, dass mir Ihre Geringschätzung der Betrachtung nicht ganz echt vorkommt. Sie haben Recht, wenn Sie denken, das Gebet soll keine intellektuelle Übung, sondern eine Zeit der Vertrautheit mit Gott sein, der Verstand müsse dem Herzen den Vorrang lassen. Doch ich fürchte, dass Sie unter dem Vorwand, den Vorrang der Liebe zu retten, den Platz verkennen, den die Erkenntnis Gottes im Gebet einnehmen muss. Sie setzen sich da für eine Neigung ein, zu der Frauen sich leicht hinreißen lassen, während Männer unwillkürlich eher dem Verstand den Vorrang lassen.

Beide Tendenzen sind gefährlich. Es gilt, die Menschen auf diese drohende Gefahr aufmerksam zu machen, die um so schlimmer für sie ist, wenn sie ihr inneres Leben in Gemächer einteilen, und zwischen Geist, Herz und Willen keine Verbindungstüren bestehen. Erkenntnis führt Sie nicht notwendig zur Liebe. Aber das affektive Gebet, das Sie mit Recht schätzen, birgt die andere Gefahr in sich, dass eine zu wenig durch Erkenntnis genährte Liebe in Sentimentalität entartet.

In Wirklichkeit ist dieses etwas geringschätzige Abtun der Betrachtung nicht allein eine Sache der Frauen, sondern Ihrer Generation. Es ist zweifellos eine Reaktion gegen die Methoden der Betrachtung, denen die heutigen Menschen vorwerfen, dass sie die Seele fesseln, statt ihr Flügel zu leihen. Doch es ist schade, dass die mehr oder weniger verdiente Geringschätzung, in die gewisse Methoden der Betrachtung geraten sind, sich auf jede Bemühung um die Erkenntnis Gottes erstreckt.

Erinnern Sie sich an den Vortrag, dem Sie vor einem Monat mit Ihrem Gatten beigewohnt haben. Ich sagte Ihnen, dass die eheliche Liebe abnimmt, wenn die Gatten darauf verzichten, einander Tag für Tag gegenseitig neu zu entdecken. Genauso ist es in unseren Beziehungen zu Gott: Die Liebe ist gefährdet, sobald die Bemühung um Erkenntnis erschlafft. Erkenntnis und Liebe, anders ausgedrückt: Glaube und Caritas gehören zusammen.

Geben Sie sich also nicht mit einem müden Glauben, einer eingeschläferten Erkenntnis Gottes zufrieden. Erwecken Sie sie wieder! [...]

Franz von Sales
Philothea II, 1

Notwendigkeit des Gebetes; Betrachtung Christi

Nichts ist geeigneter, unseren Verstand von Unwissenheit und unseren Willen von seinen verderbten Anhänglichkeiten zu reinigen, als das Gebet, das unseren Verstand in die Helle göttlichen Lichtes rückt und unseren Willen der Wärme göttlicher Liebe aussetzt.

Das Gebet ist die segensreiche Quelle, deren belebende Wasser die Pflänzchen unserer guten Wünsche zum Grünen und Blühen bringen, jeden Makel von unserer Seele hinwegspülen und das von Leidenschaft erhitzte Herz abkühlen.

Vor allem aber empfehle ich dir *das Gebet des Geistes und des Herzens*, ganz besonders jenes, das zum Gegenstand das Leben und Leiden des Heilands hat. Wenn du ihn oft betrachtest, wird deine Seele von ihm erfüllt, du lernst seine Art und Weise kennen und deine Handlungen nach den seinen formen.

Er ist das Licht der Welt. In ihm, durch ihn und für ihn müssen wir folglich erleuchtet werden. Er ist die sprudelnde Jakobsquelle (Joh 4,6), die uns von jedem Makel reinwäscht.

Kinder lernen sprechen, indem sie der Mutter zuhören und alles nachzusprechen versuchen; so werden auch wir, wenn wir durch die Betrachtung beim Heiland weilen, seine Worte und Handlungen, sein Denken und Fühlen beobachten, bald durch seine Gnade reden, handeln und wollen lernen wie er selbst.

Glaube mir, wir können zu Gott dem Vater nur durch diese Pforte (Joh 14,6) gehen; denn wie der Spiegel unser Bild nicht auffinge, hätte er nicht eine Schicht Zinn oder Blei auf seiner Rückseite, so könnten auch wir auf Erden nicht die Gottheit betrachten, wäre sie nicht mit der heiligen Menschheit des Heilands verbunden, dessen Leben und Sterben der geeignetste, schönste und nützlichste Gegenstand für unsere gewöhnliche Betrachtung ist.

Der Heiland nennt sich nicht ohne Grund das Brot, das vom Himmel herabgekommen ist (Joh 6,1); denn wie das Brot zu jeder Speise genossen wird, so *sollen auch wir den Heiland in all unseren Gebeten und Handlungen betrachten, ansehen und suchen.* Sein Leben und Sterben wurde von verschiedenen Schriftstellern in Betrachtungen vorgelegt, so von Bonaventura, Bellintani, Bruno, Capiglia, Granada, de Ponte. [...]

Verweilen im Gebet

ROMANO GUARDINI
In Spiegel und Gleichnis, 94-97

Rosenkranz

Jemand hat mir erzählt: „Ich musste einmal über Land fahren. Kurz vorher hatte ich von einem Grubenunglück gelesen. Eine Anzahl Bergleute waren verschüttet worden. Meine Gedanken gingen hin. Ich empfand, dass ich helfen müsse. Wenigstens bei ihnen sein. Das hieß aber für sie beten. Doch die einfache Bitte war zu kurz. So leicht durfte ich nicht wieder auf meinen bequemen Sitz zurückkehren, und jene waren drunten! Da bot sich von selbst der Rosenkranz an. Ich betete ihn, und war seine Zeit hindurch dort, wo ich zu sein hatte.“ Das hat mir mit einem Mal gezeigt, was der Rosenkranz ist: eine Weise, im Gebet zu weilen.

Es gibt das Gebet, das sich in Worten des Dankes oder der Bitte oder der Anbetung vollzieht. Sein Wesen liegt darin, dass sich der innere Akt klar und kräftig mit dem Wort deckt. „Durchaus kurz sei das Gebet“, sagt die Regel des heiligen Benedikt. Diese Kürze gewährleistet die Reinheit des mündlichen Gebetes; sonst wird aus ihm jenes Plappern, vor dem der Herr warnt.

Dann gibt es aber auch das „Weilen im Gebet"; den stehenden Akt; jenes, wozu der Mensch des inneren Lebens sich anschickt, wenn es von ihm heißt, dass er „sich ins Gebet begebe". Auch das ist nötig. Da „steht" das Innere in der Haltung des Gebetes. Es vertieft sich hinein, dringt zu Gott, lebt vor ihm.

Diesen Akt aus dem Eigenen heraus lebendig zu halten, ist aber schwer. So gibt es geprägte Weisen des Gebetes, die dazu helfen. Zu ihnen gehört der Rosenkranz – wie auch die Litanei und anderes noch. Der Rosenkranz ist ein Gefüge von Gebetsformen, das, recht vollzogen, jenen dauernden Akt des inneren Gebetes wach hält. Es ermöglicht den Menschen, im Gebet zu weilen, darin zu atmen, sich zu bewegen, auszuruhen, innerlich zurechtzukommen. Daraufhin muss es vollbracht werden. Dann wirkt seine Kraft.

Zwei Arten von Menschen sind zu dieser Art des Betens fähig. Einmal das Volk, dessen Grundhaltung wesentlich kontemplativ ist. Und dann wieder jener, der über die erste Unruhe der Reflexion und Kritik hinaus ist und neu im lebendigen Innern Stand gefasst hat.

Heilige Bilder

Weihe einer Heiligen-Ikone

(Hotz, Gebete aus der orthodoxen Kirche, 133f.)

Herr, unser Gott,
du hast den Menschen nach Deinem Bild und Gleichnis erschaffen.
Nachdem es durch den Ungehorsam des Erstgeschaffenen entweiht worden war,
hast Du es erneuert durch die Menschwerdung Deines Christus,
der Knechtsgestalt annahm
und der Erschaffung nach als ein Mensch erfunden wurde.

So hast Du Deine Heiligen zur ursprünglichen Würde zurückgeführt.
Und indem wir deren Abbild fromm verehren,
ehren wir die Heiligen, die Dein Bild und Gleichnis sind.
Wenn wir sie also ehren,
dann ehren und verherrlichen wir Dich als ihr Urbild.

Darum bitten wir Dich,
sende Deine Gnade,
und durch die Besprengung mit diesem geweihten Wasser
segne und heilige dieses Bild zu deiner Verherrlichung,
zur Ehre und zum Gedächtnis Deines Heiligen N.N.

Segne alle, die dieses Bild verehren
und davor ihre Bitten an Dich richten,
und würdige sie huldvoll, Gnade vor Dir zu finden.
Durch die Gnade, die Erbarmungen und die Menschenliebe
Deines eingeborenen Sohnes, mit dem Du gepriesen bist,
samt Deinem allheiligen, guten und lebenspendenden Geist,
jetzt und immerdar und in alle Ewigkeit. Amen.

Gebetshaltungen

ANONYMUS
Aus: Die Gebetsweisen des heiligen Dominikus
(übers. von Viktor Hofstetter)

1. Gebetsweise [Verneigung – Ausdruck der Demut angesichts der Demut Christi]

Seine erste Gebetsweise bestand darin, sich demütig vor dem Altar zu verneigen, als wäre Christus, den der Altar zeichenhaft darstellt, nicht nur in dieser symbolischen Gestalt, sondern wirklich und persönlich anwesend. Und in den Worten Judiths sprach er: „Die Bitten der Geringen und Sanftmütigen finden bei dir immer Wohlgefallen“ (Jdt 9,16). In Demut haben die kanaanäische

Frau und der verlorene Sohn erhalten, was sie erbaten; „ich bin nicht würdig, dass du eingehst unter mein Dach“ (Mt 8,8) und „Herr, vor dir bin ich in Demut tief gebeugt“ (Ps 146,6). So stand unser heiliger Vater aufrecht da, neigte sein Haupt, um demütig Christus als sein Haupt zu verehren, indem er seine Wenigkeit im Lichte der Erhabenheit Christi betrachtete und sich ganz dieser Verehrung hingab. Er hielt die Brüder an, ein gleiches zu tun, wenn immer sie dem Kreuz, dem Zeichen der Demut Christi, begegneten, damit Christus, der für uns so tief gedemütigt wurde, uns vor seiner Erhabenheit demütig sehe. In gleicher Weise wies er seine Brüder an, sich demütig vor der ganzen Dreifaltigkeit zu verneigen, wenn sie feierlich das „Ehre sei dem Vater und dem Sohne und dem Heiligen Geiste“ beteten [...].

4. Gebetsweise [Kniebeugen, inständige Bitte um Erbarmen, Anbetung. Wechsel von Stehen und Knien, Wechsel von vernehmbaren Gebetsrufen und schweigendem Gebet. Tränen]

Danach stellte sich der heilige Dominikus vor den Altar hin oder stand im Kapitelsaal vor dem Kreuz und richtete seinen *Blick* ganz aufmerksam auf den Gekreuzigten. Dabei machte er die Kniebeuge, oft auch mehrere hintereinander. Sehr oft verbrachte er so die ganze Zeit nach der Komplet bis Mitternacht, indem er eine Zeitlang aufrecht stand, dann wieder kniete wie der Apostel Jakobus oder der Aussätzige des Evangeliums, der auf den Knien bat: „Herr, wenn du willst, kannst du mich rein machen!“ (Lk 5,12). Und wie Stephanus, der sich auf die Knie warf und mit lauter Stimme rief: „Herr, rechne ihnen diese Sünde nicht an!“ (Apg 7,60) In dieser Weise wuchs in unserem heiligen Vater Dominikus ein großes Vertrauen in die Barmherzigkeit Gottes, dass sie sich ihm und all den Sündern zuwende und seine jüngsten Brüder bewahre, die er überall hin zu den Menschen zur Verkündigung der Frohbotschaft gesandt hatte. Manchmal konnte er seine Stimme nicht mehr zurückhalten, und dann hörten ihn seine Brüder beten: „Zu dir, o Herr, will ich rufen, schweige mir nicht, denn wenn du mich im Schweigen verlässt ...“ (Ps 27,1), und ähnliche Worte der Heiligen Schrift sprach er laut vor sich hin.

Zu anderen Zeiten *redete er in seinem Herzen* und seine Stimme war nicht zu vernehmen. Da verweilte er auf seinen *Knien,* ganz in sich selbst versunken, und das über längere Zeit. In solchen Momenten, wenn er so betete, schien es, als hätte sein Geist den Himmel durchdrungen; sein Gesicht erstrahlte plötzlich in Freude, und er wischte sich die überströmenden *Tränen* vom Gesicht. Es war, als empfinde er ein großes Verlangen, wie es der Durstige verspürt, der endlich den Brunnen erreicht, oder der Wanderer, der sich nach langer Reise seiner Heimat nähert. Sein Gebet wurde noch inniger und intensiver, was sich in seinen zusehends bewegteren aber doch würdevollen *Gesten* zeigte; dazu *erhob er sich* oft, und *kniete wieder hin.*

Das Kniebeugen war ihm so zur Gewohnheit geworden, dass er selbst auf Reisen, in den Gaststätten nach einem beschwerlichen Tag oder auf dem Weg selber, wenn die anderen schliefen und sich ausruhten, zu dieser besonderen Gebetsweise zurückfand; sie war Ausdruck seines persönlichen Dienstes der Anbetung. Und diese Gebetsweise lehrte er seine Brüder mehr durch sein Beispiel als mit vielen Worten.

Henri Caffarel
Saal der tausend Türen, 32f.

Der gute Anfang – die äußere und innere Haltung

Nicht über Methoden des Gebetes, wie Sie mich baten, möchte ich mit ihnen sprechen – die finden Sie leicht in jeder Abhandlung über das Gebet. Ich will Ihnen nur einige Ratschläge für Ihre Gebetshaltung geben. Suchen Sie nichts Originelles in diesem Brief. Ich gebe Ihnen nur die klassischen Hinweise, die die Autoren geistlicher Schriften an den richten, der sich zum Beten anschickt. Doch hüten Sie sich, darin Rezepte mit garantierter Wirksamkeit zu sehen, versuchen Sie vielmehr, ihren Geist zu erfassen.

Ein Bild steigt mir auf, das alte Erinnerungen zurückruft aus der Zeit, da ich jung war: wir Läufer standen vor der Startlinie, vorgebeugt, alle Muskeln gestrafft, bereit zum Start. Für das Gebet wie für den Lauf gilt: auf den guten Anfang kommt es an. Fehlt dieser, so ist man nach fünf Minuten ganz erstaunt darüber, dass man an einem Betstuhl kniet: Während der Körper zum Gebet gekommen ist, sind die Gedanken bei den Geschäften geblieben.

Darum rate ich Ihnen dringlich, vom Beginn des Gebetes an über Gebärden und Haltung zu wachen. Eine sehr besonnen ausgeführte Kniebeugung ist ein Akt der Seele wie des Körpers; eine klare und aufrechte Haltung des wachen Menschen, vor sich selbst und vor Gott ganz gegenwärtig; ein Kreuzzeichen, langsam, sinnerfüllt.

Langsamkeit und Ruhe sind von großer Bedeutung, um den überstürzten und angespannten Rhythmus eines vielbeschäftigten und gehetzten Lebens, wie es das Ihre ist, zu brechen. Einige Augenblicke der Stille: wie ein Ruck am Zügel werden sie Ihnen helfen, Sie in den Rhythmus des Gebetes zu bringen und den notwendigen Bruch mit der vorhergehenden Geschäftigkeit herbeizuführen. Es kann auch sinnvoll sein, sehr langsam halblaut ein mündliches Gebet zu sprechen.

Rufen Sie sich dann ins Bewusstsein, ich sage nicht „die Gegenwart Gottes“, sondern den gegenwärtigen Gott: einen Lebendigen, den Großen Lebendigen, der da ist, Sie erwartet, Sie sieht, Sie liebt. Er hat seine eigene Vorstellung von diesem Gebet, das da beginnt, und fordert Sie auf, blind einverstanden zu sein mit dem, was er damit will.

Wachen Sie über Ihr inneres Verhalten noch mehr als über Ihr körperliches. Die wesentliche Haltung des Menschen vor dem Angesicht Gottes: Abhängigkeit und Reue.

Abhängigkeit. Nicht die vage Ergebenheit desjenigen, der manchmal auf ein Vorhaben verzichten muss, um den Willen Gottes zu erfüllen, sondern eine viel tiefere Abhängigkeit: die eines Stromes (der versiegt, wenn er sich von der Quelle trennt), die der Rebe (die verdorrt, wenn sie vom Weinstock abgeschnitten wird), die des menschlichen Leibes (der kein Leib mehr ist, sondern ein Leichnam, wenn er nicht mehr mit der Seele verbunden ist).

Reue. Das schmerzliche Bewusstsein unserer tiefen Unwürdigkeit angesichts der Heiligkeit Gottes. Wie der heilige Petrus, der sich plötzlich vor Christus niederwirft: „Geh weg von mir, ich bin ein Sünder.“

Diese beiden Haltungen sind wichtig, um in Ihnen die Wege des Herrn zu ebnen.

Ist die Seele so vorbereitet, dann bitten Sie um die Gnade des Gebetes; denn ich habe Ihnen schon gesagt, das Gebet ist eine Gabe Gottes, noch bevor es ein Handeln des Menschen ist. Rufen Sie demütig den Heiligen Geist an, er ist unser Lehrmeister im Beten.

Dann können Sie die körperliche Haltung einnehmen, die für die Gelöstheit der Seele am günstigsten ist. In Stunden und an Tagen, da der Körper die Seele in seine Erschlaffung oder Starre hineinzuziehen droht, halten Sie ihn wach und beweglich. Andere Male, wenn er, weil müde und abgespannt, sich immerfort bemerkbar macht, gewähren Sie ihm eine Haltung der Ruhe und Entspannung.

So vorbereitet, kann das eigentliche Gebet beginnen. Was erwarten Sie von ihm? Dass Gott von ihrem Selbst Besitz ergreife. Und das einzige Mittel dazu sind die drei großen übernatürlichen Fähigkeiten, die der Herr Ihnen eigens gewährt hat, um mit ihm in Fühlung und zur Einigung zu kommen (das ist der Grund, warum man sie *göttliche* Tugenden nennt): Glaube, Hoffnung, Liebe. Sie sind in Ihnen übernatürliche Kräfte, bereit zu wirken, sobald Sie Gott entgegengehen.

Üben Sie Ihren Glauben. Spekulieren Sie nicht über Gott, sondern denken Sie an ihn, betrachten Sie dabei, was er Ihnen über sich durch die *Schöpfung* sagt, in der alles von seiner Vollkommenheit spricht; durch die *Bibel* und vor allem und zuerst durch seinen *Sohn,* der nur deshalb Fleisch angenommen, nur gelebt hat, nur gestorben ist, um uns die unendliche Liebe des Vaters zu offenbaren. Das ist das große Verdienst eines hl. Bernhard, der Franziskaner des dreizehnten und vierzehnten Jahrhunderts, des heiligen Ignatius von Loyola: sie haben die Betenden wieder daran erinnert, dass Christus der zentrale Gegenstand der Betrachtung ist.

Aber wichtig ist nicht, viel zu denken, sondern innig zu lieben. Wenn der Glaube die Liebe in Bewegung gesetzt hat, so üben Sie diese. Von neuem habe ich den Ausdruck „üben" gebraucht. Erschrecken Sie nicht: damit soll kein übersteigerter Voluntarismus angepriesen werden. Die Übung des Glaubens und der Liebe sollte so natürlich und leicht werden wie das Atmen. Und bei Erstickenden muss man die künstliche Atmung zur Wiederbelebung anwenden. – Liebe üben wird nicht so sehr darin bestehen, Gemütsbewegungen, inbrünstige Gefühle in sich hervorzurufen, als sich mit Ihrem ganzen Willen Gott anheimzugeben, seine Wünsche und seine Interessen zu den Ihrigen zu machen.

Sammlung – Trockenheit

Augustinus

Enarrationes in psalmos 85, nn. 6.7 (übers. von M. Schlosser)

Die Schwierigkeit, sich zu sammeln

n. 6 Iucunda animam servi tui; quoniam ad te, Domine, levavi animam meam: „Erfreue die Seele deines Knechtes; denn zu dir, o Herr, habe ich meine Seele erhoben". Erfreue sie, denn zu dir habe ich sie erhoben. Sie war auf der Erde, fühlte auf Erden die Bitterkeit. Und damit sie nicht in Bitterkeit gänzlich dahinschwinde, nicht alle Süßigkeit deiner Gnade *(omnem suavitatem gratiae tuae)* verliere, habe ich sie zu dir erhoben. Erfreue sie bei dir! Denn du allein bist die Freude *(iucunditas);* die Welt dagegen ist erfüllt von Bitternis. [...] Getreide würdest du, damit es nicht faulig wird, höher lagern; dein Herz erhebe zum Himmel! Wie kann ich das anfangen, fragst du, welche Seile, welche Vorrichtung, welche Leitern brauche ich dazu? Die Stufen sind die Regungen deines Willens, dein Weg ist dein Wollen. Indem du liebst, steigst du auf; indem du gleichgültig bist, steigst du ab. Während du auf der Erde stehst, weilst du im Himmel, wenn du Gott liebst. Denn anders vollzieht sich die Erhebung des Herzens als die des Körpers: der Körper muss, wenn er sich erhebt, den Ort verändern, das Herz aber muss sein Wollen ändern.

n.7 Quoniam tu Domine suavis es ac mitis. „Denn du, o Herr, bist voll Süße und Freundlichkeit." Also erfreue meine Seele! Die Erfahrung der Bitternis irdischer Dinge bewirkte schon Überdruss, und die Seele verlangte nach Süße, suchte die Quelle der Süßigkeit, und konnte sie auf Erden nicht finden. Wo immer sie sich hinwandte: Ärgernisse, Grund zur Furcht, Unruhe und Schwierigkeiten, Anfechtungen. Bei welchem Menschen kann man sicher sein? Über wen sich in Sicherheit freuen? Nicht einmal über sich selbst. Wie viel weniger dann über eine andere Person. Wenn Menschen böse sind, muss man sie ertragen – in der Hoffnung, dass sie sich zum Besseren ändern können. Wenn Menschen gut sind, sind sie zu lieben, doch so, dass man zugleich Furcht empfindet, sie könnten schlecht werden – weil sie ja wandelbar sind. Die Bosheit der einen bewirkt bitteren Schmerz für die Seele; bei den anderen steht man Sorge und Angst aus, dass der nicht falle, der einen guten Weg geht. Bitternis findet man auf Erden, wo immer man sich hinwendet; süße Freude findet man nur, wenn man sich zu Gott erhebt.

Denn du, o Herr, bist voll Süße und Freundlichkeit. Was heißt: „freundlich“ [umgänglich]? Du trägst mich, bis du mich zur Vollendung führst. Wahrhaftig, Brüder, ich will sprechen wie ein Mensch unter Menschen, wie einer, der eben Mensch ist: Nehme doch ein jeder sein Herz und betrachte es genau, ohne sich zu schmeicheln oder schön zu tun. Es gibt doch nichts Dümmeres, als wenn ein Mensch sich selbst schön tut und belügt. Ein jeder soll aufmerksam hinsehen, was sich so alles im menschlichen Herzen abspielt – wie selbst das Gebet sehr oft von nichtigen Gedanken behindert wird, so dass das Herz kaum vor seinem Gott still zu stehen vermag. Es will sich selber festhalten, um zum Stehen zu kommen, und flieht doch irgendwie von sich weg; es findet keine Schranken, die es einschlössen, kein Hindernis kann sich ihm in den Weg stellen, so dass es nicht mehr fortflöge und irgendwo herumstreunte, sondern sich vor Gott einfinde, um sich Freude schenken zu lassen. Unter vielen Gebeten kommt solch eines selten vor. – Es könnte nun einer sagen: Das passiert nur mir, anderen nicht – wenn wir nicht jenes Gebet des David in der Heiligen Schrift läsen: „Ich habe mein Herz gefunden, o Herr, um zu dir zu beten“ (2 Sam 7,27). Er sagt also, er habe sein Herz „gefunden“, so als ob dieses Herz ihm gewöhnlich weglaufe, und er diesem Flüchtling nachlaufe, ohne ihn einfangen zu können, und deswegen laut zu Gott rufe: „Mein Herz hat mich ganz verlassen!“ (Ps 39,13 Vg.) Wenn ich also, meine Brüder, aufmerksam lese, was David hier sagt: „Du bist voll Süße und Freundlichkeit“ (v.7), dann scheint mir, dass ich sehe, was er meint. Mir scheint, er will sagen, Gott sei voll Freundlichkeit, weil er diese unsere Armseligkeiten erträgt und dennoch auf unser Gebet wartet, damit er uns vollenden kann. Und wenn wir ihm ein Gebet darbringen, dann nimmt er es erfreut an *(grate accipit)* und erhört es. Und er denkt nicht mehr an die vielen wirren Gebete, sondern nimmt das eine an, das wir kaum zustande gebracht haben. Meine Brüder, welcher Mensch würde es ertragen, wenn einer seiner Freunde gerade begonnen hat, sich mit ihm zu unterhalten, und er willens ist, ihm zu antworten, und dann sieht, dass der andere sich von ihm abwendet und irgendetwas anderes mit irgendjemandem anderen bespricht? Oder wenn du an einen Richter appellieren willst, und tatsächlich auch eine Gelegenheit hast, dass er dich anhört, du aber, während du noch zu ihm sprichst, dich von ihm abwendest und mit deinem Freund zu schwatzen anfängst – wann würde solch ein Verhalten jemand ertragen? Doch Gott erträgt so viele Herzen von Betenden, die an die verschiedensten Dinge denken. Und ich will gar nicht von den schädlichen Gedanken reden, von den verkehrten Gedanken, die Gott zuwider sind. Allein schon sich mit Überflüssigem in Gedanken zu beschäftigen, ist ein Unrecht gegen Ihn, mit dem wir begonnen haben zu sprechen. Aber was bedeutet das? Sollen wir am Menschengeschlecht verzweifeln und sagen, jeder Mensch werde verworfen, dem beim Gebet irgendein Gedanke in den Kopf kommt, der sein Gebet unterbricht? Wenn wir das sagen wollten, Brüder, welche Hoffnung hätten wir noch! Doch es gibt eine Hoffnung auf Gott; denn seine Barmherzigkeit ist groß, und so wollen wir zu ihm sagen: „Erfreue die Seele deines Knechtes, denn zu dir, o Herr, hab ich meine Seele erhoben.“ Wie habe ich sie erhoben? So wie ich es konnte, so wie du mir die Kräfte gabst, so wie ich die Flüchtende zu halten vermochte. Und sie ist dir wieder entglitten – so könnte Gott sagen –, denn so oft du vor mir standest, wie viele nichtige und überflüssige Dinge hattest du da in deinen Gedanken; kaum jemals hast du ein gesammeltes Gebet vorgebracht. „Weil du voll Süße und Freundlichkeit bist, o Herr", bist du freundlich und erträgst mich. Ich bin krank, daher zerfließe ich in alle Richtungen. Heile mich, und ich werde fest stehen, stärke mich, und ich werde stark sein. Bis du das bewirkst, erträgst du mich. „Denn du bist voll Süße, Herr, und voll Freundlichkeit".

Thomas von Aquin

Summa theologiae II II q.83 a.13 (übers. von M. Schlosser)

Andacht beim Gebet

Muss man beim Beten unbedingt „aufmerksam" sein *(attentum esse)?*

Zunächst scheint es so [...].

Aber: Auch heiligmäßige Personen leiden beim Gebet zuweilen unter Ablenkung *(evagatio)*, wie es im Psalm 39 (v.13, Vg) heißt: „Mein Herz hat mich verlassen".

Antwort: Diese Frage betrifft vor allem das mündliche Gebet. Und hierzu ist zu sagen, dass etwas in zweifacher Bedeutung „notwendig" sein kann: Zum einen, insofern dadurch das Ziel *besser* erreicht wird. In diesem Sinn ist Aufmerksamkeit absolut notwendig für das Gebet.

In einem zweiten Sinn bedeutet „notwendig" etwas, ohne das eine Sache ihre Wirkung *überhaupt nicht* erreicht. [Und da ist nun zu differenzieren; denn] die Wirkung des Gebetes ist dreifach:

Erstens ist das Gebet verdienstvoll, und diese Wirkung hat es gemeinsam mit allen Akten, die von der übernatürlichen Liebe *(actus caritate informati)* getragen werden. Damit das Gebet diese Wirkung habe, ist es nicht notwendig, dass die Aufmerksamkeit das gesamte Gebet hindurch anhalte; sondern *kraft der ersten Absicht*, mit der jemand sich zum Gebet begibt, *wird das ganze Gebet verdienstvoll*. Das gilt auch für andere verdienstvolle Akte.

Die zweite Wirkung des Gebetes ist spezifisch: nämlich *etwas zu erlangen*. Und auch dafür *reicht die erste Absicht hin*, auf die Gott in erster Linie schaut. Wenn allerdings diese erste Absicht fehlt, dann erwirkt das Gebet weder ein Verdienst für den Beter noch seine Erhörung; denn Gott hört nicht auf ein „Gebet", wenn der Beter gar nicht die Absicht hat, zu beten – wie Gregor d. Gr. schreibt.

Die dritte Wirkung des Gebetes ist diejenige, die es während des Vollzuges *(praesentialiter)* hervorbringt: eine Art *geistlicher Erquickung*. Und dafür bedarf es notwendigerweise der Aufmerksamkeit. Daher heißt es 1 Kor 14: „Wenn ich nur mit der Zunge *(lingua)* bete, dann bleibt mein Geist *(mens)* ohne Frucht".

„Aufmerksam" kann ein mündliches Gebet auf dreierlei Weise sein: Erstens, indem man auf die *Worte* achtet, dass sie richtig seien. Zweitens, indem man auf den *Sinn der Worte* achtet. Drittens, indem man die Aufmerksamkeit auf das Ziel des Gebetes richtet: auf *Gott* und die Angelegenheit, in der man betet. Diese Aufmerksamkeit ist am meisten nötig. Sie können auch Menschen ohne Bildung *(idiotae)* haben. Und zuweilen kann diese Aufmerksamkeit, in der der Geist zu Gott hinaufgetragen wird, derart kräftig sein, dass einem alles andere aus den Gedanken entschwindet, wie Hugo von St. Victor sagt.

ad1: Im Geist und in der Wahrheit betet, wer auf Antrieb des Hl. Geistes zu beten unternimmt; auch wenn sein Geist später aus Schwachheit sich ablenken lässt [„herumwandert"].

ad2: Der Geist des Menschen ist schwach, deswegen kann er sich nicht lange auf der Höhe [des Gebetes] halten, sondern sinkt wieder zum Niedrigeren herab. [...]

ad3: Wenn jemand seine Gedanken während des Gebetes absichtlich herumstreunen lässt, ist das eine Sünde, und ein Hindernis für die Frucht des Gebetes. Dagegen sagte Augustinus in seiner Regel: „Wenn ihr in Psalmen und Hymnen zu Gott betet, dann soll im Herzen sein, was vom Mund ausgesprochen wird." Ein Abgelenkt-sein, das ohne Absicht geschieht, hebt die Frucht des Gebetes nicht auf. [...]

Franz von Sales
Philothea II, 9

Trockenheit bei der Betrachtung

Kommt es vor, dass du an der Betrachtung keinen Geschmack und keine Freude findest, so bitte ich dich: *beunruhige dich deshalb nicht!* Verrichte in solchen Zeiten mündliche Gebete; klage beim Herrn über dich selbst, bekenne deine Unwürdigkeit, bitte ihn um seine Hilfe oder küsse sein Bild, wenn du es bei der Hand hast, und sprich mit Jakob: „Ich lasse nicht von Dir, o Herr, Du segnetest mich denn" (Gen 32,26), oder mit der Kanaaniterin: „Ja, Herr, ich bin ein Hündlein, aber die Hunde fressen doch auch die Brosamen, die vom Tisch des Herrn abfallen" (Mt 15,27). – Ein anderes Mal nimm ein Buch zur Hand, lies es aufmerksam, bis dein Geist wieder rege und ausgeruht ist. Oder sporne dein Herz an durch körperliche Bewegung oder fromme Haltung: kreuze z. B. deine Arme über der Brust, küsse das Kruzifix, wirf dich auf die Knie, – natürlich nur, wenn du allein für dich bist.

Empfindest du nach all dem noch immer keine Freude, dann rege dich darüber nicht auf, so groß auch die Dürre deiner Seele sein mag; *bleib einfach in frommer Haltung vor Gott.* Wie viele Höflinge betreten oft und oft im Laufe des Jahres die Gemächer des Fürsten, nur um von ihm gesehen zu werden und ihm ihre Aufwartung zu machen, ohne Hoffnung, ihn auch sprechen zu können. So müssen auch wir ganz schlicht und einfach vor Gott hintreten im Gebet, um unsere Pflicht zu erfüllen und unsere Treue zu zeigen. Gefällt es der göttlichen Majestät, mit uns zu sprechen und sich mit uns durch heilige Einsprechungen und Empfindungen der Freude zu unterhalten, dann soll es uns eine große Ehre und festliche Freude sein. Gefällt es aber Gott, uns diese Gnade nicht zu erweisen, lässt er uns stehen, ohne mit uns zu sprechen, als ob er uns gar nicht sähe und wir gar nicht in seiner Gegenwart wären, so dürfen wir trotzdem nicht fortgehen, sondern müssen im Gegenteil vor der unendlichen Güte in frommer und ruhiger Haltung verharren. Dann wird Gott unfehlbar unsere Geduld wohlgefällig aufnehmen, unsere unbeirrbare Beharrlichkeit sehen und ein anderes Mal, wenn wir wieder zu ihm kommen, uns mit seinen Freuden beschenken und uns die Seligkeit des heiligen Gebetes fühlen lassen. – Tut er es aber nicht, dann wollen wir uns auch damit zufrieden geben; es ist für uns schon eine zu große Ehre, bei ihm zu sein und von ihm gesehen zu werden.

Jean Daniélou

Gebet als Quelle christlichen Handelns, 27-31

Wille und Gefühl

[...] Beten heißt nicht, Gott fühlen. Das Fühlen zum Gradmesser von Religion machen, führt auf Abwege. Das betrifft alle personalen Beziehungen: Die Liebe steht über dem Gefühl, was nicht heißt, dass man es geringschätzt. Gefühl ist das wundersame Nachhallen einer gewissen Seinsharmonie. Liebe ist das Kommunizieren zweier Wesen auf einer Ebene, die tiefer liegt als die Sphäre des Gefühls.

Aufrichtigkeit besteht nicht darin, sein Verhalten mit seinen Gemütszuständen in Übereinstimmung zu bringen, sondern seinem gewohnten Verhalten trotz dieser Gemütszustände treu zu bleiben, seine tiefere Treue trotz den oberflächlichen Treulosigkeiten durchzutragen. Aufrichtig sein heißt, dem treu bleiben, dem man sein Herz wirklich in voller Freiheit geschenkt hat, was in Ehe und Freundschaft trotz aller möglichen äußerlichen Zufälligkeiten so sein muss. Gott lieben heißt wissen, dass wir auf Gott zählen können, und dass Gott auf uns zählen darf, trotz unserer sentimentalen Verwicklungen. [...]

Es gilt also, die Substanz des Gebetes den Wechselfällen unserer Erfahrungen und unseres Gefühlslebens zu entziehen, denn das Gebet gründet in etwas, das jenseits solcher Zufälligkeiten liegt: es ist Ausdruck unserer Grundbeziehung zu Gott. [...]

Zwei Dinge sind im Gebet wichtig: eben zu beten, und Gott in uns wirken zu lassen. Manchmal berührt der Heilige Geist unser Herz und bekehrt uns wirklich (wenn er uns von einem Hindernis, einer Antipathie befreit, uns entdecken lässt, was Demut ist), wenn er uns fühlen lässt, was es heißt, Gott zu lieben. Diese Berührungen des Heiligen Geistes – die für uns wesentlich sind, weil wir genau wissen, dass sie nicht von uns stammen – schenkt uns Gott, wann er will.

[...] Das Wesentliche darin [im christlichen Gebet] ist, dass man von einem Anderen angerührt wird und sich zwischen Gott und uns eine Verbindung herstellt. Dies aber entzieht sich allen Techniken, denn es gehört zum Wesen der Person, nicht auf Techniken angewiesen zu sein. Überdies sind geistliche Erleuchtungen nicht immer an die Gebetszeiten gebunden. Marie de l'Incarnation berichtet, dass ihr die größten Erleuchtungen über die Heiligste Dreifaltigkeit geschenkt wurden, während sie Fässer über die Uferdämme von Tours rollte. Es ist in der Tat auffallend, wie bestimmte Menschen in Trockenheit beten, aber im Verlauf ihrer Tätigkeiten erstaunliche geistliche Erleuchtungen empfangen. Darin zeigt sich die erhabene Freiheit der Gnade Gottes. Aber auch, dass diese Menschen selber an der Gebetszeit treu festgehalten haben müssen! Das Gebet, das sich mit einem bestimmten Gefühlszustand allzu eng verknüpft, wäre in der Tat verdächtig. Die großen Mystiker sind den Gefühlen gegenüber recht misstrauisch. Johannes vom Kreuz ist in dieser Hinsicht fast übermäßig streng. Ignatius zeigt sich menschlicher und legt großen Wert auf die geistlichen Tröstungen, die für viele hilfreich sein können. Doch „geistige Naschhaftigkeit" hieße, im Gebet mehr die eigene Befriedigung suchen als Gott die ihm gebührende Ehre geben.

Das Gebet ist heutzutage auch ein *Kampf,* ein Zeugnisgeben in einer Welt, wo der Mensch in Gefahr ist, sich im rein Menschlichen zu verschließen.

Irenée Hausherr
Leben aus dem Gebet, 124.126f.

„Gefühl"

Es ist richtig, dass das Feuer der Wahrheit nicht immer Trost ausstrahlt. Die Wege der Trostlosigkeit führen uns auch zu den von Gott gewollten Zielen. Manche Eigenschaften des Gebetes kann man nur um den Preis schmerzlicher Entäußerungen erwerben. Zunächst drängt uns Gott, ein beharrliches Gebet zu verrichten, nicht ein andächtiges [d.h. „inniges", Anm. M. S.].

Es gibt ein Gefühl, das die Rückwirkung von etwas Geistlichem ist, und dieses Gefühl ist wohl wünschenswert. Aber wann ist es dieses Gefühl? In unserem Leben haben wir „geistliche Tröstungen" erlebt. Waren sie rein geistlich? Waren nicht menschliche, natürliche Elemente hineinvermengt? Wenn es Menschen, die nicht an das Gebetsleben gewöhnt sind, manchmal gelingt zu beten, dann fallen sie in diesem Punkt leicht in einen Irrtum.

Ich erinnere mich, wie einmal jemand aus bloßer Neugierde mit mir auf den Montmartre ging. Da er durch Regen gezwungen war, länger zu bleiben, als er wollte, wohnte er einem sakramentalen Segen bei, und war davon sehr bewegt. Er sagte mir, er habe niemals eine ähnliche „religiöse Gemütsbewegung" erfahren. War diese Emotion rein geistlich? Als sie vorüber war, hat dieser Mensch wieder gelebt wie vorher. Es gibt Menschen, für die das Credo etwas Fremdes ist, die eine kirchliche Zeremonie zum Weinen bringt. Sie nennen das „religiöses Gefühl". Oh, ein geistliches Gefühl ist etwas ganz anderes!

„Mit Gefühl beten" heißt nicht, Gemütsbewegungen suchen, die durch äußere Ursachen hervorgerufen sind. Durch Gebärden, Gesänge, Zeremonien, Erinnerungen an vergangene Inbrunst, an einen Menschen, der uns zur Frömmigkeit geführt hat. Nicht das nannten die frühen Mönche „Gefühl", sondern den tiefen persönlichen Zustand des Gebetes. [...]

Henri Caffarel
Saal der tausend Türen, 38-41

Die Bedeutung des Willens

„Obwohl ich seit sechs Monaten dem täglichen Gebet treu geblieben bin“, schreiben Sie mir, „bin ich nicht sicher, mehr als vier- oder fünfmal gut gebetet zu haben.“ Was wollen Sie damit sagen? Dass alle Ihre Gebete außer den vier oder fünf dem Herrn missfallen hätten? Aber darüber wissen Sie nichts. Dass sie Ihnen selbst keine Befriedigung gegeben haben? Das will ich gern glauben.

Folgt aber daraus, dass sie nicht gut waren? Lassen Sie sich bitte nicht in die Falle locken, in die alle Anfänger gehen, und beurteilen Sie ihr Gebet nicht nach der inneren Glut, der Andacht, den schönen Gedanken, den greifbaren Ergebnissen. Mit dem Beten geht es wie mit den Sakramenten: ihr Wert und ihre Wirksamkeit bemessen sich nach einer übernatürlichen Ordnung und entziehen sich deshalb unseren menschlichen Maßen. Wenn Sie wirklich erfasst hätten, was das Wesentliche des Betens ausmacht, würden Sie sich nicht durch das entmutigen lassen, was Sie „den Ansturm der Zerstreuungen“ nennen.

Das Gebet ist ein komplexes Tun. Der ganze Mensch lässt sich auf das Spiel ein: der Leib und die Seele, der Verstand, das Herz, die Freiheit. Es ist aber wichtig, das Wesentliche herauszuheben, denn wenn dieses fehlt, verliert das Gebet jeden Wert.

Ist es vielleicht der Anteil des Körpers? Selbstverständlich nicht. Sonst müsste man sagen, dass der Gelähmte, der keine Gebetshaltung anzunehmen vermag, nicht beten kann. Und das wäre absurd.

Sind es die Worte? Aber offensichtlich können Worte niemals das Wesentliche sein, weder im Gebet noch in den Beziehungen der Menschen untereinander.

Ist es das Empfindungsvermögen, der Eifer? Das wäre sehr enttäuschend. Denn es braucht so wenig, um das Empfinden zu stören: eine Sorge, einen Schmerz, eine Freude, ein Leid, ein Zahnweh. Es wäre wirklich nicht zu verstehen, wenn der Wert unseres Gebetes jedem geringfügigsten inneren oder äußeren Zufall preisgegeben wäre.

Oder das Nachdenken? Sicher ist die Betrachtung wichtig; die Erkenntnis Gottes weckt die Gottesliebe. Wäre sie aber das Wesentliche des Gebetes, dann wäre der mit wenig Intelligenz Begabte zu mittelmäßigem Beten verurteilt, dessen Vollendung wäre den Intellektuellen vorbehalten.

Oder das ständige Aufmerksamsein auf Gott? Wäre dem so, müssten Sie in Verzweiflung versinken, Sie, den die „Zerstreuungen" überfallen; denn sehr oft hängt es nicht von uns ab, sie fernzuhalten: Unsere Aufmerksamkeit wie unser Empfindungsvermögen sind besonders unbeständig. Es ist ebenso schwierig, sie dauernd auf Gott zu richten, wie beim Schreiten eine Magnetnadel in der Nordrichtung festzuhalten.

Was bleibt dann noch? Die Gefühle: eine innige Liebe, ein lebendiges Vertrauen, eine dankbare Ergriffenheit? Unsere Gefühle zeigen tatsächlich im Vergleich zu unserem Empfindungsvermögen und unserer Phantasie eine gewisse Beständigkeit. Und doch müssen wir zugeben, dass sie sich teilweise unserer Kontrolle entziehen; sie lassen sich nicht befehlen, die Inbrunst des Herzens hängt nicht von unserem Willen ab.

Was ist denn nun das Wesentliche des Gebetes? Es ist der Wille. Aber nehmen Sie bitte den Willen nicht als psychologischen Mechanismus, der uns einen Entschluss fassen lässt oder uns zwingt, etwas auszuführen, was uns missfällt. Nach rechter Philosophie ist der Wille die Fähigkeit unseres tiefsten Wesens, sich frei auf ein Gut, einen Menschen, ein Ideal hin „zu engagieren", um ein Lieblingswort unserer Generation zu gebrauchen. Wenn wir uns mit dem Zentrum unseres Seins Gott zuwenden und uns ihm frei und entschlossen ausliefern, dann beten wir wahrhaft, selbst wenn unser Empfindungsvermögen träge, unser Denken arm, unsere Aufmerksamkeit zerstreut ist. Und unser Gebet gilt so viel, wie diese Ausrichtung und diese Grund-Hingabe wert sind.

Während Empfindungsvermögen, Aufmerksamkeit, ja sogar Gefühle wechselnd, flüchtig sind, ist unser Wille unendlich fester, beständiger. Gemütsbewegungen reißen unseren Willen nicht notwendig mit, die Zerstreuungen der Phantasie sind nicht notwendig Zerstreuungen des Willens. Denken Sie an Ihre Erfahrung. Ist es Ihnen niemals begegnet, wenn Sie sich im Gebet plötzlich bewusst wurden, durch Zerstreuungen weit fortgetragen worden zu sein – dass Sie dann, in sich selbst zurückkehrend, Ihren Willen ruhig und unnachgiebig auf Gott gerichtet fanden, voll Verlangen, ihm zu gefallen? An Ihrem Willen hatte sich nichts geändert.

Beten heißt beten wollen.

Diese Formulierung ist, wie ich wohl weiß, dazu angetan, diejenigen unserer Zeitgenossen aufzureizen, die dem Aberglauben der Spontaneität huldigen. In ihren Augen ist alles, was man sich selbst auferlegt, gekünstelt, konventionell, unecht. Doch ich kenne Sie hinreichend, um zu wissen, dass Sie dieser Kinderei nicht verfallen.

Ideal wäre es wohl, wenn das aus unserem tiefsten Wollen entspringende Gebet unser ganzes Sein in Bewegung brächte. Denn nichts in uns sollte unserem Gebet fremd bleiben – so wenig wie unserer Liebe. Gott will uns ganz: *„Du sollst den Herrn deinen Gott lieben aus deinem ganzen Herzen, aus deiner ganzen Seele, mit allen deinen Kräften."* Deshalb muss man sich Mühe geben, Lärm und schädliche Betriebsamkeit auszuschalten, sich zu sammeln, sich ganz zusammenzuraffen, damit man sich ganz darbringen kann. Aber nochmals: es ist glücklicherweise nicht notwendig, so weit zu kommen, damit wir richtig beten.

Henri Caffarel
Saal der tausend Türen, 106-108

Es ist gut, dass Sie sich gleich fragen, wenn ein neuer Gedanke Sie beschäftigt, was Sie *tun* sollen, während andere ihre guten Gedanken gern sammeln, ohne je irgend etwas in ihrem Leben zu ändern. Ihre Reaktion auf meinen letzten Brief ist typisch: „Ich sehe nicht recht, was ich beim Gebet tun muss, um den Rat des alten Pfarrers zu befolgen, Gott zur Verfügung zu stehen."

Es ist gut zu fragen, was wir *tun,* aber besser, uns darüber zu prüfen, was wir *sein* sollen. Gilt das nicht schon in unseren mitmenschlichen Beziehungen? Einem Freund gegenüber sind Worte und Gebärden nur so viel wert, als sie unser tiefes und dauerndes Empfinden, das, was wir wirklich sind, ausdrücken. Noch viel mehr gilt das im Hinblick auf Gott. Wie oft wirft der Herr im Alten Testament den Juden ihr rein äußerliches Tun vor, ihren Missbrauch der Opfer, die nichts Wesentliches ausdrücken. Christus greift diese Vorwürfe auf, wenn er den furchtbaren Ausspruch tut: *„Dieses Volk ehrt mich mit den Lippen, aber sein Herz ist weit von mir."*

Nicht das *Tun* ist's, das zählt, oder wenigstens entscheidend zählt, sondern das *Sein* – das „Herz", um mit Christus zu sprechen. Doch dieses Wort ist in Gefahr, missverstanden zu werden. In der Sprache von heute sagt es wenig: es ist gleichbedeutend mit „Gefühl". Während es für Christus wie für die Verfasser der Heiligen Schrift eine tiefe Bedeutung hatte: es bezeichnete unser eigenstes Wesen, und zwar in seiner Fähigkeit, sich zu geben oder sich zu verweigern. Kein anderes Wort gibt es genau wieder. Im philosophischen Sprachgebrauch gibt es zwar eins, das aber ebenso in Gefahr ist, missverstanden zu werden: „Wille". Gleichwohl werde ich dieses Wort übernehmen.

So kann ich nicht darauf verzichten, Ihnen ein kurzes Philosophiekolleg zu halten. Sie werden sehen, dass etwas Philosophie nicht unnütz ist für den, der beten lernen will. Der „Wille" ist für die Philosophen nicht das, was man landläufig darunter versteht, wenn man etwa von jemand sagt, dass er Willen hat. Es geht zunächst um die Fähigkeit, zu handeln, wenn man sich einmal dazu entschieden hat, ohne sich durch Leidenschaften beeinflussen, durch äußere Schwierigkeiten aufhalten zu lassen. Der „Wille", über den ich mit Ihnen spreche und den ich in Anführungszeichen setze, um deutlich zu machen, dass ich den Ausdruck nicht im Sinne der Umgangssprache gebrauche, bezeichnet die geheimnisvolle Macht unseres inneren Wesens, sich frei auf ein Ziel auszurichten: auf das Gute, auf den Menschen unserer Wahl, auf Gott. Ich möchte sagen: Der „Wille" ist für den Menschen, was das Steuer für das Schiff ist; er bestimmt seine Richtung, seinen Kurs. Aber das ist nur zum Teil wahr; denn unser „Wille" lenkt uns nicht von außen, sondern von innen, verwandelt unser Wesen in der

Tiefe, gibt ihm Sinn und Wert. Wird der Wille so verstanden, dann darf man von einem Menschen sagen, dass er soviel wert ist wie sein „Wille", wie die Richtung seines „Willens".

Da wir jetzt die Begriffe geklärt haben, kann ich auf den Ausgangspunkt dieses Briefes zurückkommen: Nicht was wir tun ist entscheidend, sondern was wir sind, unser „Wille". Während der Zeit des Gebets sich Gott zur Verfügung stellen heißt jedoch nicht so sehr etwas „tun", Worte sagen, als vielmehr durch eine Bewegung unseres „Willens" uns zu ihm hinwenden. Folglich nicht mehr über uns verfügen wollen, sondern wünschen, dass er über uns verfüge, also unseren Willen in den seinen einmünden lassen. Dann, und dann allein können wir Werke tun, Worte aussprechen, und gerade weil sie von unserem Willen hervorgebracht sind, erhalten sie Sinn und Wert.

Ich habe oft festgestellt, dass das Beten sich von dem Tage an wandelt, da man diese kleine Philosophie richtig verstanden hat, da man endlich begriffen hat, dass Beten wesentlich eine Angelegenheit des „Willens" ist. Dann entäußert sich das Gebet, es wird einfacher, innerlicher, gewinnt allmählich eine kontemplative Form, beschränkt sich nicht auf die ihm gewährte Zeit, sondern durchdringt das ganze Leben. Dem Gebet hingegeben und in ihm gestärkt, wirkt diese grundlegende Richtung des Willens in den vielfältigen Tätigkeiten weiter. Das ganze Leben wird zu einem Leben des Gebetes.

Henri Caffarel
Saal der tausend Türen, 110-111

Nicht-Erfahrung

Ich empfehle Ihnen: Sagen Sie Gott gleich am Anfang Ihres Gebetes, dass Sie kommen, weil es sein Wille ist und um ihm zu gefallen; dass Sie sich ihm ganz und bedingungslos zur Verfügung stellen; dass Sie im voraus einwilligen, keine fühlbare Gnade zu finden; dass Sie ihn sogar bitten, Ihnen eine solche nicht zu gewähren, wenn das zur Ankunft seines Reiches beitragen, ihn mehr verherrlichen könnte. Ich weiß wohl, dass man nicht ohne ein unwillkürliches inneres Widerstreben so zum Herrn sprechen kann. Aber ein solches Gebet läutert auf wunderbare Weise das Herz.

Die Läuterung des betenden Menschen vollzöge sich viel schneller, wenn er sich so in die Hand Gottes gäbe, der seine Rebe beschneiden will, damit sie überreiche köstliche Frucht trage. Wenn man aber den Mut verliert oder wie ein verwöhntes Kind neue fühlbare Gnaden begehrt, wie käme man da voran?

Schreiten Sie mutig weiter auf diesem Wege. Ich sage „mutig“, nicht wie man das so hinsagt, sondern weil das Wort sich aufdrängt. Diese Zeit der Läuterung ist hart. Wir müssen sehr tapfer sein, um da auszuhalten und den scheinbaren Tod des Empfindens, des Verstandes, des Herzens anzunehmen. Denn so ist es wirklich: Da unserem Empfinden alle Süße genommen ist, scheint es zu sterben; da unser Verstand, allen Lichtes beraubt, in seiner Betrachtung gelähmt ist, scheint auch er zu sterben, und unser Herz wird unempfindlich und wie unfähig zum Lieben. Wir verstehen den alten Schriftsteller, der vom „Opfer des Gebetes“ spricht.

Man braucht einen großen Glauben, um sich nicht gehenzulassen und zu denken, die Zeit des Gebetes sei verlorene Zeit; um sich zu überzeugen, dass dieser Tod eine Auferstehung vorbereitet, dass *„das Weizenkorn, wenn es sich in der Erde verwesen lässt, viele Frucht bringen wird“*.

Das Gebet erweist sich durch die Prüfungen, die es für uns bereithält, in Wahrheit als der Schmelztiegel, in dem sich unsere Liebe zu Gott läutert und leuchtend wird.

Literaturverzeichnis

Handbücher, Lexika

Neben den bekannten Hilfsmitteln seien besonders folgende Beiträge empfohlen:

Ewers, Dirk, *Gebet*, HWRh 3, 580-587.

Marchel, Witold – Ansaldi, Jean, *Pater(nité de Dieu)*, DSp XII/1, 414-437.

Vv.Aa, *Prière*, DSp XII/2, 2198-2347.

Dupuy, Michel, *Oraison*, DSp XI, 831-846.

Solignac, Aimé, *Psaumes*, DSp XII/2, 2504-2568.

VV.AA., *Gebet*, TRE 12, 31-103.

Rossini, Claudio / Sciadini, Patrizio (Edd.), *Enciclopedia della preghiera*, Città del Vaticano 2007.

Dizionario di Spiritualità Biblico-Patristica. I grandi temi della S. Scrittura per la „lectio divina", Roma:

1. *Preghiera nella Bibbia* (vol. 51).
2. *Preghiera nei Padri dei primi secoli* (vol. 52).
3. *Preghiera nei Padri dei secoli IV e V* (vol. 53).

Monographien, Einzelbeiträge

Backhaus, Knut – Fischer, Georg, *Beten* (= Neue Echter Bibel. Themen 14), Würzburg 2009.

Balthasar, Hans Urs von,

- *Das betrachtende Gebet*, Einsiedeln 4 1976.
- *Das unterscheidend christliche Gebet*, in: ders., *Homo creatus est* (= Skizzen zur Theologie 5), Einsiedeln 1986, 242-247.

– *Gebetserhörung*, in: *Theodramatik* II/1, Einsiedeln 1976, 265-275.

BARBAGLIO, Giuseppe (Hrsg.), *La spiritualità del Nuovo Testamento*, Bologna [1]1988.

BIANCHI, Enzo, *Lectio divina. Zur Theologie und Praxis der geistlichen Schriftlesung*, mit einem Vorwort von Michael SCHNEIDER (= Edition Cardo CXVI), Köln 2004 (urspr. ital.: *Pregare la parola* [10]1987).

BONORA, Antonio (Hrsg.), *La spiritualità dell'Antico Testamento*. Bologna 1987.

BUNGE, Gabriel,

– *Irdene Gefäße. Die Praxis des persönlichen Gebetes nach der Überlieferung der heiligen Väter*, Würzburg [4]2009.

– *Ostsyrische Mystik*, Trier 1986.

BURINI, Clara – CAVALCANTI, Elena, *La spiritualità della vita quotidiana negli scritti dei Padri* (= Storia della Spiritualità 3/c), Bologna 1988.

CAFFAREL, Henri,

– *Saal der tausend Türen. Briefe über das Gebet*, Einsiedeln [3]2002 (französ.: *Présence à Dieu. Cent Lettres sur la prière*).

– *Weil Du Gott bist. Hinführung zum inneren Gebet*, Einsiedeln [3]2008 (gekürzte Übertragung aus dem Franz.: *Cinq soirées sur la prière intérieure*).

CAZELLES, Henri (Hrsg.), *Moses in Schrift und Überlieferung*, Düsseldorf 1963.

COGNET, Louis, *La prière du chrétien* (= Introduction a la vie chrétienne III), Paris 1967.

CULLMANN, Oscar, *Das Gebet im Neuen Testament*, Tübingen 1994.

DANIÉLOU, Jean,

– *Liturgie und Bibel. Die Symbolik der Sakramente bei den Kirchenvätern*, München 1963.

– *Gebet als Quelle christlichen Handelns*, Einsiedeln 1994 (urspr. franz.: *Contemplation et croissance de l'Église*, Paris 1977).

Dellsperger, Rudolf, *„Unser tägliches Brot ...". Die Brotbitte bei Erasmus von Rotterdam, Martin Luther, Wolfgang Musculus und Petrus Canisius SJ*, in: *Oratio. Das Gebet in patristischer und reformatorischer Sicht*, Göttingen 1999, 211-226.

Delbrêl, Madeleine, *Gebet in einem weltlichen Leben*, Einsiedeln [4]1986 (französ.: *La Joie de Croire*, 1968).

Delp, Alfred, *Im Angesicht des Todes*, Frankfurt 1947.

Dorneich, Monica (Hrsg.), *Vater-unser-Bibliographie*, Freiburg 1982.

Guardini, Romano,

- *Das Bitten*, in: *Unterscheidung des Christlichen, Bd. 2: Aus dem Bereich der Theologie* (= Gesammelte Studien 1923-1963), Mainz – Paderborn [3]1994, 89-97.
- *Das Gebet des Herrn*, Mainz [8]1959.
- *Gebet und Wahrheit. Meditationen über das Vaterunser*, Mainz [3]1988.
- *Glaubenserkenntnis. Versuche zur Unterscheidung und Vertiefung*, Mainz [3]1997(unveränd. Nachdr. der 2. Aufl. 1949).
- *In Spiegel und Gleichnis. Bilder und Gedanken*, Mainz [7]1990 (1932).
- *Theologische Gebete*, 1948.
- *Vom Sinn der Kirche*, Mainz [5]1990.
- *Von heiligen Zeichen*, Mainz 1927.
- *Vorschule des Betens*, Mainz [8]1986.
- *Weisheit der Psalmen. Meditationen*, Mainz [2]1987 (unveränd. Nachdr. der 1. Aufl., Würzburg 1963).
- *Wille und Wahrheit. Geistliche Übungen*, [6]1991 (1958).

Hausherr, Irenée, *Leben aus dem Gebet*, Salzburg 1969 (urspr. franz.: *Prière de vie, vie de prière*).

Heiser, Lothar, *Maria in der Christus-Verkündigung des orthodoxen Kirchenjahres*, Trier 1981.

Heither, Theresia,

- *Mose* (Biblische Gestalten bei den Kirchenvätern), Münster 2010.

– *Schriftauslegung – Das Buch Exodus bei den Kirchenvätern* (= NSK-AT 33/4), Stuttgart 2002.

HEITHER, Theresia – REEMTS, Christiana,

– *Abraham* (Biblische Gestalten bei den Kirchenvätern), Münster 1999.

– *Schriftauslegung – Die Patriarchen bei den Kirchenvätern* (= NSK-AT 33/2), Stuttgart 1999.

KAPELLARI, Egon, *Heilige Zeichen in Liturgie und Alltag*, Graz [4]2001.

LEHMANN, Leonhard, *Franziskus – Meister des Gebets. Kommentar zu den Gebeten des heiligen Franz von Assisi*, Werl 1989.

LERCARO, Giacomo, *Wege zum betrachtenden Gebet*, Freiburg i.Br. 1959 (ital. 1947).

LEWIS, Clive Staples,

– *Dienstanweisung an einen Unterteufel*, Freiburg i.Br. [22]2013.

– *Du fragst mich, wie ich bete. Briefe an Malcolm*, Einsiedeln [2]1978.

MAIDL, Lydia, *Desiderii interpres. Genese und Grundstruktur der Gebetstheologie des Thomas von Aquin* (= Veröffentlichungen des Grabmann-Institutes NF 38), Paderborn u.a. 1994.

MAY, Christof, *Mal weg sein – ob das ausreicht? Pilgern als Chance christlicher Verkündigung*, GuL 81 (2008), 174-185.

MENKE, Karl-Heinz, *Handelt Gott, wenn ich ihn bitte?*, Kevelaer [3]2008.

NUSSBAUM, Otto, *Die Aufbewahrung der Eucharistie*, Bonn 1979.

RAHNER, Hugo – RAHNER, Karl, *Gebete der Einkehr*, Salzburg 1958.

RAURELL, Frederic, *Spiritualità dell'Antico Testamento*, Bologna 2008.

RATZINGER, Joseph – BENEDIKT XVI.,

– *Am Ende der Religion?*, in: JRGS 4, Freiburg 2014, 797-816.

– *Der Geist der Liturgie*, in: JRGS 11, Freiburg 2008, 29-194.

– *Die Kraft des Gebetes, zum 17. So. im Jahreskreis – C (Gen 18,20-32; Lk 11,1-13)*, in: DERS., *Gottes Angesicht suchen. Betrachtungen im Kirchenjahr*, (= Theologie und Leben 46), Meitingen 1979.

– *Eucharistie – Mitte der Kirche,* in: JRGS 11, Freiburg 2008, 305-358.
– *Generalaudienz: Der betende Mensch (4),* 25.5.2011, http://www.vatican.va/holy_father/benedict_xvi/audiences/2011/documents/hf_ben-xvi_aud_20110525_ge.html (25.11.2014).
– *Glaube – Wahrheit – Toleranz,* Freiburg [2]2003.
– *Gottes Angesicht suchen. Betrachtungen im Kirchenjahr,* Meitingen-Freising [2]1979.
– *Jesus von Nazareth. I. Teil,* Freiburg i.Br. [5]2013; jetzt auch in JRGS 6, 2013.
– *Jesus von Nazareth II. Teil,* Freiburg i.Br. 2010. jetzt auch in JRGS 6, 2013.
– *Kosmische Liturgie. Ein Predigtvorschlag zur eucharistischen Anbetung,* in: JRGS 4, Freiburg 2014, 789-796.
– *Predigt von Papst Benedikt XVI.,* Gründonnerstag, 5.4.2012, http://www.vatican.va/holy_father/benedict_xvi/homilies/2012/documents/hf_ben-xvi_hom_20120405_coena-domini_ge.html. (25.11.2014).
– *Theologie der Liturgie* (= JRGS 11), Freiburg 2008.

Reemts, Christiana, *Schriftauslegung. Die Psalmen bei den Kirchenvätern* (= NSK-AT 33/6), Stuttgart 2000.

Reiterer, Friedrich V., Art.: *Šem,* ThWAT VIII (1995) 122-174.

Schaeffler, Richard, *Kleine Sprachlehre des Gebetes,* Einsiedeln 1988.

Schaller, Hans, *Das Bittgebet. Eine theologische Skizze,* Einsiedeln 1979.

Schlosser, Marianne,
– *Der Prophet Elija,* GuL 76 (2003) 24-39.
– *Freiheit. Schicksal. Gnade – oder: Drei Vaterunser-Bitten. Eine theologische Relecture des Herrn der Ringe,* GuL 78 (2005), 361-378; 454-469.
– *In dem Glauben, der Augen verleiht. Zur Theologie der eucharistischen Anbetung,* GuL 86 (2013), 374-384.

– *Princeps noster Elias. Der Prophet Elija als Vorbild monastischen Lebens*, in: *Edith-Stein-Jahrbuch* 8 (2002), 48-64.

– *„Um der Harmonie der Seele willen". Zum Verhältnis von Musik und Spiritualität in der Patristik und im Mittelalter*, in: Simeon WESTER u.a.(Hrsg.), *Die Mystik des Gregorianischen Chorals*, Heiligenkreuz 2009, 25-56.

SCHNEIDER SJ, Michael, Theologie des christlichen Gebets, Würzburg 2015.

SCHWIENHORST-SCHÖNBERGER, Ludger, *Ein Weg durch das Leid. Das Buch Ijob*, Freiburg 2012.

– *Gott als Mutter?*, IKaZ 44 (2015) 3-21.

SIEBEN, Hermann Josef,

– *Der Psalter und die Bekehrung der* voces *und* affectus. *Zu Augustinus, Conf. IX, 4, 7-11 und X, 33, 49-50*, in: DERS., *Manna in deserto* (= Edition Cardo 17) Köln 2002, 243-266.

– *Manna in deserto. Studien zum Schriftgebrauch der Kirchenväter* (= Edition Cardo 92), Köln 2002.

VERDON, Timothy, *Kunst im Leben der Kirche. Eine 2000-jährige Beziehung*, Regensburg 2011.

WEGER, Karl-Heinz, Art.: *Freud*, in: DERS. (Hrsg.), *Religionskritik von der Aufklärung bis zur Gegenwart*, Freiburg 1979 (weitere Auflagen), 102-117.

WILLI, Regina, *Der Prophet Jeremia, ein Mann des Gebetes*, in: Gottgeweiht 24 (2011), 57-63.

– *Les pensées de bonheur de Dieu pour son peuple selon Jr 29. Un témoignage de l'espérance au temps de l'Exil: une étude critique, littéraire et théologique*, Lugano 2005.

WULF, Friedrich, Art.: Gebet, HThG I (hg. von Heinrich Fries, 1962) 424-436.

Lehramtliche Texte – katechetisch-pastorale Hinweise

PAUL VI., *Apostolisches Schreiben Marialis Cultus*, 2. Feb. 1974.

GLAUBENSKONGREGATION, *Schreiben an die Bischöfe der katholischen Kirche über einige Aspekte der christlichen Meditation*, 15. Okt. 1989.

Katechismus der Katholischen Kirche, München u.a. 1993, bes.: IV. Teil.

GLAUBENSKONGREGATION, *Instruktion über die Gebet um Heilung durch Gott*, 14. Sept. 2000.

JOHANNES PAUL II., *Apostolisches Schreiben Rosarium Virginis Mariae*, 16. Okt. 2002.

Leitlinien für das Gebet bei Treffen von Christen, Juden und Muslimen. Eine Handreichung der Deutschen Bischöfe, hrsg. vom SEKRETARIAT DER DEUTSCHEN BISCHOFSKONFERENZ (Arbeitshilfen 170), 2. überarb. und aktualisierte Aufl., Bonn 2008.

Quellentexte

Sammlungen

Anima mea: Prières privées et textes de devotion du Moyen Age latin, hrsg. von Jean-François COTTIER, (= Recherches sur les Rhétoriques Religieuses, 3) Turnhout 2001.

Corpus de prières grecques et romaines. Textes réunis, traduits et commantés par Frédéric CHAPOT et Bernard LAUROT (= Recherches sur les Rhétoriques Religieuses 2) Turnhout 2001.

Deutsche Mariendichtung aus neun Jahrhunderten, hrsg. und erl. von Eberhard HAUFE, Frankfurt a. M. 1989.

Die Gabe der Unterscheidung. Texte aus zwei Jahrtausenden, hrsg. von Marianne SCHLOSSER, 2. erw. Aufl. St. Ottilien 2015.

Gebete der Kirchenväter. Die schönsten Gebete der ungeteilten Christenheit, hrsg, von Concettina BORGOGNO und Guido GANDOLFO, München u.a. 1984 (urspr. ital,: *I Padri della Chiesa pregavano così*).

Gebete aus der orthodoxen Kirche, hrsg. von Robert HOTZ, Zürich 1982.

Le Pater expliqué par les Pères, présenté et traduit par Adalbert HAMMAN, Paris 1951 [französische Übersetzung der Vaterunser-Kommentierungen von Tertullian, Cyprian, Origenes, Gregor von Nyssa, Ambrosius, Cyrill von Jerusalem, Theodor von Mopsuestia, Augustinus].

Christliche Weisheit. Texte zum Vaterunser, hrsg. von Gottfried MÜHLHOF, Saldenburg 2006.

Schlüssel zum Psalter. Sechzehn Kirchenvätereinführungen von Hippolyt bis Cassiodor, hrsg. von Hermann Josef SIEBEN, Paderborn 2011.

Geheimnisvolle Gegenwart. Eucharistische Gebete, hrsg. von Marianne SCHLOSSER, St. Ottilien 2013.

Te Deum laudamus. Große Gebete der Kirche (lateinisch-deutsch), hrsg. von Adolf ADAM, Freiburg 2001.

Vaterunser. Beterinnen und Beter in der Gebetsschule Jesu, hrsg. von Bernhard SILL und Reinhard KÜRZINGER, St. Ottilien 2011.

Einzelne Quellen

ALBERTUS MAGNUS, *Tractatus de forma orandi,* hrsg. von Albert WIMMER, Regensburg 1902.

AMBROSIUS, *De sacramentis. De mysteriis – Über die Sakramente. Über die Mysterien,* lat.-dt., übers. von Josef Schmitz (FC 3), Freiburg 1990.

ANTONIUS D. GROSSE, *Stern der Wüste,* ausgew. übers. und vorgestellt von Hans HANAKAM, Freiburg 1989.

[*APOPHTHEGMATA PATRUM:*]

- *Weisung der Väter. Apophthegmata Patrum, auch Gerontikon oder Alphabeticum genannt,* eingel. von Wilhelm NYSSEN, übers. von Bonifaz MILLER, Trier [3]1986.
- *Apophthegmata Patrum,* hrsg. von Erich SCHWEITZER, Bde. I- III, Beuron 2011-2013 (Weisungen der Väter, 14-16).

ATHANASIUS, *Epistula ad Marcellinum* (Brief an Marcellinus), in: SIEBEN, Hermann Josef, *Ausgestreckt nach dem, was vor mir ist. Geistliche Texte von Origenes bis Johannes Climacus,* Trier 1998.

[AUFRICHTIGE ERZÄHLUNGEN EINES RUSSISCHEN PILGERS:]

JUNGCLAUSSEN, EMMANUEL (HRSG.), *Aufrichtige Erzählungen eines russischen Pilgers,* Freiburg 2000.

AUGUSTINUS

- *Confessionum libri XIII,* ed. L. VERHEIJEN (CCSL 27), Turnholt 1981.
- *Brief an Proba (Ep. 130 ad Probam),* dt.: BKV² 30, Kempten 1917.
- *Enarrationes in Psalmos,* edd. E. DEKKERS und J. FRAIPONT (CCSL 38-40), Turnhout 1956.

BONAVENTURA, *Baum des Lebens. Geistliche Betrachtungen,* hrsg., übers. und komm. v. Marianne SCHLOSSER, St. Ottilien 2012.

CATERINA VON SIENA, *Gebete,* hrsg. von Hilarius BARTH, Einsiedeln ²1981.

CYPRIAN, *Über das Gebet des Herrn (De dominica oratione),* übers. von Julius BAER (BKV² 34), München 1918.

CYRILL VON JERUSALEM, *Mystagogicae catecheses – Mystagogische Katechesen,* gr.-dt., übersetzt von Georg RÖWEKAMP (FC 7), Freiburg 1992.

DAVID VON AUGSBURG, *Vom äußeren und inneren Menschen,* übers. von Marianne SCHLOSSER, St. Ottilien 2009.

[DOMINIKUS:]

- VLADIMIR KOUDELKA, *Dominikus. Gotteserfahrung und Weg in die Welt,* Olten 1983.
- *Die neun Gebetsweisen des heiligen Dominikus,* hrsg. von Fr. P. Blanco OP, dt. von P. Viktor Hofstetter OP, 1987, Ufficio libri liturgici O.P., Roma.

FRANZISKUS VON ASSISI, *Schriften* [in vielen Ausgaben und Auflagen; zuletzt:]

- *Franziskusquellen,* hrsg. von Leonhard LEHMANN und Dieter BERG, 2. verb. Aufl. Kevelaer 2013.

Franz von Sales,

- *Philothea. Anleitung zum frommen Leben. Taschenbuchausgabe mit Erläuterungen und Gebetsanhang*, Eichstätt 2009.
- *Theotimus* (Abhandlung über die Gottesliebe), dt.: Eichstätt-Wien 1957. 1960 (Deutsche Ausgabe der Werke des hl. Franz von Sales Bd. 3 und 4).

Gertrud von Helfta, *Legatus divinae pietatis – Botschaft von Gottes Güte*, übers. von Hildegard Brem, Bd. 1, Heiligenkreuz (NÖ) 2013.

Gregor von Nyssa,

- *Das Gebet des Herrn (Homiliae in orationem dominicam)*, übers. von K. Weiss (BKV^2 56), Kempten – München 1927.
- *Der Aufstieg des Moses (De vita Moysis)*, übers. und eingel. von Manfred Blum (= Sophia – Quellen östlicher Theologie 4), Trier ^{2}1987.
- *Vita Macrinae* (Lebensbeschreibung seiner Schwester Makrina), übers. von E. Stolz (BKV^2 56), Kempten – München 1927.

Guigo II, *Epistola de vita contemplativa (Scala claustralium)*, hrsg. von Edmund Colledge und James Walsh (SC 163), Paris 1970.

dt.: s. Bianchi, Enzo.

dt. Auswahl übers. von Raphaela Pallin, in: geist.voll 01/2011.

Johannes Cassian, *Collationes Patrum*, hrsg. von Michael Petschenig (CSEL 13), Wien 1886.

Johannes Chrysostomus, *Kommentar zum Evangelium des hl. Matthäus (In Matthaeum homiliae I-XC)*, übers. von Johannes Chrys. Baur (BKV^2 23), Kempten – München 1915; BKV^2 25-27, Kempten – München 1916.

Johannes von Damaskus, *Genaue Darlegung des orthodoxen Glaubens*, übers. von Dionys Stiefenhofer (BKV^2 44), München 1923.

Luther, Martin, *Eine kurze Form des Vaterunsers*, in: Mühlhof, Gottfried (Hrsg.), *Christliche Weisheit. Texte zum Vaterunser*, Saldenburg 2006.

[Mechthild von Hakeborn:] *Sanctae Mechtildis Liber specialis gratiae,* Paris 1877.

Origenes, *Vom Gebet (De oratione),* übers. von Paul Koetschau (BKV² 48), München 1926.

Richard von St. Victor, *De gratia contemplationis libri V, dictum Benjamin maior* (PL 196).

Rupert von Deutz, *De divinis officiis – Der Gottesdienst der Kirche,* übers. von Helmut und Ilse Deutz (FC 33/1-4) Freiburg 1999.

Sigismund von Storchenau, *Geistliche Reden auff alle Sonntage des Jahres,* Bd. 2, Augsburg 1784, dt. Auswahl in: *Stundenbuch-Lektionarheft* II/3, 178-180.

Stein, Edith: s. Theresia Benedicta a Cruce

Teresa von Avila,

- *Weg der Vollkommenheit* (= Kodex von Valladolid), hrsg. vom Karmel Hauenstein, Leutesdorf 1992.
- *Weg der Vollkommenheit* (= Kodex von El Escorial), hrsg., übers. und eingel. von Ulrich Dobhan und Elisabeth Peeters, Freiburg 2003.
- *Wege zum Gebet. Eine Textauswahl,* hrsg. von Irene Behn, Zürich ³1982.

Tertullian,

- *Vom Kranze des Soldaten (De corona militis),* übers. von Heinrich Kellner (BKV² 24), Kempten – München 1915.
- *Über das Gebet (De oratione*), übers. von Heinrich Kellner (BKV² 7), München 1912.
- *Apologeticum* (Verteidigungsschrift), lat.-dt. hrsg. von C. Becker, München ⁴1992 [oder: BKV² 24, Kempten – München 1915].

Theodor von Mopsuestia, *Katechetische Homilien,* übers. von Peter Bruns (FC 17/1.2), Freiburg 1994.1995.

[Theophan d. Rekluse:] *Schule des Herzensgebetes. Die Weisheit des Starez Theophan,* mit einer Einführung von Josef Sudbrack, Salzburg ²1989 (urspr. französ.: *L'art de la prière*).

THERESIA BENEDICTA A CRUCE – Edith STEIN,

- *Geistliche Texte I und II* (ESGA 19 und 20), Freiburg 2009.
- *Bildung und Entfaltung der Individualität. Beiträge zum christlichen Erziehungsauftrag* (ESGA 16), Freiburg ²2004.

THOMAS VON AQUIN,

- *Collationes super Pater noster* (Predigten über das Vaterunser), dt.: *Thomas von Aquin als Seelsorger,* hrsg. von Fritz HOFFMANN und Alfred KULOK, Leipzig 1988.
- *"Lauda Sion": Opusculum 57 = Officium de festo corporis Christi.*
- *Summa theologiae,* ed. P. Caramello, 3 Bde., Turin, Rom 1952.1956.1962
- *www.corpusthomisticum.org* [Sämtliche Werke in lateinischer Sprache]

THOMAS VON KEMPEN (?), *De imitatione Christi libri quattuor* (Nachfolge Christi) [zahllose Ausgaben].

WILHELM VON SAINT-THIERRY, *Epistola aurea ad fratres de Monte Dei,* hrsg. von Jean DÉCHANET (SC 223), Paris 1975; dt.: *Goldener Brief. Brief an die Brüder vom Berge Gottes,* übers. von Bernhard KOHOUT-BERGHAMMER (= Texte der Zisterzienserväter 5), Eschenbach 1992.

Abkürzungsverzeichnis

BKV	Bibliothek der Kirchenväter, 1. Ausgabe mit 80 Bänden, Kempten 1869-88.
BKV2	Bibliothek der Kirchenväter, 2. Ausgabe mit 81 Bänden, Reihe 1: 1911.31; Reihe 2: 1932-38; Kempten. Zahlreiche Werke der Bibliothek der Kirchenväter sind online abrufbar unter www.unifr.ch/bkv
CCSL	Corpus Christianorum Series Latina
CSEL	Corpus Scriptorum Ecclesiasticorum Latinorum, Bd. 1 ff., Wien 1866ff.
DSp	Dictionnaire de spiritualité ascétique et mystique, doctrine et histoire. Fondé par Marcel Viller
DV	II. Vat. Konz., Konstitution „Dei Verbum"
EG	Evangelisches Gesangbuch
ESGA	Edith Stein Gesamtausgabe
FC	Fontes Christiani
GL	Gotteslob
GuL	Geist und Leben
HThG	Handbuch Theologischer Grundbegriffe, hrsg. von Heinrich Fries, 2 Bde., München 1962/1963
HWRh	Historisches Wörterbuch der Rhetorik
JRGS	Joseph Ratzinger Gesammelte Schriften
KKK	Katechismus der Katholischen Kirche
NEchtBTh	Neue Echter Bibel: Themen
NSK-AT	Neuer Stuttgarter Kommentar. Altes Testament
PL	Patrologia Latina
SC	Sources chrétiennes, hrsg. v. Henri de Lubac und Jean Daniélou, Paris 1941 ff.
Sth	Summa theologiae (Thomas von Aquin)
ThWAT	Theologisches Wörterbuch zum Alten Testament
TRE	Theologische Realenzyklopädie

Register

Autoren

Biblische Personen

Themen

Textnachweise

Antonius d. Grosse, Stern der Wüste, hrsg. und übersetzt von Hans Hanakam, ©Herder Verlag i.Br., Freiburg 1999; 150.

Caffarel, Henri, Saal der tausend Türen. Briefe über das Gebet, übertr. und eingel. von Hans Urs von Balthasar, Johannes-Verlag Einsiedeln, Freiburg i.Br. ⁴2011; 32-35, 38-41, 44-45 [mit Auslassungen am Ende], 72-73, 76-77, 106-108, 110-111.

Daniélou, Jean, Gebet als Quelle christlichen Handelns. Vorwort von Hans Urs von Balthasar, Johannes-Verlag Einsiedeln, Freiburg i.Br. 1994; 27-31 [mit Auslassungen].

Dominikus. Die Verkündigung des Wortes Gottes, hrsg. und eingeleitet von Vladimir J. Koudelka, darin: *Die neun Gebetsweisen des heiligen Dominikus,* übers. von P. Viktor Hofstetter OP, Walter-Verlag, Olten 1983, S. 112-113.

Franz von Sales, Philothea. Anleitung zum frommen Leben. Taschenbuchausgabe mit Erläuterungen und Gebetsanhang, Franz-Sales-Verlag, Eichstätt 2009; 76-77 [Auslassungen am Ende], 90-91, 95-97, 98-100 [Auslassungen zu Beginn und am Ende].

Alle Autorenrechte liegen bei der Katholischen Akademie in Bayern: Guardini, Romano, Vom Sinn der Kirche. Fünf Vorträge, 5. Auflage 1990, Verlagsgemeinschaft Matthias Grünewald, Mainz / Ferdinand Schöningh, Paderborn.

Alle Autorenrechte liegen bei der Katholischen Akademie in Bayern: Guardini, Romano, Unterscheidung des Christlichen, Band 2: Aus dem Bereich der Theologie, 3. Auflage 1994, Verlagsgemeinschaft Matthias Grünewald, Mainz / Ferdinand Schöningh, Paderborn.

Alle Autorenrechte liegen bei der Katholischen Akademie in Bayern: Guardini, Romano, Glaubenserkenntnis. Versuche zur Unterscheidung und Vertiefung, 3. Auflage 1997, Verlagsgemeinschaft Matthias Grünewald, Mainz / Ferdinand Schöningh, Paderborn.

Alle Autorenrechte liegen bei der Katholischen Akademie in Bayern: Guardini, Romano, In Spiegel und Gleichnis. Bilder und Gedanken, 7. Auflage 1990, Verlagsgemeinschaft Matthias Grünewald, Mainz / Ferdinand Schöningh, Paderborn.

Hausherr, Irenée, Leben aus dem Gebet, Otto-Müller-Verlag, Salzburg 1969; 124, 126f. [mit Auslassungen].

Hotz, Robert (Hrsg.), Gebete aus der orthodoxen Kirche, Benziger Verlag, Zürich 1982; 133f. [mit Auslassung].

Lewis, Clive Staples, Dienstanweisung für einen Unterteufel, Herder Verlag, Freiburg [22]2013; 118f, englische Originalausgabe: The Srewtape Letters © CS Lewis Pte Ltd 1942.

Ratzinger, Josef, Die Kraft des Gebetes, zum 17. So. im Jahreskreis – C (Gen 18,20-32; Lk 11,1-13), in: ders., Gottes Angesicht suchen. Betrachtungen im Kirchenjahr, (= Theologie und Leben 46), Kyrios-Verlag, Meitingen 1979; 39, ©Libreria Editrice Vaticana.

Sigismund von Storchenau, Geistliche Reden auff alle Sonntage des Jahres, Bd. 2, Augsburg 1784, in: Stundenbuch-Lektionarheft II/3, Benziger Verlag, Einsiedeln u.a. 1980, 178-180.

Tersteeghen, Gerhard, Abendlied/Nun schläfet man ..., in: Evangelisches Gesangbuch, Ausgabe der Evangelischen Kirche in Österreich, Evangelischer Presseverband in Österreich, Wien 1994; Nr. 480.

Weitere Titel von Marianne Schlosser

Bartholomäus a Martyribus: Stimulus Pastorum. Zur Spiritualität des Hirtenamtes, 238 Seiten, Paperback, ISBN 978-3-8306-7908-0

Bonaventura: Der Baum des Lebens. Geistliche Betrachtungen, hrsg. von Marianne Schlosser, 100 Seiten, Paperback, ISBN 978-3-8306-7546-4

Bonaventura: Der Pilgerweg des Menschen zu Gott, hrsg. von Marianne Schlosser, 260 Seiten, Paperback, ISBN 978-3-8306-7425-2

Bonaventura: Lehrer der Weisheit. Auswahl aus seinen Werken, 508 Seiten, Halbleinen, ISBN 978-3-8306-7867-0

David von Augsburg: Vom äußeren und inneren Menschen, hrsg. von Marianne Schlosser, 280 Seiten, Paperback, ISBN 978-3-8306-7360-6

Die Gabe der Unterscheidung. Texte aus zwei Jahrtausenden, 368 Seiten, Halbleinen, 978-3-8306-7710-9

„Es haucht die Nacht ein neues Licht“. Der weihnachtliche Festkreis in Gebeten und Betrachtungen, 216 Seiten, Halbleinen, ISBN 978-3-8306-7980-6

Geheimnisvolle Gegenwart. Eucharistische Gebete, hrsg. von Marianne Schlosser, 160 Seiten, Halbleinen, ISBN 978-3-8306-7614-0